이야기로 풀어낸 인문학

마음을 움직이는 배려

김 장 동 지음

국학자료원

쓰고 깁다 보니

순진하다 할까, 좀 모자란다고 할까, 어쨌든 성격이 원만하지 못한 탓으로 대인관계에 있어 마음은 그렇지 않은데도 엉뚱한 오해를 사기도 했고 별 것도 아닌 일로 화를 내기도 했으며 더욱이 화난 표정을 감추지 못한 채 드러내어 손해를 자초한 적도 있었다.

세상을 살다 보면, 때로는 자긍심自矜心과는 별개로 어쩔 수 없이 적당히 비빌 줄도 알아야 하고, 아첨할 줄도 알아야 하는 것이 최소한의 처세술處世術일 텐데, 타고 난 천성 때문인지 그런 재주는 메주인 듯 눈을 씻고 찾으려고 해도 찾을 수가 없으니.

그래서인지 어떤 소리를 들어도 화를 내지 않는 사람, 좀체 본심을 드러내지 않고 상대방의 비위를 잘도 맞추는 사람, 아첨阿諂이라는 것이 겉으로 뻔히 드러나는 데도 밉지 않게 처신하는 사람—이런 사람은 대개 무서운 사람—을 보면 부러워한 적이 한두 번 아니었다.

그런 의도에서 이 책에서 이야기로 풀어낸 배려配慮야말로 사람의 마음을 움직일 수 있을 뿐 아니라 바꿀 수도 있을 것이다. 더욱이 사람의 마음을 움직일 수도, 바꿀 수도 있는 배려는 멀리 있는 것이 아니라 우리 곁에 가까이 있어 누구나 행동으로 옮길 수 있음에랴.

애초에 이 책의 집필 의도는 세상을 살아가는데 처세술이 부족한 사람들에게 도움을 주었으면 하는 데서 비롯했다.

여기에 이야기로 풀어낸 사례는 누구나 필요한 처세의 대방大方, 곧 배려를 주 제재로 했으며 그것은 사람의 마음을 움직이고도 남음이 있다는 점에 초점을 맞췄다. 그리고 배려와 어깨를 나란히 하는 관심關心에 대해서도 예를 들었다. 듣기에 따라서는 매우 느끼하게 들릴 지도 모르겠으나 아첨으로 성공한 사람들의 처세술, 곧 아첨阿諂 9단 정도쯤 되는 것을, 또한 배려 이외에 충성이나 과찬過讚, 선물이란 미명으로 포장된 뇌물賂物에 대해서도 한두 사례 소개했다.

주로 배려에 맞춰 쓰고 깁다 보니, 선정이나 요약하는 과정에서 무리

하게 가감한 부분도 있으리라 생각된다.

말 한 마디가 천 냥 빚을 갚는다는 우리 속담이 있다. 이는 말 한 마디로 만사형통萬事亨通할 수 있는 대방을 꿰뚫은 것이리라.

정치에도 급이 있고 단이 있다고 한다. 한때 우리는 DJ나 JP를 두고 정치 9단이라고 했다. 그만큼 노련하다는 의미일 것이다.

바둑에는 급이 있고 또 단이 있다. 자타가 인정하는 신의 경지인 9단쯤 되면 바둑판을 손바닥 안에서 꿰고 있을 것이다.

그렇다면 배려에도 급과 단이 있을 수 있겠다. 이를 수긍한다면, 10급은 무슨 일이든 버럭 화부터 내는 사람일 테고 9단 정도면 어떠한 상황에 처하더라도 노련하게 처신하는 사람일 것이다.

이 책은 처세술이 원만하지 못한 사람들을 위해 다소라도 도움을 주고자 사례를 들어 이야기로 풀어내긴 했으나 명쾌한 답을 주지 못한 점도 있어 독자에게 심심한 양해를 구한다.

세상에 배려에 관한 책 한 권쯤은 있어야 하지 않을까 하고, 스스로
를 채찍질하면서, 나머지는 「봄」이란 시로 갈음한다.

　　위도가 높으면 높을수록
　　춥고 매서운 긴긴 겨울
　　그 겨울을 박차고
　　찾아온 봄인 데야,
　　우리가 느끼지 못하고
　　알아주지 않는다면
　　봄은 얼마나 슬퍼할까.

　　서운하지 않게
　　섭섭하지 않게

우리들이 사랑하고 만끽한다면
봄은 기쁜 마음으로
여름을 향해 달려갈 테지.

−봄−

2016. 3월
분당 우거에서 지은이 적음.

차례

마음에 인印을 찍은 여인

첫머리-冒頭-는 책의 전체를 아우르는 것으로 사람으로 치면 얼굴
이요 얼굴을 비추는 거울이다. 그만큼 중요하다.

중요하기 때문에 필자도 독자에게 보다 가까이 다가가기 위해 배려
配慮가 낳은 감동의 이야기부터 소개한다.

수필을 읽을 때면 필자는 어떤 글보다도 진지해지는 버릇이 있다. 그
만큼 수필은 솔직하고 담백한 글이기 때문일 것이다. 따라서 수필을 잘
쓴다는 것은 문필가로서 부러움의 대상이 아닐 수 없다.

수필을 잘 쓰는 사람은 더러 있다. 그 중에서 몇몇 사람을 지적하라
면 선뜻 응하기가 곤란하긴 하지만 즐겨 읽는 수필가를 한두 분 고르라
고 한다면 필자는 서슴지 않고 김소운 선생을 꼽는다.

필자는 선생의 수필을 즐겨 읽는다. 선생의 수필을 읽다 보면 어느
새 글의 향기에 흠씬 베거나 심취하기 일쑤다.

김소운 선생의 수필집『천냥으로 못 사는 보배』(중앙출판공사, 1981)

에서 「아름다운 女人들」 편의 '바보 남편의 그림자'를 참고해 싣는다.

이 이야기는 작품 속의 주인공이 아니라 어느 마을 누구 댁이라고 이름을 댈 수도 있는 그런 실재 인물이라고 한다.

다만 우리 이야기가 아니라서 흠인 데다 일본에서 있었던 실화기 때문에 필자가 모두에 소개하는 데 망설이긴 했다.

지금이 아닌 지주가 있고 소작인도 있었던 그런 시절의 이야기다.

가산은 넉넉했으나 남편은 좀 모자라는 사내가 있었다. 사내는 쉬운 말로 해서 바보 아니면 천치에 가까웠다.

그런데 그것이 선천적인 것인지, 아니면 어려서 소아마비를 앓아서인지 거기까지는 필자(소운 선생)도 잘 모른다.

사내의 집은 마을에서 으뜸가는 지주에다 부자였다. 그런 탓인지 모르겠으나 소작인뿐 아니라 마을 사람들이 수시로 드나들었다.

소작인들이 찾아와 주인에게 의견을 물었다.

"앞뒤 집이 싸워 원수처럼 지내는데 어떻게 했으면 좋겠어요?"

마을 사람들도 찾아와 사소한 것까지 문의했다.

"오랫동안 기르던 개가 어제 집을 나갔습니다. 어떻게 하면 찾을 수 있는지 좋은 방도 좀 알려 주세요."

그때마다 응대해 주는 사람은 바보 주인이 아닌 그의 부인이었다. 어김없이 부인이 나타나 상대했다.

"네. 하신 말씀은 잘 알아들었습니다. 이따가 주인어른께 말씀을 드려서 뭐라고 하시는지 제가 기억해 뒀다가 전해 드리겠습니다. 죄송합니다만, 내일 다시 오셨으면 합니다."

다음날 찾아온 마을 사람에게 부인은 매우 진지한 태도로 말했다. 그렇게 말하는 부인은 친절하기가 이를 데 없었다.

"저희 주인어른께 잘 말씀드렸습니다. 그랬더니 그분께서 이 일은 이렇게 하라 하셨고, 저 일은 저렇게 하라고 일러주셨답니다."

그네는 주인어른이 일러줬다는 말을 결코 빠뜨린 적이 없었다.

이번에는 나이 든 소작인이 의견을 물으러 왔다.

"저의 윗집에 살고 있는 과부가 매우 어려운 처지에 놓였답니다. 어떻게 도와줄 수 있는 방법이 없겠습니까?"

"아, 그러세요. 잘 알았습니다. 수고 많이 하셨어요. 저의 주인어른께 잘 말씀 드리겠습니다. 그리고 주인어른께서 일러주신 말씀을 그대로 전해드리지요. 죄송스럽지만 내일 다시 와 주시겠습니까?"

그네의 대답은 주인어른께 말씀 드린다는 말을 결코 잊지 않았다.

그런데 언제나 되풀이되는 주인어른께 말씀 드린다는 바보 부인의 말을 곧이곧대로 믿는 소작인이나 마을 사람들은 없었다.

더욱이 마을 사람들은 하나 같이 바보 부인 혼자 결정해서 지시하는 것이라는 것을 알고 있으면서도 그런 것에 대해 일체 물어보거나 내색하지 않은 채 부인의 지시대로 꼬박꼬박 따르기만 했다.

그렇게 상대한 지 몇 해가 지나갔다.

그랬는데 마을에서는 이상한 변화가 하나 둘 일기 시작했다.

그들은 누구나 주인이 바보 천치인 줄을 알고 있으면서도 바보 부인의 지시가 부인이 아닌 바보 주인이 직접 지시하는 줄로 여기게끔 되었던 것이다. 더욱 놀라운 일은 누구 하나 정신박약아인 바보 주인을 얕잡아보거나 업신여기는 사람이 없다는 점이었다.

이 사례의 요점은 부인의 착한 심성에서 우러나온 바보 남편을 생각해 주는 참된 배려配慮, 그런 배려가 시종여일하게 연기 아닌 연기를 해내어 마을 사람들로 하여금 암시효과를 극대화했다고 할까.

오히려 이런 해석은 야박하고 속되다고 하겠다.

정신박약아精神薄弱兒란 남편의 치명적인 결함을 탓하고 원망하기에 앞서 그 결함을 슬기롭게, 때로는 현명하게 변호하고 옹호하면서도 자신은 항상 남편 뒤에 숨어 그림자 노릇을 했다는 게 얼마나 깨가 쏟아지는, 그리고 감동적인 이야기인지 모른다.

이런 배려라면 세상을 아름답게 하며 살맛나게 하는 것은 아닐까.

마음에 인印을 찍어주는 여인이야말로 열 번 스무 번 죽었다가 깨어난다고 해도 눈부시게 아름답다.

이 바보 남편의 부인처럼 자신을 드러내기보다 뒤에 숨어서 나보다 남을 먼저 생각해 주는 것이 진정한 배려일 것이다.

모심과 섬김의 잣대

　모심과 섬김의 바로미터로 귀감이 되는 사례로는 역사상 유비와 공명이 유일할 것이다. 그것도 모심이 배려로부터 비롯됐음을.

　유비劉備의 자는 현덕玄德으로 전한 경제의 황자 중산정왕中山靖王의 후손이다. 일찍이 아버지를 여의고 돗자리를 팔아 생계를 이어가는 어려운 환경에서 성장했다. 15세에 이르러서야 노식盧植 선생에게 사사했으며 이때 동문 공손찬公孫瓚과 교의를 나눴다.

　유비는 학문보다는 호협豪俠들과 어울리기를 좋아해서 관우와 장비를 만났을 때는 도원결의桃園結義까지 했다.

　황건적의 난이 일어나자 유비는 젊은이를 모아 토벌에 가담해서 전공을 세우며 그 공으로 안희 현위가 되었으나 황건적의 공격을 받고 도망을 쳐 공손찬에게 의탁했다.

　유비는 공손찬과 원소가 맞붙어 싸울 때는 교의交誼가 짙었던 공손찬을 도와 공을 세우기도 했으며 서주목 도겸과 조조가 싸울 때는 도겸을 도우기도 했다. 그는 도겸이 죽자 서주목이 되었으나 여포의 공격으로 서주를 빼앗겼다가 조조의 도움으로 여포를 물리치기도 했다.

196년 유비는 원소의 공격을 받았으나 조조의 구원으로 물리쳐 의성 정후에 제수되면서 조조에게 의탁하게 되지만 조조의 모살계획에 가담했다가 계획이 누설되자 형주로 도망을 쳐 유표의 객장이 된다.

이처럼 유비는 이런 저런 여건에 부딪쳐 좀체 곤경에서 헤어나지 못했으나 정치적 포부만은 버리지 못했다.

한 예로 유비는 인재를 널리 구하고 또 맞이하기도 했다. 그런 사람이 바로 서서徐庶다. 유비는 그를 군사로 삼았다.

어느 날 서서가 유비에게 인재를 추천했다.

"신은 양양성에서 20리 떨어진 융중隆中이란 곳에 천하에 보기 드문 재능을 가진 선비가 있다고 들었습니다. 그런데도 주군께서는 그를 찾아가 도움을 청하지 않으십니까. 그 선비의 성은 제갈諸葛, 이름은 양亮, 자는 공명孔明이라 하는데 경천위지經天緯地의 재능을 가지고 있어 다들 와룡臥龍 선생이라 일컬으면서 존경한답니다."

서서의 말에 유비는 하늘을 나는 새라도 잡은 듯 기뻐하며 머잖아 공명을 직접 찾아뵙고 도움을 청하리라 마음먹었다.

제갈량은 낭야현 양도현陽都懸 출신이다. 아버지 제갈규諸葛珪는 태산군의 승丞을 지낸 인물이며 조상은 전한 말 사예교위를 역임한 제갈풍이다. 그는 3남 1녀를 두었는데 공명은 차남이다.

공명은 11살 때 아버지를 여의자 제갈현의 밑에서 자랐다.

후한 말엽, 공명은 벼슬길로 나아가기 위해 노력하기보다는 몇 마리 산양을 이끌고 고향을 떠나 오랜 방랑길에 오른다.

그는 몇 년이나 전국을 방랑하다가 양양으로 가 수경 선생 사마휘의 문을 두드려 사숙한다. 이때 벌써 공명은 소년 이상의 예지를 지니게 되었으며 두뇌마저 매우 영명해서 한 번 읽으면 줄줄 외는 기억력까지 가진 데다 책에서 얻은 지식을 직접 체험하면서 몸으로 익혔다.

따라서 공명의 지식은 경험이 쌓이고 쌓인 산 것이었다.

그런 탓으로 걸인 사이에서도 자기의 생명을 지키는 방법을 터득했으며 정신력을 키웠다. 또한 뛰어난 혜안으로 여러 나라의 풍속을 조사했고 통치자의 스타일을 비교했으며 일어나는 전쟁을 낱낱이 관찰하고 분석한 경험이 쌓인 선견지명은 매우 예리했다.

이른바 경영經營과 경략經略이란 큰 재능을 타고 난 천재가 10살 전후부터 살기 위해 온갖 난관을 헤치며 스스로의 성장기를 단련시킨 인물은 공명 이외에는 세상에 아마 없을 것이다.

유비는 공명의 경력을 조사한 서류를 몇 번이나 곰곰이 검토하면서 감탄을 자아내기를 여러 번했다. 그리고 서서가 천거한 뒤로도 공명에 대한 자료를 보다 많이 수집해 두고두고 면밀히 검토했다.

그렇게 면밀한 검토를 끝낸 다음에야 유비는 관우와 장비를 조용히 불러 길을 떠날 것임을 일러두었다.

길을 떠나자는 말에 관우가 먼저 의아해서 유비에게 물었다.

"주군, 갑자기 어디로 떠나려고 하십니까?"

"오늘은 다른 곳이 아닌 융중隆中으로 갈까 한다."

산야에서 융중까지는 오십여 리의 여정이다.

유비는 남의 눈에 띄지 않게 하기 위해 평복으로 갈아입었다.

그리고 길을 가는 자기들이 농부처럼 보이기 위해 관우와 장비에게도 일체 무기를 지니지 말라고 지시했다.

그들은 산책을 가듯이 가볍게 성문을 나섰다.

넓은 들을 지나 낮은 산을 넘고 있는데 몇 명의 사람들이 나무를 베면서 부르는 노랫소리가 들려왔다 노래 소리를 듣고 난 유비는 손짓으로 "관우 아우!"하고 부르더니 "누구를 두고 부르는 노래인지, 가서 알아보고 오라."하고 말했다.

"아 네. 알았습니다. 주군의 말씀대로 다녀오지요."

관우는 갔다가 이내 돌아와 아뢰었다.

"남쪽 와룡장이라는 언덕에 살고 있는 어떤 은사가 지은 노래라고 합니다. 주변 사람에게 그 은사가 누구냐고 물었더니 와룡 선생이라는 것밖에 모른다고 대답합니다. 서서 군사가 말한 제갈량, 공명이 바로 저들이 말하는 와룡 선생이 아닐까 사료됩니다."

"그렇게 말한다면, 그럴 수도 있겠지."

세 사람이 얼마 쯤 걸어가자 사립문이 나타났다.

사립문 안쪽으로 초가 한 채가 눈에 띄었다. 문 앞쪽에는 오죽烏竹을 심어 울타리를 삼은 탓인지 은사가 거처하는 초막 같았다.

안을 엿보던 유비는 아우들에게 일렀다.

"경거망동하지 말고 내가 나올 때까지 여기서 기다리게."

유비는 두 아우에게 말한 뒤, 말에서 내려 사립문 가까이 다가가더니 긴 숨을 뒤 번 들이쉬고 안에다 대고 말했다.

"안에 누가 계시오? 계시다면 좀 나와 보시오."

조금 뒤 나타난 사람은 열 서넛 들어 보이는 해맑은 동자였다.

'동자가 선생의 시중을 들고 있다니.'

"어서 오십시오. 대인, 어인 일로 오셨습니까?"

동자는 허리 굽혀 인사했다. 유비는 미소를 띠며 말했다.

"공명 선생께 유비가 뵙고 싶어 찾아왔다고 전해 주게."

그러자 동자의 대답은 의외였다.

"이를 어쩌지요? 선생께서는 아침 일찍 출타하셨습니다."

"그런가. 어디로 가셨는지 아는가?"

"선생께서는 일단 집을 나서면 종적이 묘연해서 알 수 없답니다. 따라서 선생께서 어디로 가셨는지 짐작할 수도 없답니다."

"그렇다면 여기서 돌아오실 때까지 기다려도 되겠는가?"

"기다리시는 거야 상관이 없으나 선생께서는 돌아오시는 시각도 일정치 않거니와 언제 돌아올지 알 수 없답니다. 경우에 따라서는 달포가 지나서야 돌아오신 적도 더러 있었습니다."

유비로서는 실망이 클 수밖에. 그러나 드러내지 않았다.

"할 수 없군. 다시 찾아오도록 하지. 선생께서 돌아오시면 산야의 유비가 찾아왔었다고 전해 주게. 그럼 이만…"

유비가 발길을 돌리려는데 동자가 유비 일행을 불러 세웠다.

"대인, 죄송합니다. 잠깐만 기다려 주시겠습니까?"

"가다려 달라니, 무슨 일로?"

"오늘이 보름이라면 혹 선생께서 그곳에 계실지 모르겠습니다. 제가 직접 가서 알아보고 오겠습니다."

유비 일행을 기다리게 하고 동자는 어디론지 뛰어갔다.

동자가 한 곳에 다다랐을 때였다. 수십 명의 아이들이 오고 있는데 묘 앞에서 학창의를 입은 사내가 아이들을 배웅하고 있었다.

동자가 다가가자 학창의를 입은 사내가 말했다.

"넌 손님을 기다리게 하고 달려왔을 테지?"

순간, 사내의 선견지명이 섬광처럼 반짝 빛나는 것이 아닌가.

"네. 그렇습니다, 선생님."

"손님에게는 소홀히 대접하지 않았을 터."

"그렇습니다. 손님께서는…"

그러자 공명은 말을 막으며 말했다.

"내가 맞춰 보지. 아마 손님은 한나라 좌장군인 의성정후 예주목 유비, 황숙 현덕이실 게야. 그럴 게야. 내 짐작이 틀리지 않을 게야."

"네. 선생님을 뵙겠다고 찾아오셔서 기다리고 계십니다."

"가서, 기다릴 테면 기다리라고 전하라."

공명은 동자가 말하기도 전에 유비가 찾아왔다는 것을 어떻게 알았으며, 알았다면 집으로 돌아가 유비를 왜 만나지 않았을까?

이유라면 유비의 인간 됨됨이나 인내심, 그릇됨의 크기 등을 뜯어보거나 재어보려고 일부러 그렇게 한 것일지도 모른다. 그도 아니라면 모심과 섬김의 잣대, 곧 상대방을 얼마만큼 관심을 가지고 배려해 주는지의 여부, 삼고초려三顧草廬를 해서라도 인재를 모실 수 있는 인물인지 아닌지를 테스트하려 한 것은 아니었을까.

이런 생각은 공명을 지나치게 속되게 본 것일 게다.

동자는 해가 서산으로 뉘엿뉘엿 기울어질 무렵에야 돌아와서는 유비 앞에 무릎을 꿇고 미안해 했다.

"죄송합니다. 대인을 이렇게까지 기다리게 해서요."

"죄송할 것 없네. 다음에 찾아오면 되지."

유비가 말에 오르자 아우들도 뒤 따라 말에 올랐다.

해는 서쪽으로 기운 지 한참이나 지나 어둠이 서서히 내려앉았다.

달포가 지난 뒤쯤 유비는 시종侍從을 융중으로 보냈다.

오후 늦게야 시종이 돌아와 아뢰었다.

"공명 선생이 집에 있는 듯합니다."

그러자 유비는 시종에게 급히 말을 대기시키라고 지시했다.

말없이 이를 지켜보던 장비가 투덜거렸다.

"주군, 생각해 보셔요. 비록 공명이 어질다 해도 이름 없는 촌부입니다. 그런 촌부에게 두 번이나 찾아가다니, 될 법이나 합니까. 사람을 보내어 데려오면 되지 않겠습니까. 제가 가서 데려오겠습니다."

장비의 말에 유비는 손사래를 치며 타 이르듯이 말했다.

"대현을 만나려 할 때는 열 번이라도 찾아가는 것이 도리이거늘, 동생은 뭔 소리를 그렇게 함부로 하는가."

유비는 반대하는 아우들을 달래어 길을 나섰다. 길을 나서 십리도 가기 전에 눈발이 쏟아지기 시작했다.

순식간에 사방 천지가 온통 눈으로 새하얗게 덮여 버렸다.

투덜대며 따라오던 장비가 불평했다.

"큰 눈이 오면 행군도 중지합니다. 주군, 다음에 가시지요."

"그건 더욱 안 될 말이다. 오늘처럼 궂은 날씨에 찾아가야 공명 선생이 내 절박한 심정을 알고 만나줄 것이 아닌가."

유비는 장비를 엄하게 꾸짖었다.

유비는 눈을 잔뜩 뒤집어쓴 채 사립문 밖에서 주인을 찾았으나 어찌 된 셈인지 안에서는 아무런 반응이 없었다.

그는 동자라도 있을까 해서 사립문 안으로 들어섰다.

안으로 들어서자 중문 위에 글귀가 눈에 띄어 마음에 새기고 있는데 초당 안에서 노랫소리가 흘려 나왔다.

유비는 노래에 이끌려 안을 몰래 엿보았다.

스무 대여섯쯤 들어 보이는 여인이 화로에 약탕관을 올려놓고 약을 달이며 노래를 부르는 것이 아닌가. 그네는 비록 잘 생긴 얼굴은 아니었으나 맑게 빛나는 눈만은 여느 여인을 압도하고도 남음이 있었다.

'저 여인이 제갈량, 공명 선생의 부인인가.'

유비는 노래가 끝나기를 기다려 인기척을 내며 초당 안으로 들어섰다.

"부인, 예고도 없이 방문한 이 유비의 무례를 용서하십시오."

그네는 일어서더니 자세를 고치며 고개를 깊이 숙였다.

"나는 예주목 유비 현덕이라 합니다. 오래 전부터 공명 선생의 고명을 익히 듣고 두 번째 찾아왔소이다. 공명 선생께서는 계십니까?"

"아, 네. 먼저 오셨던 분이시군요. 이 궂은 날씨에 오셨는데 이를 어떻게 하지요. 미안해서 고개를 들 수조차 없으니…"

유비는 황부인 앞에 마주 섰다.

공명의 아내 황 씨는 면남洇南의 명문가 황 씨의 딸이다. 아버지인 황승언은 고결한 인품으로 널리 알려진 인물이고.

유비는 공명의 가계를 면밀히 조사했기 때문에 '공명의 장가 흉내만은 내지 말라'는 일화마저 알고 있었다.

하루는 장가가고 싶다는 말을 듣고 황승언이 청을 넣었다

"젊은이가 아내를 얻고자 한다니 마침 잘 됐소. 내게 딸이 하나 있소. 머리결은 껌지 못해 황갈색인 데다 살갗은 검고 푸르죽죽해서 못 생긴 딸이기는 하오. 그러나 머리 하나는 그대의 배필로 전혀 부족하지 않을 것이오. 데려가겠소, 아니면 그만 두겠소?"

공명이 좋다고 응했다. 그러자 황승언은 일말의 주저함도 없이 그날로 딸을 수레에 태워 공명에게 보내줬다.

공명이 못 생긴 처녀임을 알고도 아내로 맞이한 것은 그네의 뛰어난 머리를 높이 샀기 때문이었다. 추녀도 때로는 한없이 아름답게 보일 수도 있다는 것을 공명이 증명해 준 바로 그 여인이 눈앞에 서 있지 않는가.

"부인, 공명 선생은 계시지 않는가 보군요."

"네. 주인께서는 최주평이 찾아와 출타하시고 계시지 않습니다."

"그렇다면 어디로 갔는지, 알 수 있겠습니까?"

"외출 때마다 행선지가 달라 저로서는 알 수 없답니다."

"그렇다면, 선생께서 언제 올 지도 모르시겠군요."

"아, 네. 그렇습니다. 죄송스러워서 이를 어쩌지요."

"하는 수 없지요. 두 번이나 찾아왔는데도 인연이 닿지 않아 대현을

뵙지 못하다니, 저로서도 안타까울 따름입니다."

조금 뒤, 부인이 손수 달인 차를 내왔다.

차를 대접하는 부인의 예법은 거안제미擧案齊眉 바로 그것이었다.

이때 중문 바깥에서 기다리던 장비의 팩 하는 소리가 들렸다.

"주군, 어서 돌아갑시다. 또 폭설이 쏟아질 것 같네요."

그런데도 유비는 조금도 개의치 않았다.

오히려 유비는 부인에게 이것저것 궁금한 것을 물어 보았으나 시원한 대답을 듣지 못해 안달하고 있는데 장비가 또 소리쳤다.

"주군, 눈보라가 세차게 몰아칩니다. 꾸물대다가는 길을 잃기 십상입니다. 속히 돌아가셔야 하겠습니다. 어서요, 주군."

부인이 새삼 고개를 숙이고 다소곳이 말했다.

"주인께서 돌아오시면 산야로 찾아가 뵙도록 말씀드리겠습니다. 지금 눈이 쏟아지고 있으니 어서 돌아가셔요."

"저로서는 고명한 선생께서 수고스럽게 산야로 찾아오시게 할 의향은 없습니다. 또 방문하지요. 지필묵 좀 빌렸으면 합니다."

유비는 쓴 글을 부인에게 건네주면서 말했다.

"오늘은 너무 실례가 많았습니다. 다음에 또 뵙겠습니다."

유비 일행은 눈을 뒤집어쓴 채 돌아왔다.

희망찬 새해가 밝았다.

유비는 뭔가가 이루어질 것 같은 좋은 예감이 들었다.

그는 또 손 없는 날을 받아 목욕재계하고 새 옷으로 갈아입었다. 그리고 와룡장으로 공명을 찾아갈 뜻을 아우들에게 비쳤다.

그러자 장비가 불끈 하면서 얼굴까지 붉혔다. 말 없던 관우마저 불만을 토로하기까지 했다.

"주군, 이 아우가 주군 뜻에 벗어나는 말씀을 드리는 것을 용서하십시오. 한 번도 아닌 세 번이나 찾아간다면, 이건 이만저만한 미덕이 아닐 테지요. 아무리 제갈량을 배려해서라지만 분명히 아첨이 아닙니까. 모심의 미덕이라 둘러대면서 어찌 삼고초려를 고집하시는지요?"

그 말에 유비는 어느 때보다도 결연히 대답했다.

"물론 삼고초려는 배려를 전제로 한 모심일 수도 있겠지. 그러나 분명한 것은 하찮은 배려는 아닐 게야."

"주군, 지금까지 두 번이나 방문했는데도 반응이 없으니 제갈량은 정체가 드러날 것이 두려워 피하고 있는 것은 아닐까요?"

"제나라 환공은 이름도 없는 야인을 만나기 위해 열 번이나 찾아가서야 겨우 만나 뜻을 이뤘다고 한다. 하물며 천년에 한 분 나올까 말까 한 군사를 모시려는 내 딱한 처지인데 세 번, 아니 서른 번을 찾아간다고 한들 오히려 배려가 부족하지 않겠는가?"

관우에 이어 장비까지 불끈해서 대들다시피 했다.

"주군께서 뭔가를 착각하고 계신 듯합니다. 제가 지금 달려가서 공명의 멱살을 잡아서 끌고 오겠습니다."

"아우는 주 문왕이 강태공을 찾은 고사도 모르는가?"

이렇게 반문한 유비는 아우들의 반대에도 불구하고 길을 나섰다. 관우와 장비는 불만이 컸으나 말없이 따라나섰다.

유비가 찾아가는 바로 그 시간이었다.

달포 만에 집으로 돌아온 공명은 늦은 아침상을 물리고 초당으로 들어가 설거지를 하는 부인을 방으로 불렀다.

"자네, 설거지는 나중에 하고 방으로 좀 들어오지."

"서방님, 무슨 이르실 말씀이라도 있으신가요? 어떻게 오늘따라 절 다 부르시는지 의아심마저 듭니다."

"지금 자네에게 일러둘 말이 있어 그러네. 거기 좀 앉게나."

아침 햇살을 받아 공명의 모습은 더욱 빛났다.

"내가 자네와 함께 사는 것도 오늘로 마지막일지 모르겠네."

"서방님, 갑자기 무슨 말씀을 그리 하십니까?"

"조금 있으면 황숙 현덕이 찾아올 것이오."

"황숙께서 오시면 떠나시겠다는 그런 말씀이군요."

"그래야 하겠지요. 황숙이 세 번이나 찾아오는 데야 모심의 정성에 보답하기 위해서라도 황숙에게 몸과 마음을 바칠 수밖에 없지 않겠소. 만약, 어디까지나 만약에 말이오. 황숙이 오늘 같은 날에 찾아오지 않는다면 당신과 몇 년은 더 살게 되겠지만…."

"서방님이 오늘 당장 집을 떠난다고 해도 저는 황숙께서 찾아주시기를 진심으로 바라고 있었습니다."

"내가 만약 황숙의 청을 받아들이게 되면 와룡장에는 영원히 돌아오지 못할 수도 있을 터. 그래도 자네는 좋겠는가?"

"이미 마음속으로 각오하고 있었습니다."

"그럼 이 길로 나가서 황숙이 오는 것이나 맞이하게."

유비 일행은 와룡장을 멀리 두고 말에서 내렸다. 알아주든 말든 그만큼 공명에게 지극 정성을 보여주기 위해서였다.

유비가 말에서 내려 비탈길을 헐떡이며 올라가는데 초가 앞에 그림자 하나가 얼른거리는 것이 시야에 들어왔다.

이를 먼저 본 관우가 손을 들어 언덕 위를 가리켰다.

"주군, 선생의 부인과 동자가 사립문에서 기다리는 것 같습니다."

"오, 그렇던가. 전혀 예상 밖이군."

찾아간다고 예고한 것도, 그렇다고 노문을 보낸 것도 아니었다.

그런데도 저들은 오늘 유비 일행이 오리라는 것을 어떻게 알고 이렇게 사립문 바깥까지 나와 기다리고 있는 것일까.

유비는 공명의 선견지명에 놀라지 않을 수 없었다.

유비 일행이 사립문에 이르기도 전에 동자가 나와 미소 지으며 반겼다. 공명의 부인도 깊이 머리 숙여 인사했다.

"벌써부터 기다리고 있었습니다. 주인께서는 초당에 나와 기다리고 계십니다. 어서 안으로 들어가시지요."

"그럼, 실례를 무릅쓰고 선생을 뵙겠습니다."

유비가 인기척을 내며 조심스럽게 초당 안으로 들어서자 대청마루에 누워 있는 사람의 그림자가 눈에 설핏 들어왔다.

유비는 뜰아래에 움직이지 않고 서서 공명의 누워 있는 모습을 지켜보며 그가 자리에서 일어나기를 기다렸다.

중문 앞에서 기다리고 있던 관우와 장비도 초당 안의 일이 궁금해서 초조한 모습을 감추지 못하고 있었다.

해 그림자가 동쪽으로 멀찌감치 옮겨 가서야 공명은 아무 일도 없었다는 듯이 몸을 일으켰다. 몸을 일으켰는가 싶더니 또다시 벽을 향해 돌아눕더니 그로부터 일체 움직임을 보이지 않았다.

이런 공명의 태도는 누가 보아도 여전히 유비의 인간 됨됨이를 시험하고 있었던 것이 아니었을까 싶을 정도로 너무나 한갓져 보였다.

예주목 정도의 신분이라면 이런 기다림을 참지 못해 화가 나서 당장 돌아갔거나 버럭 소리라도 질러 질타했을 것이다.

그런데 유비도 그리 녹녹한 인물이 아니었던 것이 분명했다.

유비가 공명의 시험에 걸려들지 않았으니 말이다. 그만큼 유비의 인물됨이 통이 크고 또한 넓었다고 할 수 있겠다.

송나라 말기는 국력이 극히 쇠진했다. 해서 송은 어쩔 수 없이 황하 유역에서 양자강 유역으로 쫓겨나듯이 밀려날 수밖에 없었다.

이를 사가들은 황하 유역에 근거지를 두었을 때는 북송이라고 하고 양자강 유역으로 밀려났을 때는 남송이라고 기록했다.

소설 「삼국지연의」에서 나관중의 작중 의도가 적극적으로 반영된 인물이 바로 유비와 공명이라고 할 수 있다.

작가는 송이 북쪽 오랑캐에게 쫓겨 양자강 부근으로 밀려난 데 대해 연민을 느끼고 「삼국지연의」를 집필하게 된 동기 그대로 한의 정통성을 고수하기 위해 유비에게 초점을 맞췄으니 큰 그릇으로 묘사할 수밖에 없었을 것이다. 그래서 한을 대표하는 인물, 주인공으로 부각시키며 미화시킨 인물이 바로 유비와 공명이었으니, 모심과 섬김의 잣대, 그런 인물의 만남을 배려해 삼고초려로 미화한 것은 당연하다.

동자가 초당으로 들어가 공명을 깨우려고 했으나 유비가 손을 들어 제지하며 그냥 있으라며 손사래를 쳤다.

이 기약 없는 기다림이야말로 공명을 진정으로 생각해 주는 배려가 아니겠는가. 이런 배려라면 사람의 마음을 움직이고도 남을 것이다.

한 식경이 또 무료히 지나갔다.

그제야 공명은 일어났다. 일어났는가 싶더니 또 안으로 들어갔다.

이어 맑은 목소리로 부賦를 읊는 소리가 들려왔다. 그리고 부 읊는 소리가 끝나서야 유비 앞에 모습을 드러냈다.

그 사이 어느 결인지 공명은 의관마저 갖춰 입었으며 발걸음도 가볍게, 한결 개운한 걸음걸이로 성큼 나서는 것이었다.

"오래 기다리게 해서 미안합니다. 늦었지만 안으로 드시지요."

비로소 유비와 공명은 최초의 대면을 하게 되었다.

유비는 공명의 면면을 뜯어보았다.

머리에 두건을 쓰고 몸에는 학창의를 입은 공명의 모습은 신선의 품격에 견줘도 조금도 부족함이 없었다. 나이 서른 미만의 얼굴인 데도 봄바람을 맞은 듯 청아한 기운이 넘쳐났으며 신비스러운 품격과 대나무 같은 싱그러운 절의마저 온몸에 잔뜩 배어 있었다.

유비는 은근함을 다해 공명과 마주 앉았다.

공명은 은근한 미소까지 지어 화답했다.

"지난 번, 적어주고 간 글의 뜻은 깊이 마음속에 새기고 또 새겼습니다. 다만 어리고 덕도 부족하며 재주마저 없는 저로서는 고맙기 그지없었으나 황숙 어른의 부탁을 받들 수 없었습니다."

유비는 고개를 절레절레 흔들며 말했다.

"수경 선생의 말씀을 익히 들었습니다. 또한 서서의 천거까지 있었는데 어찌 틀림이 있겠습니까. 바라건대 공명 선생은 이 유비에게 천하대세를 한 수라도 가르쳐주셨으면 원이 없겠습니다."

"황숙께선 옥을 버리고 돌멩이를 찾으십니다."

"선생께서는 제가 옥과 돌도 분간 못하는 그런 사람으로 보입니까?"

"무슨 말씀을 그리. 황숙 어른, 어떤 것을 듣고 싶으십니까?"

"선생은 세상을 구제할 남다른 재주를 품었는데도 지금까지 은둔만 하고 계셨으니, 그런 것을 하나라도 들었으면 합니다."

"황숙 어른께서 품고 계신 뜻부터 들어보고요."

"나는 역량도 헤아리지도 못한 채 대의(大義)를 펴고자 여러 해를 두고 헛고생만 거듭했습니다. 또한 지혜와 재주마저 부족한 탓으로 헛되이 몸만 썩히고 있었습니다. 저의 이와 같은 어리석음에서 깨우쳐주거나 건져줄 사람은 오직 선생 이외는 없습니다."

"지금 정세로 보아 조조는 원소를 격파하고 80만 대군을 거느리고 있습니다. 게다가 천자의 명분을 빌어 천하를 호령하고 있으니 이를 무력으로는 이기기는 어려울 것입니다. 조조가 원소를 쳐 이길 수 있었던 것은 운이 아니라, 그것은 사람의 지혜로 대응했기 때문입니다. 그런 탓으로 이미 조조는 중원을 7할 정도 차지하고 있습니다.

또한 손권이 차지하고 있는 강동은 지세가 매우 험난해서 공격하기가 쉽지 않을 뿐더러 그를 중심으로 민심이 똘똘 뭉쳐 있는 데다 좋은 인재들이 그를 보좌하고 있기 때문에 무력으로는 손권을 이기기가 불가능합니다. 손권 자신마저도 지능과 패기로 3대를 이어오고 있습니다. 게다가 국력마저 안정되어 있어요. 그러므로 동맹을 맺어 도움을 받을 수 있을지언정 빼앗을 수는 없을 것입니다. 조조에 이어 손권도 중원을 2할 정도나 차지해 기반을 튼튼히 다졌다고 하겠습니다."

공명의 정세 판단은 정확했고 말은 거침이 없었다.

유비는 전적으로 동의를 나타내며 천하대세를 내다보는 공명의 안목에 자기도 모르게 무릎을 탁 치고 말았다.

공명은 동자에게 준비해 뒀던 도면까지 가져오게 해서 일일이 짚혀가며 유비에게 정세를 설명했다.

"이제 남은 중원은 1할 정도나 될까. 황숙께서 패업을 이루려면 북쪽은 하늘의 시기를 조조에게 양보하고 남쪽은 물의 이익을 손권에게 일단 맡기시기 바랍니다. 유 황숙께서는 사람들의 마음을 얻어 형주와 익주부터 차지해서 기틀부터 마련해야 할 것입니다.

또한 대내적으로는 내정부터 안정시켜야 할 것이며 대외적으로는 손권과 손을 잡아야 합니다. 그렇게 해서 시기가 무르익으면 형주와 익주로부터 군사를 두 갈래로 나눠 조조를 공격한다면 한실을 부흥시키려는 큰 뜻을 어느 정도 이룰 수 있을 것입니다. 그런 다음에는 서촉을 손에 넣어 나라의 터전을 세우고 조조, 손권과 함께 삼발의 형세를 이루어야 합니다. 그렇게 한다고 해도 중원을 손에 넣기란…"

공명은 어떤 결론을 내리지 못해 말끝을 흐렸다.

그런데도 유비는 공명의 말에 캄캄하던 앞이 탁 트이는 것 같아서 자기도 모르게 두 손을 모아 읍했다.

"아아, 선생은 참으로 현명하고 현명하십니다. 선생의 말을 들으니 잔뜩 흐렸던 하늘이 갑자기 맑게 개는 듯합니다."

유비는 또 무릎을 치며 감탄했으나 공명은 더는 말하지 않았다.

유비는 도와 달라고 재삼 간청했다.

"새삼 공명 선생께 청을 드립니다. 이 유비는 능력도 없고 덕마저 부족해서 선생께 출려해 주십사 하고 강권할 수도 없습니다. 바라건대 다만 선생께서 천하 만민을 불쌍히 여기어 와룡장을 나오셔서 이 유비를 좀 도와주실 수는 없겠는지요? 부탁드립니다."

"그런데 오랜 동안 초야에 묻혀 농사를 짓던 몸이라 혁혁한 공을 세운 장군들과 의논하는 것이 매우 어려울 것입니다."

이는 관우와 장비를 의식해서 한 말이 분명했다.

그러자 유비는 말없이 머리를 숙이고 한 마디 말도 하지 않은 채 그저 닭똥 같은 눈물만 뚝뚝 떨어뜨릴 뿐이었다.

공명은 볼을 타고 흐르는 유비의 눈물을 주시했다.

유비의 눈물은 천만 마디의 말보다 진정성을 대변해 주고 있음을 공명은 온몸으로 느꼈다.

"황숙께서 그렇게 간절히 원하시니, 이 공명은 지금부터라도 몸과 목숨까지 바쳐 함께 일하기로 하겠습니다."

"오오, 그렇게 해 주시겠다니, 공명 선생…"

그제야 유비는 밖으로 나와 관우와 장비에게 공명의 출려를 말하고 가져온 선물을 공명 앞에 놓았다.

그러나 공명은 이를 받지 않았다.

"대신 부탁이 있습니다. 황숙께서 오늘 밤 이 초막에서 하룻밤 쉬어가 주시겠습니까? 집사람의 대접도 한 번 받아보시고요."

"폐를 끼치지 않는다면 그렇게 하지요."

나관중이 원작자인 『삼국지연의』는 가정본嘉靖本를 텍스트로 문체나 내용이 보완되면서 수많은 이본을 낳았다.

청나라 강희제康熙帝 때에 이르러 모종강毛宗岡이라는 사람이 『삼국지연의』를 개정했는데 이를 두고 모본毛本이라 하며, 현재 다른 판본을 압도해 정본으로 굳어지다시피 했다.

이처럼 평역하거나 가감해서 쓴 『삼국지연의』는 역자나 작가마다 다루고 또 달라야 하며 다른 것이 소설의 특색이다.

공명이 와룡장을 떠나는 장면도 그렇다.

이 장면에서는 유비도 공명도 주인공이 아니다. 주인공은 바로 공명의 부인이다. 어떤 작가는 공명의 부인을 최대한 미화하기도 했다.

유비는 군말 없이 공명의 청을 흔쾌히 수락했다. 두 사람은 백년 지기나 된 듯 천하를 이야기하면서 밤을 지새웠다.

유비가 전에 먹어보지 못한 아침을 들고 상을 물릴 즈음이다.

아우 제갈균이 형인 공명을 조용히 불러냈다. 공명은 유비에게 양해를 구하고 초당으로 나가 아우를 만났다.

아우의 얼굴은 매우 창백해 보였다.

공명은 말없이 아우를 따라서 집으로 갔다. 가서 보니 부인은 이미 싸늘한 시체로 변해 있었다.

얼굴은 모란처럼 화사하고 입 언저리는 미소마저 담겨 있었다.

그네의 죽음은 무서운 결의가 담긴 자문이었다.

황 씨는 나가서 손님 맞을 채비를 하라는 남편의 말에 모든 것을 예감한 듯 어금니를 깨물면서 물러났었다.

남편이 유비를 따라간다면 예주로 가서 군사軍師가 될 것은 자명한 일, 그러면 맨 먼저 형주를 취하는 것이 당연한 순서일 것이다. 형주의 성주는 유표, 유표의 부인 채 씨와는 이질녀인 그네는 남편이 유현덕의 휘하에서 유표와 싸우게 될 것을 예측했다.

그렇게 된다면 채 부인과의 인척관계 때문에 남편이 혹시라도 자기로 인해 주저하거나 결단을 내리는데 방해가 될 것이다.

그렇다면 어떻게 처신해야 현명한 것인가? 추녀인 자기를 마다하지 않고 기꺼이 아내로 맞아준 그 고마움을 아직까지 한 번도 보답하지 못했는데 이를 어떻게 한다?

남편과 함께 살기 5년 여, 남편이라기보다는 덕이 높은 선비를 모시듯이 그렇게 거안제미로 살아오지 않았던가.

그네에게는 남편이 자기와 삶을 살면서 생을 마감할 그런 평범한 인물로 보이지 않았다. 언젠가는 출사해서 큰일을 할 사람, 그렇게 여겼기 때문에 그의 앞길에 조금이라도 방해가 될까 적극 반대해서 아이까지 낳지 않았던 것이다. 나를 생각하기보다는 남편을 생각해 줌으로써 행복과 보람을 느꼈던 그네, 자기를 내세우기보다는 남편을 배려해 줌으로써 참다운 아내의 정으로 자족하지 않았던가. 진정한 배려야말로 참다운 행복이요, 보람이라고 여기며 살아왔던 부부생활이었다.

마침내 그 보답의 기회가 왔다.

못난 자기를 한 번이라도 추녀라고 구박하거나 내색을 하지 않은 남편의 배려에 보답하기 위해서도, 아니 떠나는 남편에게 일체 부담을 주지 않는 가장 아름다운 배려로 보답하겠다는 마음, 그 배려는 집을 떠나는 공명에게 최대의 선물이 아닐 수 없는 것이었다.

해서 밤새 내린 결론은 자문自刎이다.

이런 배려가 낳은 자문이야말로 남편의 앞날을 축복해 주기 위해 아내로서 바칠 수 있는 가장 큰 선물이었던 것이다.

유비가 얼마나 다급했으면 공명을 군사로 모시기 위해 세 번이나 찾아가 이래저래 테스트당하면서 애걸하다시피 했을까.

모심의 미덕이라고 할 수 있겠으나 이면에는 참고 견딘 배려의 미학이 저류하고 있었던 것은 아니었을까.

이런 유비의 배려는 상대방의 기분을 맞춰주거나 좋게 해준, 상대방에게 듣기 좋은 소리를 하되 마음에 상처를 주거나 마음을 상하게 하지 않은, 참된 마음, 진정성으로 한 것이며 상대방이나 타인이 전혀 눈치채지 못하게 한 배려가 아닐 수 없다.

이런 유비의 지극 정성을 다한 배려인 데야 어찌 공명의 마음이 움직이지 않을 수 있었겠는가.

임기응변의 재치

진부한 인용이지만 전해 오는 속담에 '말 한 마디가 천 냥 빚을 갚는
다.'는 말이 있다. 이보다 말의 중요성을 강조한 잠언이 세상 어디에 또
있을까 싶다. 말 한 마디로 천 냥 빚을 갚을 정도라면 상대방의 마음에
쏙 들게 말해야 함은 물론이다. 그렇게 하려면 상대방의 마음을 거슬리
거나 눈 밖에 나는 말을 해서는 안 될 것이다.

이 말을 역逆으로 생각해 보면 상대방의 비위에 꼭 드는 말을 했다고
생각할 수 있다. 상대방의 마음을 거슬렸다면 어찌 천 냥 빚을 갚을 수
있을까. 말 한 마디로 천 냥 빚을 갚을 수 있다고 한다면 그 비결은 바로
배려에 있지 않을까 싶다. 배려야말로 상대방의 마음을 움직일 수 있으
며 그 외는 세상 어떤 것도 이를 대체할 수 없을 것이다.

말 한 마디로 죽음의 기로에서 출세의 순간으로 운명을 돌려놓은 졸
작 「그것은 꿈」이라는 단편소설을 가감해 아래에 소개한다.

중2 도덕시간이었다. 지금에 와서는 선생님의 이름은 기억나지 않으

나 아래와 같은 이야기를 입심도 걸걸하게 들려준 기억이 지금도 생생하다. 당시 나는 아주 재미있게 들었었다.

그로부터 수십 년이 흘렀는데도 선생의 이야기는 기억에서 사라지지 않아 가끔 강의 시간에 학생들에게 들려주곤 했다.

나는 들려주는 것만으로는 부족해서 단편소설로 써 발표하기도 하고 창작집에 수록하기도 했다.

죽느냐 사느냐 하는 생사의 갈림길에서 '그것은 꿈이었다.'고 교탁을 탕 하고 내리치는 순간 운명을 바꿔놓은 재치가 절묘한 이야기다.

어느덧 종강을 해야 하는 12월도 중순이었다.

나는 강의를 하려고 강의실로 들어섰다. 그런데 한 학생이 일어나더니 "종강인데도 강의를 하시려고요?"하고 기말시험에 부담감을 느낀 탓인지 뚱한 질문을 하지 않는가.

나는 별 생각 없이 "강의를 해야지."하고 응했다.

"하신다면 오늘은 좀 색다른 걸로 하시면 안 되겠습니까?"

"그야 학생들이 원한다면 할 수도 있지."

"선생님의 연애 경험담이라든가, 뭐 그런 거 있잖아요."

"연애 이야기라면 지어서라도 할 수 있지."

그러자 학생들은 좋아서 손뼉을 쳤다.

"내 연애담은 아니니까 너무 좋아하지 않도록. 지금 하는 이야기는 실화야. 나도 중학교 때 들었는데 지금까지 잊혀지지 않아. 일제 식민지 학생으로서 일본 군벌의 딸과 결혼하게 된 얘긴데, 일제 36년 동안 전무후무한 사건이었지. 사람에게는 일생에 두어 번은 출세할 기회가 주어진다고 해. 주어진 기회를 어떻게 포착하느냐 하는 문제와도 관련이 있으니까 귀담아 들어보는 것도 시간 낭비만은 아닐 게야."

날씨는 진눈깨비라도 펑펑 쏟아놓을 것 같았다.

조선 민족의 숱한 애환이 서린 시모노세키(下關)는 조선과 대륙으로 통하는 길목인 관부연락선의 일본 쪽 요충지다.

시모노세키 역에는 방금 동경 발 기차가 도착해서 길게 여운을 끌고 있는데 젊은이 하나가 인파 속에서 떠밀리다시피 내리더니 대합실을 빠져 나오자마자 부두를 향해 달려갔다.

젊은이는 여객선 부두로 가서 시간표를 보더니 "오후 네 시라. 아직도 멀었잖아."하더니 돌아서는 것이 아닌가.

점심때가 지난 지도 오래였다.

젊은이는 시장기를 느꼈음인지 주변을 살폈다. 어느 항구 없이 크고 작은 음식점이 있고 생선초밥이며 새우튀김 등이 발길을 옭아맨다.

그런데도 젊은이는 그런 음식점을 지나쳐 뒷골목으로 들어섰다. 골목에는 해장국이나 팔고 순대나 썰어주는 노점상이 더러 있었다.

"할머니, 순대부터 좀 주시고, 해장국 하나 추가해 주세요."

그러자 노파는 긴가민가해서 쳐다보는 것이 아닌가.

서두는 태도에 비해 음성은 더없이 맑고 청아한 데다 일본 학생 차림새를 한 젊은이가 순대를 달라고 하니 노파로서는 어안이 벙벙한 것도 당연했다. 찾아주는 손님이래야 고작 죽지 못해 해협을 건너온 같은 동포들이거나 막노동판에서 하루 벌어 하루 살아가는 고달픈 조선 백성들이 고작이었으니 그럴 수밖에 없었을 것이다.

"할머니, 저 시장합니다. 어서 주세요."

"일본 학생이 순대를 달라고 하다니, 내일은 서쪽에서 해기 뜨겠네."

"할머니, 저도 조선 백성입니다."

"아, 그래. 반갑기도 해라. 난 일본 학생이 장난치는 줄 알았네."

조선 백성이라는 말에 노파는 "공부하러 온 학생이구만. 장하기도 해라. 그래, 어딜 가려고?" 하고 관심을 쏟았다.

"저, 방학이 돼서 고향인 경성 좀 다녀오려고요. 할머니께서는 일본까지 와서 이런 장사를 하시니, 고생이 되시겠습니다."

"그 좋던 논밭 다 빼앗기고 남편 찾아 일본에 와 보니, 말이 통해, 뭘 알기나 해. 자식 놈 하나 바라고 이 짓을 한다네."

젊은이는 배가 고팠던지 먼저 나온 순대부터 허겁지겁 먹어치웠고 해장국을 반이나 먹어서야 시장기가 가시는 듯했다.

젊은이는 노점상을 나와 어디로 갈까 하고 한참이나 망설였다.

시간을 보낼 만한 장소가 마땅치 않은 모양이다.

당구장이나 파친고 등은 일본의 젊은이들이 판을 치고 있으니 함부로 들어섰다가는 조센징이라고 봉변을 당하기 일쑤였다.

젊은이는 4년 동안 동경 제대를 다니면서 저들에게 숱하게 당해 본 민족적 차별에 만성이 될 성도 싶었으나 젊은 혈기는 그것을 용납하지 않았다. 그렇다고 막연하게 거리를 쏘다닐 수도 없었다.

3ㆍ1 운동이 실패로 돌아간 지 여덟 해도 지나지 않았는데 일제의 기고만장, 도민의 근성은 하늘 높은 줄 몰랐다.

아직도 관부연락선을 타려면 뒤 시간이 남아 있었다.

젊은이는 더 이상 거리를 쏘다니기도 그렇고 해서인지 역 대합실로 들어가 긴 의자에 우두커니 앉아 승선 시간을 기다렸다.

젊은이는 막연히 앉아 시간이 흘러가 주기를 기다렸으니, 기다리는 시간은 무료할 뿐 아니라 말할 수 없이 지루했다.

두 시가 가까워지자 동경행 특급열차 승객으로 대합실이 붐비다가 이내 조용해졌는가 싶더니 아가씨 하나가 급히 대합실로 들어서는 것이 아닌가. 그네는 특실표를 사더니 개찰구를 곧장 빠져나갔다.

그때 젊은이의 졸던 눈이 갑자기 번쩍 했다.

일본 여인 중에도 파리로 유학 갔다가 방금 귀국한, 아니 첨단의 유행 차림새를 한 여인이 다 있을까 싶을 정도로 젊은이의 마음을 뒤흔들어 놓아서였던 것이다.

순간, 젊은이는 저런 아가씨라면 인생의 반려자로 조금도 손색이 없겠다, 저런 아가씨를 놓치면 평생 독신으로 살 것 같은 생각이 들자 주머니를 달달 털어 동경행 차표를 사서 개찰구를 빠져나갔다.

홈으로 올라서기도 전에 기차가 움직였다. 젊은이는 젖 먹던 힘까지 쏟아 승강구로 뛰어올랐다. 숨을 몰아쉬면서 객실 안으로 들어서서 지정 좌석을 찾아가니 기연이 기다리고 있지 않는가.

천재일우千載一遇는 바로 이런 경우일 것이다. 우연히도 아가씨와 같은 좌석, 동석하게 되었으니.

그는 엉덩이를 좌석 끝에 간신히 붙이고 통로 쪽을 향해 앉아 있기만 하는데도 가슴은 두 근 반, 서 근 반 했고 얼굴은 홍당무가 무색했다.

그런데 아가씨는 옆 좌석으로 눈길 한 번 주는 일도 없었다.

말을 붙여 볼까 말까. 무슨 말부터 꺼내야 하지. 아니, 무안이라도 당한다면 어쩌지. 경성 가던 길을 포기하고 동경행 열차를 되탔는데도 말 한 번 붙이지 못하다니, 이 바보 맹추 같으니.

아가씨는 옆 사람을 거들떠보지 않은 채 바깥만 내다보고 있었다.

내성적인 성격 탓일까. 용기가 없어서일까.

아니었다. 젊은이는 너무나 마음에 쏙 들어 좀체 말을 꺼낼 수 없었고 20 평생 처음 겪는 마음을 주체할 수 없어서였다.

젊은이는 이성을 느껴보지 못한 채 자랐다. 3 · 1 운동이 실패로 돌아가자 뜻있는 애국지사들은 만주로 블라디보스토크로 진출해 독립운동을 합네 하고 조국광복을 위해 동분서주했다. 그도 아닌 지식인들은 퇴폐주의에 물들어 좌절하고 있을 무렵이었다.

그런데 젊은이는 독립운동도, 조국광복항쟁도 절실할 수 있었으나 일제日帝의 젊은이들과 실력으로 대결해서 저들을 정신적으로 짓밟아 버리겠다고 다짐한 결과, 조선 학생으로서는 일제의 수재들도 하늘의 별따기라는 동경제대 법학부에 당당히 합격했다.

성적은 수석이었으나 일제의 악랄한 섬나라 근성이 이를 인정하지 않았다. 제대의 명예가 달렸지, 엘리트 중의 꽃이라고 하는 제대 법학부의 수석을 어떻게 조센징에게 넘겨줄 수 있겠느냐고 해서 수석을 의도적으로 밀어냈는데도 젊은이는 4년 내내 수석을 하다시피 했다. 3학년 때는 벌써 일본인들도 선망의 적的인 고시에 합격해 변호사 자격증까지 쟁취했고 졸업을 하면 조선으로 돌아가서 힘없고 억울한 사람들을 위해 변호해 주리라는 장래 계획마저 세워놓고 있었다.

젊은이는 4년 동안 조선 땅을 밟아 보지 못하다가 마지막 학기인 이번 여름방학만은 고국에서 즐기리라는 다짐으로 기차를 탔으며 관부연락선을 타기 위해 시모노세키에 왔던 것이다.

젊은이는 실력뿐 아니라 외모 또한 수려했다.

어디 하나 흠잡을 데가 없었다. 그의 언변은 일제 학생들은 물론 안으로만 굽는 교수들에게까지도 정평이 나 있었다.

언변은 논리정연한 데다 막힌 데 없이 술술 흘러 나왔으며 설득력 있는 달변이라고 부러워했다. 그러면서도 저들은 저런 유능하고 장래성이 있는 젊은이가 조센징으로 태어난 것을 안타까워했다.

그런 촉망받는 젊은이가 아가씨 때문에 동경으로 되돌아가면서도 말 한 마디 건네지 못한 채 안달하고 있다면 이해가 되겠는가.

남녀 사이에 교제나 접촉이 일체 없어서 그랬을까. 남녀 간의 연애라면 꿈도 꾸지 못했던 시절이라고 그랬을까. 그도 아니면 젊은이를 잔뜩 얼어붙게 한 또 다른 이유라도 있어서였을까.

젊은이는 말을 걸지 못해 진땀만 마냥 흘리고 있었다.

딴은 말 못해 하는 심정을 이해할 만했다.

「사의 찬미」로 인기 절정이던 윤심덕尹心悳이란 가수가 있었다.

그네는 연인 김우진金祐鎭과 함께 오사카에 있는 닛토(日東) 레코드 사로 노래를 취입하러 바다를 건너갔다.

그들이 귀국길에 올라 관부연락선인 도쿠주마루(德壽丸) 위에서 현해탄을 향해 투신자살을 한 사건은 두고두고 세인들의 화제에 올랐던 시기였다. 아니, 정작 누가 연애한다는 사건이 신문 사회면 머리기사로 장식될 만큼 남녀 간의 교제가 뜸했던 무렵이긴 했다.

그렇다고 해도 젊은이는 너무 한 것 같았다.

한없이 망설이며 안달하는 시간은 쏜살 같이 흘러갔다.

아홉 시간이 흘러 밤 열한 시가 가까웠다.

기차는 동경 역으로 서서히 빨려 들어가고 있었다. 아가씨는 선반에서 트렁크를 내리더니 출구 쪽으로 향했다.

그제야 젊은이는 멍청히, 그야말로 멍청히 앉았다가 스프링에 튕긴 듯 아가씨의 뒤를 따라 내렸다.

그네가 홈을 빠져나가 역 광장으로 나서자 사내 하나가 대기하고 있다가 짐을 받아들뿐 아니라 세단의 문까지 열어주며 아가씨를 태우자 붕 소리를 내며 역 광장을 빠져나가는 것이 아닌가.

젊은이는 멍청히 지켜보다가 차가 떠난 다음에야 제정신으로 돌아왔다. 그는 주차장으로 달려가서 택시를 잡아 올라타기가 무섭게 "저 차, 저 세단 좀 급히 따라가 주서요."하고 다그쳤다.

젊은이는 앞선 차를 놓치지 않으려고 정신을 최대로 집중하다 보니 어느 거리를 어떻게 지나왔는지 짐작조차 할 수 없었다.

얼마쯤 달렸을까. 앞차가 서행을 하면서 클랙슨을 두어 번 울렸다.

조금 있더니 거대한 철문이 덜컥 열리자 세단은 안으로 사라졌다.

젊은이는 다급하게 "여기요, 여기. 어서 여기에 차 좀 세우세요."하고 급히 내려서 뛰어갔으나 철문은 닫혀 버린 뒤였다.

젊은이는 낙망했다. 닭 쫓던 개 지붕 쳐다보는 격으로 땅바닥에 주저앉아 한숨으로 땅이 꺼질 지경이었다.

젊은이는 운전사가 다가와 요금을 요구해서야 제정신으로 돌아와 호주머니를 뒤져본들 돈이 있을 리 없었다. 주머니를 달달 털어 특실 차표를 샀으니 택시비가 없을 수밖에.

젊은이는 사정 끝에 기사로부터 겨우 벗어나서야 동경 한복판에, 그것도 궁성도 아닌데 이런 대저택이 있을 수 있을까 하는 생각이 들어 철문으로 다가가 문패를 들여다보았다.

문패의 이름을 확인한 순간, 젊은이는 그만 입이 딱 벌어졌다.

안내 등에 비친 문패에는 도고 헤이하치로(東鄕平八郞), 도고라면 날아가는 새도 떨어뜨린다는 군벌이 아니던가.

순간, 젊은이는 절망의 나락에서 좀체 헤어날 수 없었다.

아홉 시간이라는 긴긴 시간 중에 단 한 마디 말도 건네 보지 못한 채 시간만 허비한 자기의 주변머리가 저주스러웠다. 그는 세상에서 자기보다 못난 사내는 도시 없을 것이라고 자학했으나 엎질러진 물. 그는 통금 예비 사이렌 소리에 놀라 벌떡 일어섰다.

여기가 도대체 어디쯤일까.

젊은이는 주위를 새삼 살폈다. 숲이 우거진 곳이 눈에 들어왔다. 우에노 공원 맞은편 길이 낯익었다. 재차 확인해 보니 공원 옆길을 따라 오갔던 길이었다. 그런데도 이런 대저택이 있는 줄 알지 못했을 만큼 한눈 하나 팔지 않고 학업에만 몰두했던 것이다.

4년이나 정들었던 하숙집, 젊은이가 공원길을 따라 하숙집으로 들어서자 야노 사다코(失野貞子)는 놀랐다.

경성에 간다던 사람이 초주검이 되어 들어서니 놀랄 수밖에.

야노는 정이 많았다. 젊은이에게 특별히 정을 쏟았다. 그네는 젊은이의 성정이 마음에 들어 친자식 이상으로 대했다.

야노가 돌아온 이유를 캐물어도 젊은이는 묵묵부답이었다.

그는 말없이 자기 방으로 들어가더니 문을 닫아걸고 이불을 뒤집어쓴 채 끙끙 앓는 소리마저 냈다. 아침상을 들여보내도 수저를 들지 않았고 점심도 그랬고 저녁마저 물 한 모금 입에 대지 않았다.

밤낮으로 방안에만 틀어박혀 이불을 뒤집어쓰고 누워 있으니 몰골은 중병을 앓고 있는 환자나 다름없었다.

야노 할머니는 이러다 남의 귀한 자식, 장래가 한없이 창창한 젊은이를 생죽음 시키겠다 싶었던지 문을 따고 들어가 이불을 걷어 마당으로 내던진 뒤, 강제로 일으켜 앉히고 닦달했다.

"이 늙은이에게 털어놓지 못할 비밀이라도 있다는 게야. 어디 속 시원히 들어 보세. 내가 자네에게 섭섭하게 대한 적이 있었던가. 있거든 말해 보게. 어떤 고민인지 내게 털어놓지 못한다면 당장 내 집에서 나가게. 내 한 번이라도 조센징이라고 차별했던가. 뭐가 그렇게 못마땅해 이 할미에게도 털어놓지 못해. 반도 청년이란…"

야노 할머니가 닦달해서야 젊은이는 마지못해 털어놓았다.

이야기 끝에 젊은이는 울먹이며 말했다.

"일제 식민지치하(일제강점기니 미제강점기니 하는 용어는 북한 교과서나 좌파들이 전용하는 용어기 때문에 정명正名에 따라 일체 이를 사용하지 않는다.) 백성으로 어디 당키나 하겠습니까. 일본의 청년이래도 상상할 수 없을 것입니다. 그것도 한다하는 가문이 아닌 다음에야.

저는 다른 욕심은 조금도 없습니다. 아가씨를 한 번이라도 만나 대화나 해 봤으면 죽어도 원이 없겠습니다. 그러면 이 답답한 가슴도 트일 것만 같고요. 저도 제 마음을 어쩌지 못해 미칠 지경이랍니다."

"그만한 일로 식음을 전폐하고 방안에만 틀어박혀 끙끙 앓아, 못난 사람 같으니. 청년다운 기개는 어디다 처박아 버렸어. 대장부인 줄 알았더니 이제 보니 졸장부도 못 되네그려."

그네는 자기가 낳은 자식처럼 젊은이를 얼리고 달랬다.

우연偶然이 겹치다 보면 행운이 따른다고 했던가.

할머니는 덧붙여 "젊은이, 걱정 말게나. 한때 내가 그 아가씨의 유모였으니, 만날 수 있게 주선해 주겠네."하고 말했다.

그러자 젊은이는 생기가 돌기 시작했다. 만날 수 있으리라는 기대감이 생기를 되찾게 했음이 분명하다.

"날아가는 새도 떨어뜨린다는 세도가의 집이니, 나도 그 댁을 마음대로 드나들 수 없다네. 며칠 후에 마나님을 만나기로 되어 있으니까, 그때 기회를 봐서 아가씨를 만나 얘기해 보겠네."

"아가씨가 거절이라도 한다면…"

"걱정도 팔자라더니, 공연한 걱정도 다 하네. 이 유모의 간절한 소망이라는 데야 한 번쯤 만나 주지 않겠어. 그것도 조선 청년이, 더구나 동경제대 법학부 학생인 데야. 이미 고문도 패스했겠다, 그 어려운 변호사 자격도 취득했겠다, 그런 청년이 그래, 아가씨를 한 번 보고 상사병이 들어 누워 있다는 데야, 호기심이 동하지 않을 아가씨가 있겠어. 그러니 식사도 제때 하고 때를 빼면서 모양 좀 내게나."

그제야 젊은이는 활기를 되찾았다. 주는 식사도 제때 하면서 태어나 처음으로 거울 앞에 살다 시피하며 만날 날을 기다렸다.

의외로 만날 날은 빨랐다. 일주일쯤 지나 야노가 제독의 집을 방문하고 돌아와 젊은이에게 쪽지 하나를 건네주었다.

"내 뭐라고 했던가. 자네가 들려준 대로 아가씨에게 다 얘기했네. 얘기를 들은 아가씨가 뭐라고 했는지 아는가? 요새 세상에도 그런 젊은이가 다 있어요? 하고 호기심이 동한다면서 한 번 만나보고 싶다는 게야. 반도 출신으로 동경제대 법학부에 다닌다는 데에 관심이 간 모양이네. 어쨌든 조심을 해야 되네. 생명의 위협을 당할 수도 있을 터이니."

"할머님, 이 은혜를 어찌 다 갚아야……"

젊은이는 할머니가 너무나 고마워 목이 메기까지 했다.

"은혜 따윈 접어두고 쪽지나 읽게."

그는 손을 떨어대며 쪽지를 펴들자 쓴 내용은 간단한 데도 눈물이 글썽이어 글씨마저 아물거렸다.

저 같은 사람을 한 번 보고 그렇게 생각해 주셨다니 고맙기 그지없습니다. 저도 어떤 사람인지 몹시 궁금하네요. 기회가 닿는다면 만나보고 싶어요. 그러나 남의 이목도 있고 집안사람이 알면 큰일 날 수도 있어 정식으로 초대할 수 없어 안타깝습니다. 실례의 말씀이오나 불편하시더라도 월장을 하셔야 하는데 그렇게 해서라도 만나고 싶다면 오는 보름날 저녁 저희 집 뒷담으로 오서요. 그곳에는 은행나무 한 그루가 있을 거예요. 열두 시가 지나면 줄사다리를 내려놓겠습니다.

기다리겠습니다. 그럼, 이만.

도고 하스에로부터

젊은이는 보름이 되기를 학수고대했다. 하루에도 몇 번이나 뒷담으로 달려가 은행나무가 있나 없나를 수도 없이 확인했다.

수백 년이나 묵은 은행나무는 무성한 가지를 늘어뜨리고 있는데 굵은 가지 하나가 길 쪽으로 휘어져 있었다.

젊은이는 당장 담을 뛰어넘어 아가씨를 만나고 싶은 충동을 억제하느라 목에는 핏줄이 돋았고 생침을 꿀떡꿀떡 삼켰다.

우에노 공원 위로 보름달이 두둥실 떠올랐다.

정월 대보름달을 향해 절을 하면 소원성취를 할 수 있다는 풍속을 이 순간만은 믿고 싶어서였을까.

젊은이는 대보름달도 아닌데 수도 없이 절을 했다.

그는 사이렌이 울리려면 한참이나 있어야 하는데도 이를 기다리지 못해 뒷담 은행나무 밑으로 가 배회했다. 이리저리 배회하면서도 현실이 아닌 꿈만 같아 살을 꼬집어보기까지 했다.

도시의 소음은 점점 적막 속으로 잦아들고 인파도 뜸해졌다.

이명耳鳴이 생긴다면 바로 이럴 때일 게다.

젊은이의 귀에는 사이렌 소리가 수없이 울렸으나 줄사다리는 내려오지 않았다. 그게 환청인 줄 알고 젊은이는 쓴웃음을 지었다.

이윽고 통금 사이렌이 여운을 끌며 사라졌다. 사이렌소리가 사라지면서 은행나무에서 줄사다리가 내려왔다. 젊은이는 다가가 줄사다리를 힘 줘 당겼다. 줄사다리는 사람 무게를 지탱해 줄만 했다.

젊은이는 줄사다리를 타고 담장을 올랐다.

담장 위에 오르자 줄사다리를 나뭇가지로 끌어올리느라고 땀을 비오듯 흘렸고 가슴은 디딜방아를 찧어대곤 했다.

젊은이는 마음을 진정시키고 정원부터 살펴보았다. 정원에는 호수가 있고 호수 가운데는 밤인데도 분수가 하얀 물을 뿜고 있었다.

분수를 배경으로 아담한 별장이 있는데 별장에는 아가씨가 창문을 활짝 열어놓은 채 책을 읽고 있는 모습이 눈에 들어왔다. 독서를 하고 있는 아가씨의 자태는 선녀도가 무색했다.

젊은이는 얼이 나간 듯 아가씨를 지켜보았다. 그는 한참이나 지켜본 후에야 나무를 타고 땅으로 내려섰다.

아가씨는 젊은이가 땅에 내려서서 몇 걸음 옮기기도 전에 벌써 낌새를 알아차리고 방에서 나와 정중히 맞아들였다.

자리에 앉기 전에 그녀는 사과의 말부터 하는 것이 아닌가.

"이렇게 귀한 손님을 월장까지 하게 했으니, 이를 어쩌면 좋아요."

그네는 다과를 권하기도 하며 과일을 깎기도 했다.

이름은 알 수 없으나 누군가가 말했다.

일본 아가씨의 서비스를 받으며 센 강변을 거닐고, 중국 음식을 주문해 먹으면서 사랑을 나누는 것이 최대 소원이라고.

젊은이는 바나나며 오렌지며 레몬 등 열대 과일을 어떻게 먹는지 알 수 없어 눈치만 살피고 있는데 아가씨는 센스가 있었다.

그네는 바나나를 들고 "이건 이렇게 껍질을 벗겨 먹는 거예요. 자, 어디 먹어보셔요."하고 껍질을 벗겨 손에 쥐어주기까지 했다.

젊은이는 또 "아, 네.…"하고 시키는 대로 베어 물기만 했다.

어떻게 된 셈인지 젊은이의 입은 꿔온 자루 같았다.

아가씨가 대화를 유도하기 위해 과일을 권하며 말을 붙였으나 젊은이가 전혀 말이 없는 데야 그네도 침묵할 수밖에.

꿀 먹은 벙어리가 된 두 사람은 앉아 시간만 죽이고 있었다.

젊은이는 상사병이 들어 끙끙 앓았을 만큼 아가씨를 그리워했는데도 그네 앞에서는 어떻게 된 셈인지 말 한 마디 건네지 못해 안달만 하는데 시간은 새벽을 향해 달려가고 있었다.

어느 새 새벽, 헤어져야 할 시간이 되었다.

그제야 젊은이가 한 말은 기껏 "언제 다시 만날 수 이, 있을까요?"하는, 너무나 떨려 이 한 마디밖에 하지 않았는데도 아가씨는 순진한 태도에 마음이 끌렸든지 "아, 네. 좋아요. 원하신다면 내일 자정쯤 사다리를 또 내려놓겠습니다."하고 시원스럽게 응해 주었다.

젊은이는 남들이 부러워하는 달변을 가지고 있으면서 아가씨 앞에서는 첫마디 운을 떼기가 왜 그렇게 힘이 드는지 알 수 없었다.

그것은 젊은이의 내성적인 성격 탓만은 아닐 것이다. 아가씨에게 온통 마음을 빼앗긴 나머지 마음이 얼어붙은 탓이랄까.

다음에 만나게 되면 한 번도 아닌 세 번째 만남이 이뤄진다.

그때는 말문이 자연스레 트일지 모를 일이었다.

예상대로 두 번째 담을 넘었을 때는 주눅 들지 않았다.

"어제는 바보짓만 했으니, 뭐라고 사과를 해야 할지……"

"무슨 말씀을. 달변보다 전 더 좋았는걸요."

"너무나 긴장한 나머지 마음이 꽁꽁 얼어붙었었나 봐요."

"그렇다면, 그 얼음 좀 보여 주셔요."

젊은이가 "시모노세키에서 동경까지 아홉 시간 동안이나 꽁꽁 얼었다고요."해서야 비로소 말문이 트이기 시작했다.

아가씨가 미소를 지으며 관심을 보이는데야 용기를 낼 수밖에.

두 사람은 시공을 초월한 보편성인 문학을 화제로 삼아 대화를 나누었다. 지기가 따로 있는 것이 아니었다. 마음이 통하는 대화가 오갈 수만 있다면 그것이 지기知己가 아니겠는가. 젊은이의 달변은 시간이 흐를수록 아가씨의 마음을 사로잡기 시작했다.

"하스에 양, 또 만날 수 있을까요?"

"내일 자정쯤에 또……"

젊은이가 담을 넘어가자 이번에는 하스에가 물었다.

"과실(過失)을 어떻게 생각하셔요?

"과실도 과실 나름이겠지요."

"물론 과실을 저지른 사람을 용서하겠다고 하시겠지요. 그러나 그건 실감의 문제 아니겠어요. 그러면 들려 드리지요."

하스에는 과실의 실화를 들어가며 나긋나긋 이야기했다.

"오늘 밤은 하스에 양의 이야기만 듣고 갑니다."

다음날 밤도 젊은이는 자정이 좀 지나 줄을 타고 담을 넘어갔다.

젊은이가 이야기를 시작하자마자 분위기가 바뀌어졌다.

"오늘은 아름다운 부인에 대해 이야기하지요."

"그래요. 부인에 대해 일가견을 가지셨나 봐."

"그러니까, 도고 양과 이렇게 대화를 나누고 있지 않은가요?"

젊은이는 실재 있었던 아름다운 부인에 대해 이야기했다.

하스에는 재미있게 듣느라고 밤이 깊은 줄도 몰랐다.

그들은 미련이 남을 만하면 헤어졌고 아쉬움을 채우기 위해 밤마다 만나 대화를 나누다 보니 하루가 다르게 젊은이는 하스에의 예술에 동감하게 되었고 하스에는 설득력 있는 정세판단에 공감했다.

젊은이도 법학도답게 대륙침략이며 국제정세를 이야기했으며 하스에도 동경제대 음악학부 학생답게 서양음악을 화제로 삼았다.

때로는 대화를 나누다 침묵에 잠기기도 했다.

마음이 통하는 사람끼리의 침묵은 대화 이상으로 서로를 확인하고 이해하는 귀중한 시간이 되기도 했던 것이다.

졸리면 정원을 산책하기도 했다. 경비원의 눈을 피해 분수 주변을 거닐었고 손가락을 깍지 끼운 채 별을 세기도 했다.

그러다 담을 넘어오는 일이 밤마다 이어졌다.

어느덧 꿈같은 한 달이 훌쩍 지나갔다.

하룻밤은 책상을 마주하고 눈으로만 속삭이다가 깜박 잠이 들어버렸나 보다. 밤마다 만나다 보니 잠이 부족했던 것이다.

얼마나 잠이 들었을까. 눈을 떠보니 날이 훤히 밝았다.

젊은이는 곤히 잠들어 있는 하스에를 깨울 수도 없었고 그렇다고 어떤 약속도 하지 못한 채 담을 넘었다.

담을 넘어온 젊은이는 '나 같은 주제에 그런 아가씨를 만나 한 달이나 연애를 했으면 됐지, 그 이상 무엇을 더 바래.'하고 나약해지려는 마음을 모질게 채찍질했다.

이제 개학도 며칠 남지 않았다. 개학을 하면 졸업이다, 취직이다 하고 바빠질 것이다. 젊은이는 졸업을 하면 조선으로 돌아갈 것이고.

젊은이가 개학을 맞아 학교로 가니 밉고 고운 얼굴들, 4년이나 함께 공부했던 얼굴들, 머지않아 헤어지게 된다니 서운했다.

한 학생이 "이렇게 막연히 할 일 없이 앉아 노닥거릴 것이 아니라 방학 동안 겪은 체험담을 들어보는 게 어때?"하고 제안했다.

모두들 그게 좋다고 박수를 치며 동의했다.

한데 누가 앞으로 나가 경험담을 이야기하느냐 하는 문제로 시간을 끌었다. 뒤늦게 짓궂은 학생 하나가 벌떡 일서더니 "우리야 조국 땅을 벗어나지 못했으니 그게 그거고. 그런데 조센징 너만은 일본해협을 건너 반도까지 갔다 왔으니 네가 나가 이야기하는 것이 어때?"하고 떠밀어냈고 모두들 그게 좋겠다고 박수를 치는 것이 아닌가.

젊은이는 교단으로 떠밀려 나왔으나 난감했다.

경성이나 갔다 왔다면, 보고 들은 이야기를 할 수도 있었다. 단지 방학 동안에 한 일이라곤 하스에를 만나 교제한 것뿐이었으니.

젊은이는 '에라 모르겠다.'하고 경험담을 꺼냈다.

학생들은 귀가 솔깃해서 듣는데 숨소리조차 나지 않았다.

모두들 부러운 눈치가 완연했고 한 마디 한 마디에 침을 꿀떡 삼켰다. 개중에 어떤 녀석은 침을 질질 흘리기까지 했다.

시모노세키에서 아가씨를 만나 경성 가려던 여정을 포기하고 동경으로 되돌아오게 된 것하며 동경 역에서 세단을 타고 사라지는 아가씨를 추적한 것이며 하숙집 노파의 도움으로 아가씨를 만나기 위해 줄사다리를 타고 담 위에 올라서서 정원을 바라본 것도 이야기했다. 정원 한가운데는 분수가 하얀 물줄기를 뿜어대고 있는 데다 별장에는 꿈에도 잊지 못하던 아가씨가 창문을 열어놓은 채 그림 같은 모습으로 앉아 책을 읽는 모습이야말로 하늘에서 선녀가 하강한 듯…

그러면서 젊은이는 잠시 뜸을 들이는 바로 그때였다.

강의실 뒤쪽에서 한 학생이 상기된 채 벌떡 일어나더니 "너 말이야. 내가 올 때까지 이야기를 그 이상 진행하지도 말 것이며, 그곳에서 내려오지도 말고 서 있어!" 하더니 뛰쳐나가는 것이 아닌가.

한창 이야기가 흥미진진한 절정의 순간에 이야기를 중단시켰는데도 50여 명의 법학부 학생 중에 누구 하나 불평이나 불만을 나타내는 사람이 없었다. 그것 하나만 보아도 소리친 그 학생의 위세가 얼마나 등등한 지 짐작이 가고도 남을 것이다.

젊은이는 이제 속절없이 죽었구나 생각했다. 당시 귀족 가문은 가풍을 생명보다 중히 여겼다. 평민하고는 결혼 말은 꺼낼 수도 없었고 부모 몰래 연애를 했다가 발각되면 가문을 더럽혔다고 해서 하라키리―할복割腹―를 해야 했으며 상대방은 저들 가족들 손에 쥐도 새도 모르게 죽임을 당하는 전근대성이 팽배해 있었으니.

그런 절박한 처지인데도 젊은이는 밝은 얼굴로 돌아와 학생들의 눈치를 살폈고 밖을 내다보는 여유마저 보였다.

젊은이가 창밖을 내다보다가 그만 눈이 휘둥그레졌다.

낯익은 세단이 운동장을 지나 강의실 가까이 오더니 멈췄다. 그리고 문제의 청년이 내렸고 이어 아가씨가 뒤따라 내렸다.

하스에는 학생에게 강제로 이끌리다시피 강의실 뒷문으로 들어설 때까지는 생글생글 웃고 있었으나 교단에 서 있는 젊은이와 눈이 마주친 순간, 홍조를 띠며 고개를 뚝 떨어뜨리는 것이 아닌가.

학생은 붉으락푸르락 해서 "너, 여기서 저 학생이 하는 이야기를 하나도 빠뜨리지 말고 들어."하더니 교단을 향해 "조센징, 너 지금부터 사실대로 털어놓아. 알았어!"하고 명령조로 말하는 것이 아닌가.

그제야 비로소 젊은이는 그 학생이 누구인지 생각났다.

신지新治야. 성은 도고고. 도고 신지. 하스에의 오빠 아니면 사촌쯤은 되니까, 저렇게 흥분해서 날뛰는 것 아니겠어.

젊은이의 타고 난 머리는 어느 때보다도 빠르게 회전했다.

하스에로 하여금 하라키리를 면하게 하고 내가 죽음에서 벗어날 수 있는 절체절명의 위기에서 벗어나는 길은 없을까 하고.

순간, 젊은이는 임기응변의 재치를 발휘했다.

신지야말로 동경제대 50여 명 법학도 앞에서 내가 하스에와의 연애 이야기를 폭로함으로써 자기 가문의 명예를 더럽혔다고 격분했을 터. 그렇다면 저 신지의 마음을 돌리는 것이 그네를 살리고 내가 살아나는 길, 오직 한 사람의 마음을 돌리면서 배려를 전제로 임기응변의 재치를 발휘하는 것도 그리 나쁘지 않을 것이라는.

이런 재치가 이적異蹟을 낳게 된다.

젊은이는 더욱 더 흥미진진하게 이야기를 이끌어갔다.

처음은 사실대로 이야기했으나 뒤는 과장했다.

그네와 키스도 하지 않았으나 키스를 했다는 둥, 사랑하게 되자 마주 앉아 이야기하는 것으로 부족해서 함께 잠자리에 들었다는 둥, 입담도 걸걸하게도 구수하게 이야기했다.

그런데 듣는 입장에서 보면 그 이상 재미있을 수 없었으나 하는 쪽은 식은땀으로 흥건히 젖지 않을 수 없는 처지인데도 이야기를 하는 중간 중간, 아가씨와 청년을 훔쳐보는 여유까지 보였다.

잠자리에 들었다고 하면서 하스에를 보니, 홍당무가 되어 고개를 뚝 떨어뜨렸고 청년의 얼굴은 더욱 더 붉으락푸르락했다.

"여름밤이란 너무도 짧아. 더욱이 사랑하는 연인 사이의 밤이란 후딱 지나가 버려. 밤마다 만나 사랑을 속삭이고 살을 섞다 보면 무엇이 부족하겠어. 잠이야. 한 번은 사랑을 하고 나자 피곤해서 곯아 떨어졌었지. 개 짖는 소리에 깜짝 놀라 깨어보니, 앗불싸! 날이 환히 밝은 게야. 부리나케 방을 뛰쳐나와 은행나무로 달려가는데 뒤에서 '강도야, 저놈 잡아라.'하고 경비원 서너 명이 달려오지 않겠어. 이제 죽었구나 생각했지. 그러나 죽을 때 죽더라도 달아날 때까지는 달아나겠다고 은행나무로 기어올랐지. 그런데 어찌 된 셈인지 그날따라 깜빡 잊고 줄사다리를 올려놓지 않아 행인들이 줄을 끊어가고 없는 게야. 경비원에 잡혀 죽으나 뛰어내리다 목이 부러져 죽으나 죽기는 마찬가지. 서너 길이나 되는 담장 위에서 눈 딱 감고 맨땅을 향해 냅다 뛰어내리지 않았겠어. 그런데 공교롭게도 거꾸로 팍 처박힌 게야."

젊은이는 죽는다고 악을 쓰는 시늉까지 하며 잠시 뜸을 드렸다가 교탁을 탕 하고 내리치는 것이 아닌가.

"그것은 꿈이었다."

젊은이는 이야기를 하면서 운명을 바꿀 한 마디, 바로 임기응변의 재치를 마련해 놓았기 때문에 태연한 척 여유를 부릴 수 있었다.

그때까지 듣고 있던 학생들은 경험담을 실토하는 줄 알고 침을 삼키고 듣고 있었는데 '그것은 꿈이었다.'고 교탁을 맵시 있게 내리치는 데야, "그러면 그렇지, 조센징 주제에 일본 아가씨와, 그것도 날아가는 새라도 떨어뜨린다는 군벌의 딸과 사랑을 했을 리 없지, 없어."하고 허허실실 모두가 웃어넘겼던 것이다. 단 한 사람을 제외하곤.

한 학생이 벌떡 일어서더니 툭 쏘듯이 반문했다.

"선생님, 처음부터 실화라고 하셨잖아요?"

"내가 언제 실화 아니라고 한 적이 있었던가."

"일본 귀족과 결혼한 청년의 연애라고 하셨지요? 일제 36년 동안 전무후무한 사건이라더니, 선생님의 말재간도 알아줘야겠어요."

"내가 꿈이었다고 탁자를 탕 친 것 때문에 그런가?"

"그래요. 누가 소설가가 아니랄까. 저흰, 실화인 줄 알고 관심 있게 들었는데, 선생님의 말재간에 속고 말았다고요."

"교수님은 거짓말쟁이도 지독한 거짓말쟁이십니다."

"그렇다면, 오늘 강의는 100% 달성."

주변머리 없는 내 언변에 학생들이 속아준 것에 대해 만족스러워했으나 반면, 소설에 있어 반전이라는 구성적 요소를 모른다는 점에서는 한 학기 강의를 공친 것이 아닌가 하는 생각마저 들었다.

"그것은 꿈이었다고 돌려 치는 순간이 소설로 치면 반전이지. 임기응변의 재치, 아니 그럴 리야 없겠지만. 그는 소설의 반전을 생각하고 현실일 수 없게 과장했던 것인지도 모르지. 젊은이는 한 번의 재치로 죽임을 면하고 사랑을 쟁취하게 된 계기가 되었으니까."

늦게야 젊은이가 혼자 교정을 나서는데 문제의 학생, 도고 신지가 자기에게 빠른 걸음으로 다가오지 않는가.

젊은이는 이제는 속절없이 죽었구나 하고 새삼 긴장할 수밖에. 4년 동안이나 조센징이라고 말 한 마디 걸어오지 않던 신지였으니.

"자네, 나 좀 보세. 내 할 말이 있으니."

신지는 젊은이의 소매를 잡더니 끌어 당겼다.

"도고 상, 무슨 볼 일이라도 있는가?"

"아유는 묻지 말고 내가 하자는 대로 따라와 주게."

신지는 젊은이를 찻집으로 데려가더니 구석진 곳에 밀어 넣었다.

신지는 자리에 앉기가 무섭게 뚱한 말부터 꺼내는 것이 아닌가.

"고맙다는 말부터 해야겠네. 내 누이동생을 살려줬으니…"

"도고 상, 갑자기 뚱딴지같은 소린 왜 하는 거요?"

"자네는 다른 사람들을 속일 수 있었으나 나만은 못 속였네."

"공연히 생사람 잡지 말고, 그만 하게."

젊은이는 신지가 사실을 알아챈 것이 아닐까 해서 불안했다.

"내가 학생들 앞에서 자네의 이야기를 중단시켰을 때는 나름대로 다 생각이 있었어. 누이동생으로 하여금 집안을 망신시킨 이야기를 직접 듣게 해서 하라키리를 하지 않고는 못 견디게끔 의도적으로 데려다놓은 게야. 그런데 기적이 일어나지 않았겠어. 꿈이었다고 돌려친 자네의 임기응변의 재치가 아니었던들, 우리 가문의 수치가 50여 명 법학부 학생들에게 백일하에 드러날 것 아니겠어. 그렇게 된다면 동생에게 하라키리를 시키고 자네를 내 손으로 죽이려고 단단히 별렀었네. 이제 동생이 하라키리를 하지 않게 됐으니 고맙다는 게야. 게다가 자네를 내 손으로 죽이지 않아도 되고. 이제 알아는 듣겠는가?"

"도고 상, 그런 소릴 내게 어째서 하는 거요?"

신지는 단도직입적으로 잘라 말했다.

"하스에를 사랑하는가? 요새 들어 하스에의 몰골이 말이 아니네. 동생의 표정을 읽고 사랑하고 있는 줄 알았네. 사랑한다고 대답하게."

이렇게 나오는 데야 꿈이라고 더 이상 우길 수도 없었다.

"사랑하는 마음이야 그 무엇에도 견줄 데 없네. 나야 식민지 백성이고 하스에는 평민도 아닌 군벌의 따님이니…"

"자네에게 우리 아버지를 만나도록 내 적극 주선하겠네. 자네의 실력과 달변으로 설득시켜 보게. 꽉 막힌 우리 아버지는 아니니까."

신지는 약속 날짜까지 정해 주고 가 버렸다.

약속한 날이 되었다. 젊은이는 당당히 정문으로 들어섰다.

늙은 제독提督은 생각보다 자상했다.

젊은이는 제독과 대화를 나누면서 갖은 지식과 재치를 짜내어 노 제독을 설득했다. 제독은 청년을 놓치는 것이 안타까웠다. 딸의 사윗감으로 내지인 중에서 찾는다고 해도 그만한 인물을 찾을 수 없을 것 같았다. 일본인이라면, 그것도 귀족이 아닌 평민이래도 사위를 삼겠는데 하필이면 식민지 백성이라니. 그것이 마음에 걸렸다.

바야흐로 조야의 신망을 한 몸에 받고 있는데 조센징을 사위로 삼았다는 소문이 파다해진다면 신망은 그날로 끝일 것이었다.

마침내 제독은 타협안을 제시했다.

결혼조건은 다른 것이 아니었다. 성을 도고(東鄕)로 바꾸는 것을 요구했는데도 젊은이는 좀체 확답을 줄 수 없었다. 그는 다음에 확답을 주겠다는 언질을 주고 저택을 나섰다.

젊은이는 보름 동안 성 씨 개명문제로 고민했다. 고민 끝에 결국 단안을 내렸다. 이 씨면 어떻고 박 씨면 어때서. 성씨가 문제기보다는 조선인의 얼, 그런 정신만 머리에 분명히 집어넣고 살아간다면 나를 낳아 준 부모나 조국을 배반하는 것은 아닐 터.

"젊은이는 '그것은 꿈이었다.'고 돌려 친 임기응변의 재치로 죽음의 순간을 출세의 순간으로 바꾸고 사랑의 주인공이 된 셈이라고 할까. 그러니까 학생들도 기회가 오면 절대 놓치지 말라고."

마음을 움직이는 배려

셰익스피어는 이렇게 말한 적이 있다고 한다.

"참으로 오만한 인간들이여, 짧은 인생을 살면서 있는 척, 가진 척, 잘난 척, 거들먹거리는 꼴이라니, 하늘의 천사도 참을 수 없겠다."

사람의 마음을 이렇게도 적절하게 표현할 수 또 있을까.

과연 감탄을 자아낼 만한 명구가 아닌가.

다음은 『인간관계론』(데일 카네기 저, 강성복 외 역, 리베르, 2007)의 한 파트를 참고해서 소개한다.

데일 카네기 강좌에 등록하고 수강한 어떤 사업가가 강좌에서 들은 원칙을 적용한 사례를 아래와 같이 들려주었다.

먼저 코네티컷 주에서 변호사 사무실을 열고 다방면으로 활동하고 있는 사람의 이야기부터 들어보기로 한다.

친척들의 입장을 고려해서 아름은 밝히지 말라고 하니 여기서는 가명으로 하겠다. 따라서 이름을 로리로 부르기로 한다.

카네기 강좌에서 수강한 지 얼마 지나지 않아 로리는 부인과 함께 처가 식구들을 만나기 위해 롱아일랜드로 갔다.

부인은 로리를 나이 드신 숙모와 이야기하게 하고는 사촌들을 만나러 어디론가 가 버려 그는 혼자 남게 되었다.

로리는 그때 문득 떠오른 생각이, 다음 강좌에서 배려에 대해 어떤 식으로 실천했는지에 대해 자료를 수집해서 발표해야 했기 때문에 우선 숙모에게 이 방법을 적용해 보기로 마음먹었다.

그런 생각으로 로리는 자기가 진심으로 배려해준다면, 숙모가 감탄할 만한 것이 집안 어디에 있지 않을까 해서 주변을 주의 깊게 살펴보았다. 그러자 가구며 장식장 안에 잘 정돈된 소장품들이 눈에 들어왔다.

로리는 매우 조심스럽게 물어 보았다.

"이 집은 1890년대쯤 지어진 것 같군요. 그렇지 않나요?"

"그걸 어떻게 알았지? 그래. 정확히 그 해에 지었어."

"지금 집안을 둘러보다 보니 제가 태어났던 집이 생각났습니다. 집이 고급스러운 데다 스마트하고 방도 많으시네요. 요즘 지어진 집들 중에서 이렇게 정성 드려 지어진 집은 아마 없을 겁니다."

"그러게 말이네. 요즘 녀석들은 좋은 집을 가질 생각조차 하지 않아요. 그저 비좁더라도 아파트에 살면서 냉장고만 원하지. 그러고는 차만 타고 싸돌아다니기만 일삼으니, 세상에."

그네는 참 좋았던 시절에 대한 회상을 하느라고 목소리까지 떨어대면서 다음과 같은 이야기를 들려주었다.

"이 집은 정말 꿈의 집이야. 우리는 이 집을 사랑으로 지었다네. 남편하고 내가 이 집을 지으려고 몇 년을 두고 꿈꿔 왔는지 몰라. 우리 두 사람의 손으로 직접 설계를 하고 자재를 구입해서 지었으니까."

그렇게 말하고 나서 그네는 로리를 데리고 집안 곳곳을 안내하면서 보여주고 싶은 것을 하나하나 보여주면서 설명에 열을 올렸다.

그네가 남편과 외국여행을 다니며 하나 둘씩 사서 간직해 온 예쁜 보물들이 장식장마다 잘 정돈되어 있었다.

스코틀랜드의 페이즐리 숄이며 영국 전통 찻잔 세트, 웨지우드사에서 만든 도자기하며 프랑스 침대와 의자, 이탈리아에서 수집한 그림은 물론이고 한때 프랑스의 성을 장식했던 실크 커튼 등등, 정성을 다해 모은 장식품들이 한껏 폼을 잡고 있었다.

"이런 귀중한 것을 수집해서 간직하시다니요. 숙모님께서는 정말 대단한 안목을 가지셨습니다. 저로서는 오직 찬사가 있을 뿐입니다."

로리는 마음에서 우러나는 찬사를 아끼지 않았다.

"그뿐이 아니었습니다. 숙모님께서는 집안 구석구석을 보여주시더니 끝으로 저를 데리고 차고로 가셨습니다. 거기에는 새 것이나 다름없는 패커드(Packard - 미국의 패커드 형제가 개발해 20세기 초 고급차로 명성을 떨친 차) 차 한 대가 가지런히 주차되어 있지 않겠습니까."

그네는 차에 대한 사연도 들려주었다.

"어디 들어보게. 저 차를 사고 얼마 되지 않아 남편이 죽고 말았다네. 그 후론 한 번도 저 차를 타지 않았네. 자네야말로 좋은 물건을 알아보는 것 같으니, 지금 저 차를 자네에게 주겠네."

"숙모님의 말씀이 저를 몹시 당황하게 하시는군요. 숙모님의 마음은 고맙습니다만 저 좋은 차를 저로서는 받을 수 없습니다. 저는 숙모님 핏줄도 아니고 제 차도 아직은 새 차입니다. 게다가 숙모님께서는 저 패커드 차를 줄 만한 가까운 친척들도 많이 있으실 테고요. 그러니…"

말이 끝나기도 전에 그네는 갑자기 언성을 높였다.

"친척들이라고! 지금 친척들이라고 했나? 그래, 친척들은 많지. 저 차를 서로 차지하려고 내가 눈 감기만 기다리는 친척들 말이야. 그러나 그렇게는 내 못하지. 나는 절대로 그들에게 저 차를 줄 수 없어."

"그 사람들에게 주기 싫으면 파시는 것은 어떠실는지요?"

"자네가 저 차를 팔라고 했는가? 그런다고 해서 내가 저 차를 팔 것 같은가. 그래, 낯선 사람들이 저 차를 타고 내 집 앞을 지나다니는 꼴을 보고 있을 것 같아. 남편이 사준 저 차를 말이네. 팔 생각은 조금도 없네. 자네에게 주겠네. 자네는 멋진 차가 어떤 것인지를 아니까."

"숙모님, 저라고 그들과 다를 리 있겠습니까."

"자네는 달라. 결코 그렇지가 않네. 내 장담을 하지."

로리는 차를 받지 않으려고 갖은 애를 써 보았다.

그러나 끝내 거절했다가는 숙모님의 기분만 상하게 할 것 같아서 몇 번 더 사양하다가 받지 않을 수 없었다.

이 나이 든 부인은 페이즐라 숄과 프랑스 골동품 등등, 그리고 추억을 끌어안고 외로이 그 큰 집을 지키며 살면서 누군가 자신의 존재를 진정으로 알아주기를 목마르게 기다리고 있었던 것이다.

그네에게도 남자들이 줄을 섰던 젊고 아름다운 시절이 있었다. 더할 수 없이 좋은 사람을 만나 사랑도 했었다. 그런 사랑의 결실로 결혼을 해서 사랑이 넘치는 스위트 홈까지 함께 지었다.

그리고 유럽을 누비고 다니면서 눈에 드는 예쁜 물건을 하나 둘 사다가 집안을 로맨틱하게 장식하며 행복한 삶을 누렸었다.

그런데 나이가 들어선지 이제는 찾아오는 사람이 없다. 그네는 외로운 나머지 다음과 같은 것을 갈망했던 것이다.

외로운 내게 누군가가 인간적인 따뜻한 배려만이라도 나눠주기를.

그네는 누군가가 자신을 진심으로 인정해 주거나 따듯하게 대해 주기를 간절히 바라고 있었는데도 그런 사람은 없었다.

그러다가 사막 한 가운데서 오아시스를 만난 것처럼, 그네가 그렇게

원하던 사람과 같은 로리를 만났기 때문에 그런 고마움을 표시하기 위해 패커드 차를 그에게 선물해도 조금도 아깝지 않았던 것이다.

로리는 패커드 차를 선물로 받아든 순간, 외로운 사람에게 있어 따뜻한 말 한 마디나 사소한 배려가 얼마나 위력적인가를 비로소 깨달았으며 남은 생의 보탬도 될 것임을 확신할 수 있었다.

또한 자연스럽게 대화를 나누면서 배려라도 해 준다면 상대방의 마음을 보다 이해할 수 있으며, 아픈 곳도 적당히 어루만져 주기만 하면 스스로의 마음을 열고 다가오게 할 수도 있다는 것을 깨달았다.

대인관계에 있어 인기의 비결은 매우 단순하다. 그것도 먼 데 있는 것이 아니라 바로 내 곁에 가까이, 아주 가까이 있다.

상대방을 만나 대화를 할 때는 내 이야기보다 상대방의 이야기에 관심을 가지고 배려해 주면서 귀를 기울이다가 가끔 "응응.", "그래, 그래.", "맞아. 나도 그런 적 있었어."하고 맞장구를 쳐주는 것만으로도 인기를 끌 수 있음에랴.

분명히 장담할 수 있는 것은 로리와 같은 관심을 가지고 배려해 준다면 황금보다 소중한 것이 아닐 수 없으며 상대방의 마음을 진정으로 움직일 수 있게 할 수 있는 것은 이 세상에 없다는 것을.

승전 축하연의 돌출 발언

칭찬이라고 해도 그 칭찬이 지나쳐 과찬이 된다면 그런 칭찬은 진정성이 없는 것은 아닐까? 상식적으로 생각하더라도 칭찬이 지나치면 과찬이 되는 것은 분명하다.

그러니까 칭찬이라 해서 좋아할 것도 아니다. 지나친 칭찬은 오히려 해가 될 수 있기 때문에 여과해 받아들이는 지혜가 필요하다.

그런데 칭찬이 지나치면 상찬賞讚이나 극찬極讚, 과찬過讚이 되는 것은 자명하다. 지나치면 아첨이 될 수도 있고.

과찬이나 극찬이라고 해도 좋고 아첨이라고 해도 좋은 상찬, 조금도 거부감이 느껴지지 않는 상찬의 예를 하나 들겠다.

우리의 성웅 이순신 장군에 대한 일본 해군 제독 도고 헤이하지로(東鄕平八郎)의 승전 축하연설이 바로 그것이다.

때는 1905년, 러시아는 육전의 패배를 해전에서 만회하기 위해 발틱 함대를 로제스트 베스카 휘하에 두고 대한해협으로 항진케 했다.

그로 말미암아 저 만주의 육전에 이어 해전에서도 러일전쟁의 하이라이트는 시시각각 다가오고 있었던 것이다.

5월 27일 이른 새벽 무렵, 베트남의 후안항을 출발한 50여 척으로 구성된 러시아 발틱Valtic 함대가 긴 항해 끝에 블라디보스토크 항으로 가기 위해 대한해협으로 들어서고 있었다.

이런 정통한 첩보를 보고받은 도고 헤이하치로(東鄕平八郞) 제독은 발틱 함대를 상대로 한 기습작전을 세우고 저들이 대한해협을 지나기 전에 궤멸시키기 위해 진해 앞바다에서 대한해협 방면으로 함대를 신속히 이동시켰다. 이동한 도고의 연합함대는 대한해협에서 만반의 대비를 한 채 결전의 시간만을 기다리고 있었다.

일제로서는 이번 러시아와의 해전에서 지면 육전에서 거둔 승리가 물거품이 되고 마는 절체절명의 순간이었다.

격전이 점점 다가오자 전투 경험이 거의 없는 일제 해군 장병들은 불안하고 초조해서 마구 떨어대고 있었다.

바로 그럴 즈음이었다. 갑자기 갑판마다 이상한 일이 벌어졌다.

도고 제독의 지시가 없었는데도 거의 비슷한 시간대에 대부분의 일본 전함에서는 갑판 위에다 조그만 제단을 마련하고 승전을 기원하는 엄숙한 의식을 진행하고 있었던 것이다.

제단에 모신 신은 예상 외로 이순신李舜臣 장군의 화상이었다.

해군 장교나 병사들은 사무라이 정신이 투철한 데도 적이지만 전쟁의 수호신으로 추앙하던 조선의 이순신 장군의 화상 앞에서 러시아 발틱 함대를 격파할 수 있는 용기와 지혜를 달라고 의식을 진행하고 있었으니 … 공교롭게도 의식이 진행된 바다는 옛날 자신들의 조상이 이순신 장군에 의해 대패당해 수장되었던 남해에서.

의식이 끝나기가 무섭게 도고 헤이하치로 제독은 전 함대에 전투 개시의 명령을 하달하고 기함 마스트 높이 신호기를 올렸다.

'황국의 흥망이 바로 이 해전에 달려 있다. 모든 장병들은 죽음을 각오하고 분발해서 싸워주기 바란다.'

이로써 장병들의 사기를 한껏 고무시킨 다음, 도고 제독은 특유의 리더십을 최대로 발휘하기 시작했다.

도고 제독은 함대를 먼저 적의 정면으로 접근시켜 적선의 도주로를 차단하는 한편, 급회전해서 丁자를 취하는 일련의 전술 기동력으로 포진시켰다. 丁자형은 당시 일본 해군에게 포의 진지를 유지하기 위해서는 가장 유리한 전술의 하나였던 것이다. 여기에 포진의 기량이 가장 우수한 일본 함대가 대처한 전술의 하나인 정자전법丁字戰法을 펼치고 적함이 다가오기를 기다렸던 것이다.

운명의 시간인 5월 28일 오전 1시 30분경이었다.

초계정으로부터 '적 함정 발견'이라는 무전이 날아들었다. 도고 제독은 마카사의 마스트에 공격준비의 신호기를 올리게 했다.

2시 08분, 드디어 러시아 함대가 일제히 포문을 열었다.

그러나 도고의 연합함대는 포문을 열고 기다리고 있다가 적함이 6km쯤 다가와서야 포탄을 장전해 발사하기 시작했다. 시간이 흐를수록 적함은 하나 둘 폭발하면서 바다 속으로 사라졌다.

날이 밝아올 무렵이었다. 러시아의 함정 49척이 10척으로 줄어들었고 그것도 폐함이나 다름없었으며 백기까지 내건 전함도 있었다.

도고 함대는 이틀 밤낮을 싸워 발틱 함대를 대파함으로써 일본 역사상 최대의 승리를 이끌어냈다.

러시아는 이 해전의 패배로 인해 러시아 최고의 제독이었던 마카로프Markarov는, 대문호 톨스토이마저도 도살자 아닌 도살자라고 극찬한 인물이었으나 단 한 번의 접전으로 기함旗艦이자 러시아 최고의 전함인

페트로 파블로프스크함까지 잃고 말았던 것이다.

러시아 발틱 함대의 피해는 격침당한 함정이 19척, 포획 5척, 억류 병원선 2척, 무장 해제 6척, 도주 중 좌초 2척이었고 포로는 사령관 이하 6000여 명에 이른다. 게다가 전사자 중에서 장교가 209명이나 된다. 발틱 함대의 총사령관 로제스트 베스카마저 파편에 맞아 의식을 잃을 정도로 중상을 입고 포로로 잡혔다.

러시아 발틱 함대 중에서 블라디보스토크항에 무사히 도착한 전함은 49척 중 단 3척, 전사자만 5045여 명이다.

이런 러시아의 대패에 비해 일본의 사망자는 기껏 200여 명 정도에 지나지 않았기 때문에 전 세계 해전사상 전무후무한 대승리라며 도고 제독은 조야로부터 더할 수 없는 극찬을 받았다.

그렇다면 발틱 함대는 허명虛名에 지나지 않았을까?

아니었다. 발틱 함대는 표트르 대제가 함대를 보강하면서 세계에서 가장 강력한 함대라는 명성을 떨쳤다.

세계 최강으로 알려진 발틱 함대가 극동의 전세를 뒤집고 말겠다는 각오로 원정길에 나섰다. 차르 니콜라이 2세 황제는 레벨 항에서 거행되는 출정식에 직접 참석해서 격려까지 해 주었다.

때는 1904년 10월이었다. 이 출정으로 세계는 지나칠 만큼 '일본, 넌 이제 죽었어.'하고 당연시 여겼을 정도였다.

북대서양을 떠난 발틱 함대는 영일동맹 탓으로 수에즈 운하를 통과하지 못하고 희망봉을 돌아가는 2만 9천Km에 이르는 긴 황해를 해야만 했으니 병사들은 지칠 대로 지친 끝에 대한해협에 이르렀다.

러시아 해군은 가장 탁월한 제독이 함대를 이끌었다.

그러나 승무원들은 대부분 비숙련 농부 출신으로 구성되었다. 게다가 220일 간의 긴 항해야말로 어떤 나라의 함대도 그런 무모한 항해를 시도한 적이 없었다. 병법兵法의 병兵자도 모르는 그런 무모한 항해로 지구 둘레의 약 4분의 3에 해당하는 장장 2만 9천Km를 항해했으니 병사들은 당연히 지칠 대로 지칠 수밖에 없었다. 지칠 대로 지쳐 기진맥진한 러시아 병사와 빈틈없이 준비해서 의기양양하게 대기하고 있던 일본 해군과의 전투는 싸우기도 전에 승패는 결정이 난 것이나 진배없을 수밖에. 그것도 이틀 밤낮을 싸웠으니.

독자들이 오해하지 않도록 양해부터 구해야 할 것 같다.

대한해협에서 러시아 해군을 격파한 도고의 승전을 비호하거나 극찬할 마음은 추호도 없다는 점부터 밝혀둔다.

일본 해군의 대첩은 100여 전, 트라팔가르 해전 당시 영국 넬슨 제독의 대승리를 압도하는 완전한 승리였던 것이다

승리의 원인은 두 가지로 요약된다.

하나는 적 앞에서 180도로 뱃머리를 돌려서 집약시킨 포진 전술의 우수함에 있었으며 둘은 오후 전투, 야간 전투, 다음날 전투에 이르기까지 적절한 함정 배치와 운용이라고 할 수 있다.

여기에 우수한 사격 기술과 도고 제독을 중심으로 똘똘 뭉친 해군 장병들의 높은 사기도 승리의 요인이 되었던 것이다.

처칠 영국 수상마저 대한해협의 해전을 두고 "일본이 도자기나 만드는 야만국인 줄 알았더니 러시아 발틱 함대를 이긴 것을 보고서야 문명국임을 알았도다."고 했을 정도로 일본 해전사상 최대의 압승이었다.

도고 제독은 압승을 거둔 데다 적함의 사령관까지 생포해서 의기양양하게 개선하자, 일제의 조야는 도가니처럼 들끓었다.

이런 대승으로 말미암아 일본은 서구 열강과 어깨를 나란히 하는 세계 최대 강국에 끼는 초석까지 다졌다.

승전 후 대대적인 승전 축하연이 이어졌다. 그것도 거국적으로 전첩

戰捷 축하연을 열어 도고의 승전을 한껏 축하해 주었던 것이다.

신문 기자 하나가 승전의 주인공인 도고 제독에게 "제독의 업적은 영국의 넬슨 제독이나 조선의 이순신 장군에 비견할 만한 빛나는 업적을 쌓았습니다."하고 아첨의 발언을 서슴지 않았다.

그러자 도고 제독은 기자에게 야단을 쳤다는 일화마저 전한다.

일단 화제를 돌려 영국의 호레이쇼 넬슨 제독이 지휘한 트라팔가르 해전은 그 시종이 어떠했는지 살펴보기로 한다.

트라팔가르 해전이 있기 전부터였다. 영국 해군은 전쟁준비가 잘 되어 있었던 반면, 프랑스 해군은 유례를 찾을 수 없을 만큼 부실했다.

혁명에 수반되는 어쩔 수 없는 숙청에도 불구하고 육군은 그런 대로 전투력을 유지할 수 있었으나 해군은 열정만으로는 훈련된 선원과 지휘관을 대신할 수 없었다. 쓸 만한 해군 병사를 훈련하는 데 최소 6개월이 걸렸고 기술 병사를 훈련시키는 데는 4년이나 소요되었으니.

프랑스는 해상 수송로를 확보하려고 했으나 해군력이 미약해서 수송로를 확보하기에는 역부족이었다. 그에 비해 우세한 해군력을 가진 영국은 프랑스 해안을 봉쇄함으로써 프랑스 무역을 옥죄어 프랑스 함대로 하여금 항구를 박차고 나와 해전에 뛰어들도록 유도했다.

1794년부터 1805년까지 영국 해군은 프랑스 해군과 싸워 여섯 차례나 승리를 거뒀는데, 승전의 포인트는 프랑스군에 비해 보다 효과적인 전술을 터득했기 때문이었다. 여기에 넬슨은 1758년에 태어나 13세가 되자 해군에 입대해서 잔뼈가 굵을 대로 굵으면서 해전이란 해전은 다 겪은 백전노장이라는 점도 결코 간과할 수 없겠다.

영국과 연합국 함대는 스페인 남부 대서양 연안의 항구 근처인 트라팔가르란 곳에서 프랑스 함대와 맞섰다.

호레이쇼 넬슨은 이날의 교전을 누구보다도 철저하게 준비했다.

넬슨은 전투를 시작하기 전부터 함장들에게 '신호기를 볼 수도, 완벽하게 이해할 수도 없는 상황에서는 함장이 자신의 함선을 적의 배에 접근시켜 싸운다면, 결코 패하는 일은 없을 것이다.'라는 지시를 내렸으며 필요할 경우에는 대형을 깰 것까지도 사전에 지시했다.

또한 넬슨 제독은 선박의 조종술과 포술 면에서 프랑스 함대보다 영국 함대가 더 뛰어나다는 것을 이미 알고 있었기 때문에 적군의 배가 비록 수적으로 많다고 하더라도 근접전에는 보다 큰 타격을 입힐 수 있다는 확신을 가지고 해전에 임할 수 있었던 것이다.

이런 넬슨의 작전은 대성공을 거두었다.

날이 저물어 갈 무렵, 넬슨의 함대는 적의 배 한 척을 파괴하고 21척을 포획한 데 비해 영국 전함은 한 척도 피해를 입지 않았다.

그런데 빅토리호에서 진두지휘하던 넬슨은 표적이 되어 프랑스 전함 르두타블호의 저격수에게 총을 맞았는데도 승리를 확신하는 순간까지 죽지 않고 살아 있었다고 한다.

그러면 우리의 한산대첩은 어떠했던가?

한산대첩 이전의 해전인 영화 『명량』으로 유명세를 탄 명량해전부터 살피는 것이 보다 이해가 빠를 것이다.

1597년 7월 16일, 삼도수군통제사 원균은 칠천량 전투에서 크게 패했다. 160여 척에 이르는 조선의 전함은 이 전투로 말미암아 거의 모두 격침되는 대참패를 당했다. 단지 배설 장군만이 12척의 전선을 이끌고 간신히 빠져나왔을 뿐이다.

이 해전의 패배로 조정에서는 이순신에게 재차 삼군수군통제사에 임명하게 된다. 임명을 받은 장군은 장수와 수군을 모아 남하했다.

8월 19일, 장군은 배설이 이끌고 온 전선을 회령포에서 인수하고 군량미며 화살, 총포 등을 비축해서 싸움에 대비했다.

이 무렵, 선조는 이순신에게 수군을 포기하고 육군과 합세해 싸우라는 어명을 내렸으나 장군은 '신에게는 아직도 열두 척의 전선이 남아 있습니다.'는 내용의 장계를 올리고 수군을 끝까지 지켰다.

장군은 기지를 조금씩 서쪽으로 옮겼다.

9월 16일, 장군은 수많은 일본 함선이 조선 수군이 주둔하고 있는 본영을 향하고 있다는 탐사선의 보고를 받는다.

이에 장군은 전선을 이끌고 해남군에 있는 수군 본영 앞바다에서 만반의 대비를 하면서 일본 함대를 기다렸다.

133척의 일본 함대가 사기도 드높이 진도와 화원반도 사이에 위치한 좁은 바다인 울돌목으로 들어섰다.

울돌목의 여울은 가장 낮은 곳의 수위가 1.9m에 지나지 않았으며 조류는 최대 11.5노트로 급류에 속한다고 할 수 있다.

그런 지형 탓으로 일본 함대는 아디케선함을 앞에 대기시켜놓고 작은 전선으로 울돌목을 통과해 조선 전단을 선제공격했다.

이 해전에서 장군은 배를 일자로 한 일자진을 폈다. 장군은 다른 장수들이 적세에 눌려 공격을 머뭇거리자 스스로 선두에 서서 독전했다. 그리고 다른 전선에게도 공격하라고 명령하면서 일본 함대를 향해 돌진해 나아갔다. 때맞춰 조류가 바뀌자 조선의 전선들은 명령에 따라 일제히 장군의 전선을 따르며 공격했다.

이 공격으로 우리 수군은 순식간에 31척에 이르는 적선을 파괴해서 바다 속에 수장시켜 버렸던 것이다.

일본 해군은 해질 무렵에야 패전을 감수하고 퇴각했다.

이것이 우리가 알고 있는 명량해전이다.

명량해전에서 대승을 거둔 장군은 자만하지 않고 오직 일본 해군과의 최후 결전을 위해 갖은 전략을 짜내어 만반의 대비를 했다.

이보다 앞서 1592년 4월, 일본은 수륙병진작전으로 조선을 기습적으로 침범했다. 왜의 수군은 남해와 서해로 침범해 싸웠으나 도중에 조선 수군에게 옥포, 당포, 당황포, 율포 등에서 연전연패했다.

그런데도 와키사카는 패전을 만회하기 위해 73척의 전함에 정예 병력을 태워 거제도 등지를 침범했다. 여기에 구키마저 전선 42척을 직접 지휘하면서 와키사카의 뒤를 따르며 지원했다.

장군은 적들의 동정을 염탐하고 대책을 철저히 세웠다.

7월 5일, 장군은 이억기와 함께 전라좌우도의 전선 48척을 수영 앞바다에 집결시키고 합동훈련을 실시했다.

장군은 훈련을 끝내고 본영을 출발해 노량에 이르렀다. 그곳에서 원균이 이끌고 온 7척과 합세했다.

원균이 합세한 조선 수군의 전선은 모두 합쳐 55척에 이르렀다.

저녁 7시 경, 당포 앞바다에 이르렀을 무렵, 장군은 왜선 70척이 견내량 안에 머물고 있다는 보고를 받는다.

이때 왜 수군의 규모를 보면 대선이 36척, 중선이 24척, 소선이 13척 등 73척의 전단으로 대장은 와키사카였다.

8일, 장군은 한산도 앞바다에 이르러 탐사선을 타고 견내량 안팎을 살피며 눈으로 직접 적선을 확인했다.

장군은 견내량 주변의 만은 좁고 암초가 많아 판옥선의 활동이 자유롭지 못할 것임을 간파하고 한산도 앞바다로 유인해서 격멸할 계획을 면밀하게 세우고는 먼저 판옥선 5, 6척으로 공격케 했다.

왜가 반격해 오자 이순신 장군은 그들을 유인하기 위해 거짓 패한 체하며 한산도로 물러났다. 이런 유인에도 왜의 수군은 앞서 패전한 것에 대한 보복을 서두르는 듯 의기양양해서 진격해 왔다.

절호의 찬스를 잡은 장군은 모든 전선에게 학익진을 펼쳐 공격할 것을 명령했다. 장군의 명령이 떨어지기가 무섭게 장수와 수군들은 현자총통 등 각종 총통을 쏘아대면서 적진으로 돌진했다.

싸움의 결과는 조선 수군의 일방적인 대승이었다.

왜의 대선 1척과 중선 12척을 나포했으며 47척을 파괴했다. 뒤에서 독전하던 와키사카는 전세가 불리하자 패선 12척을 이끌고 김해 쪽으로 도주했으며 왜병 400여 명은 한산도로 탈출했다가 도주했다.

왜와의 치열한 격전을 치르는 중에 조선 수군의 희생자는 다소 있었으나 전선의 손실은 단 한 척도 없었던 것이다.

이것이 세계 해전사상 가장 빛나는 한산대첩이다.

이상으로 일본의 기자가 도고 제독에 대해 아첨성 발언을 한 트라팔가르 해전과 한산대첩에 대해 알아보았다.

도고는 축하연에서 갖은 찬사란 찬사는 다 받았다.

한 인사가 등장해 축하 발언을 했다.

"도고 제독은 영국의 넬슨 제독보다 위대하십니다."

이런 과찬의 말을 들은 도고 헤이하치로 제독은 해군 제복의 상의 단추를 풀어 헤친 채 미소를 지었다.

영국의 넬슨 제독은 스페인 무적함대와 비슷한 규모의 프랑스 전함 전단과 싸워 대승을 거뒀었다. 그에 비해 도고 제독은 세 배 규모에 해당하는 발틱 함대를 맞아 압도적인 승리를 거두었기 때문에 그 인사의 말은 아첨이 아니라 진정성을 갖고 상찬했던 것이다.

또 한 인사가 극찬을 아끼지 않았다.

"대일본제국의 황금 알과도 같은 도고 헤이하치로 제독이야말로 영국의 넬슨 제독보다도 위대하고 저 조선의 이순신 장군보다 위대한 대일본제국이 내세울 유사 이래 가장 자랑스러운 해군 제독이십니다."

이런 칭찬에 대해 도고 제독은 웃음기가 사라졌다.

그는 답사의 차례도 되지 않았는데 자진해서 연단으로 올라갔다. 올라간 도고 제독은 일단 주위를 주시했다.

제독은 시선이 자기에게 집중된 것을 보고서야 비로소 입을 뗐다.

"내가 영국의 넬슨 제독에게 버금간다고 한 것은 어느 정도 이해가 갑니다. 그러나 나를 조선의 이순신 장군에 비견한다는 것은 당치도 않습니다. 나는 온 나라의 전폭적인 지원으로 단지 단 한 번 싸워서 이겼을 뿐입니다. 그런 나를 이순신 장군에 비견한다는 발언은 장군을 모독하는 행위입니다. 하지만 이순신 장군은 다릅니다. 그분은 조선의 조정으로부터 전혀 지원을 받지 못한 채 스스로 지원병을 모아 정예병으로 훈련시켰습니다. 또한 자체적으로 무기를 만들고 식량까지 조달했답니다. 전쟁 중인데도 주민들의 전폭적인 지지를 이끌어냈으며 전함을 건조해서는 누가 봐도 불리한 싸움에서 번번이 싸워 대승을 거뒀습니다. 장군은 그뿐만이 아니었습니다. 당시 누가 감히 거북선처럼 세계 최초의 철갑선인 전투함을 건조해서 전투에 투입시킬 생각을 했겠으며 선두에 서서 진두지휘한 제독이 역사상 몇 분이나 있겠습니까."

참석자들은 묵묵히 들으면서도 의아해 했다. 자기의 전공을 축하하는 자리에서 그것도 자기 나라 해군을 대참패시킨 조선의 이순신 장군의 전공을 일일이 나열하며 칭송하는 의도를 몰라 의아해 했다.

도고 제독은 잠시 뜸을 드렸다가 이어 말했다.

"이순신 장군은 죄수의 몸이 되어서도 애국심을 버리지 않은 진정한 군인이었습니다. 모함을 받아 사형 직전에 사면을 받아 죽음을 면하자 백의종군까지 했습니다. 재차 수군통제사로 임명되었을 때는 겨우 12

척의 배로 133척의 대전단인 일본 해군과 싸워 이를 격파했습니다. 그리고 철수하던 우리 조상의 해군을 막고 싸운 노량해전의 전투에서 드물게도 장렬하게 전사까지 하셨습니다. 동서고금을 통해 이순신 장군에 견줄 만한 장군은 이 세상에 단 한 사람도 없다고 단언합니다."

그는 또 숨을 고르고 나서 덧붙였다.

"도고 같은 놈을 넬슨에 비유하기도 하고 이순신 장군에 비견해서 상찬해 주셨습니다. 모두 분에 넘친 영광입니다. 저는 트라팔가르 해전의 영웅 넬슨에 비유함은 몰라도 조선의 이순신 장군에 비견하는 것은 당치도 않아요. 이 도고 같은 사람은 이순신 장군의 발치에도 미칠 수 없는 한낱 무장이며 졸장에 지나지 않습니다."

같은 민족, 더구나 동족도 아닌데, 더구나 자기 조상들을 처절할 정도로 대패시킨 우리 민족이 낳은 성웅聖雄 이순신 장군, 그를 어떤 찬사로도 값할 수 없는 군성軍聖이며 군신軍神 이상으로 이순신 장군에 대한 이 같은 돌출 발언은 세상에 도시 없을 것이다.

그가 이순신 장군에 대해 얼마나 관심을 가지고 철저하게 조사하고 연구했으면 이런 말을 서슴지 않고 할 수 있었을까.

상찬도 지나치면 아첨이 된다. 그런데 도고의 이런 상찬은 전혀 아첨으로 들리지 않은 것은 필자만의 생각일까?

이런 처세가 다름 아닌 관심과 배려의 진면목이 아닐까.

도고는 참석자들을 당황케 하는 핵폭탄을 서슴지 않았으니, 도민의 왜소한 근성치고는 제법 대담성을 지녔다고 하지 않을 수 없다. 도고 제독으로서는 진심으로 이순신 장군에 대해 깊은 관심을 가지고 연구했기 때문에 그런 상찬이 가능했을 것이다.

우리로서는 믿기지 않겠지만 전쟁 영웅 도고 헤이하치로(東鄕平八郎) 제독의 이런 발언은 사실로 밝혀졌다.

일본 해군 소장 가와다 이사오(川田功)가 집필한 『포탄을 뚫고』란 저서에 다음과 같은 기록이 보인다.

'이순신 장군은 당시 조선에서 유일하게 청렴한 군인이었고 전술적인 운영 능력은 최고의 경지에 이르렀던 인물이다. 하지만 조선은 장군의 위대한 정신과 타의 추종을 불허하는 전술을 까맣게 잊어버리고 38년 뒤, 병자호란이라는 미증유의 대란을 또 당했다.'

조선에서는 이순신 장군의 이름이 까마득히 잊혀 졌지만 일본에서는 그를 존경해서 메이지 시대, 신식 해군이 창설되었을 때 장군의 전략과 전술을 연구했다. 실제로 19세기 말 일본 해군사관학교에서는 이순신의 전술 전략이라는 교과목을 가르치기까지 했다.

영국으로 유학 가서 8년 동안이나 호레이쇼 넬슨 제독의 해상전술을 연구했던 도고 제독의 우상이 다른 사람이 아닌 바로 조선의 이순신 장군이었다는 것 또한 사실로 밝혀졌다.

러일 전쟁 이후, 도고 제독이 세계적인 영웅이 되어 있을 무렵, 미 해군사관학교 졸업 학년 임관 후보생들이 일본을 방문한 적이 있었다.

그들은 도고 제독을 방문한 자리에서 '가장 존경하는 인물이 누구냐?'고 물었다. 도고 제독은 조금도 망설이지 아니하고 즉답했다.

"존경하는 분은 조선의 수군을 지휘한 이순신 장군이다."

영국의 넬슨 제독 정도만 알고 있던 임관 후보생들은 이순신 장군이 누군지 몰라 당황했다고 한다.

도고 제독은 흔히 유명세를 타면 정치계에 발을 들여놓는 당시의 관행과는 달리 한 번도 정치계에 발을 들여놓지 않았으며 오직 참 군인으로만 살다가 별세했다고 한다.

도고는 '나를 낮추고 겸손할 줄 알아야 한다. 드러나면 오히려 낮아지고 감추고 겸손하게 행동하면 오히려 높아진다. 겸손한 자세만이 진정한 명예가 숨어 있기 때문이다.'를 행동으로 보여준 제독이었다.

독자는 이 일화를 단순히 웃어넘길지 모르겠으나 거듭 엄연한 사실임을 필자는 밝혀둔다.

수필가 김소운金素雲 선생이 지은 『한래 문화의 후영』 상편 82면에도 이 일화가 소개되어 있다. 뿐만 아니라 일본의 조일신문사가 1972년에 펴낸 시바료타로(司馬遼太郎)의 『가도여행』 제2권 『한국여행기』의 「이순신」 편에서도 명치시대까지 이어져 온 일본인들의 이순신 장군에 대한 존경심의 일단을 기록하기도 했다.

일본도 명치 이후에야 비로소 해군이 창설되어 실전다운 실전을 경험해 보지 못한 탓으로 해군으로서는 조선이 배출한 세계적인 영웅 이순신 장군의 존재에 착안해서 연구하다가 저들도 모르는 새, 존경하게 되었는지도 모른다.

도고 제독이 마카사의 마스트에 신호기를 내걸자 수병들은 이순신 장군을 생각하지 않고는 죽음의 공포에서 잠시 잠깐도 헤어날 수 없었다고 회고하기도 했다.

수뢰사령 가와타 이사오(川田功) 소좌는 '세계 제일의 해장인 조선의 이순신 장군을 생각하지 않고는 잠시 잠깐도 견딜 수 없었다. 그의 인격, 그의 전술, 그의 발명, 그의 통솔력, 그의 지모, 그의 용기 등 어느 것 하나 상찬에 값하지 않은 것이 없었다.'고 술회했다.

이런 생각은 일본 해군 사관생도들에게 전통으로 이어져 한국보다도 일본 쪽에서 이순신 장군에 대한 경애와 존경심이 높았으며 태평양 전투에서는 이순신 장군이 신앙의 적的으로 승화되기까지 했다.

링컨의 금언

사회생활을 하는 데 있어 백해무익한 것이 있을까?

물론 있다고 전제를 하면서도 이런 자문自問에 대해 필자는 사뭇 의문의 꼬리표가 되어 오랜 동안 괴롭혀 왔다. 그러다가 옛날 군대생활을 하면서 읽은 책에서 그 답을 찾아낼 수 있었다.

백해무익한 것은 배려의 상대어인 비난이라는 것을.

그래서 필자는 데일 카네기 저, 노랑환 옮김의 『우정의 길은 열리다』(삼중당, 1966)에서 내용 일부를 참조해 소개한다.

1865년 4월 15일 토요일 이른 아침, 미합중국 16대 대통령 에이브러햄 링컨은 포드 극장 앞에서 이름도 없는 존 윌크스 부스로부터 저격을 당한 뒤, 건너편에 있는 형편없는 하숙집 문간방으로 옮겨졌다.

침대는 가운데가 푹 꺼지고 낡은 것인 데다 링컨의 큰 키에 비해 너무나 작아 대각선으로 뉘어야 했다.

침대 머리맡에는 싸구려로 보이는 복사판 로자 보뇌르의 유명한 그림 '마시장'이 걸려 있었으며 노란빛을 뿌리는 가스등이 희미한 빛을 내면서 불규칙적으로 흔들리고 있었다.

국방장관으로 재직하고 있던 스탠턴은 링컨의 임종을 지켜보다가 "인류 역사상 인간의 마음을 가장 잘 움직인 사람이 여기 누워 있다."고 한 회한의 말은 링컨의 일생을 대변하고도 남는다.

미합중국 16대 대통령 에이브러햄 링컨은 켄터키 주 하딘에서 가난한 목수 겸 농부의 이들로 태어나 인디애나, 일리노이, 스프링필드 등으로 이주하며 성장했다. 여덟 살 때 어머니와 사별한 뒤, 학교 교육은 1년이나 받았을까, 계모의 지도와 독서를 통해 성서와 셰익스피어 작품 등을 읽었다. 그는 농사를 짓다가 선업, 제분업, 잡화상, 시골의 우편 국장으로 전전하면서 법률을 공부했다.

에이브러햄 링컨은 1836년 변호사 자격을 취득해 변호사 사무소를 얻어 개업하면서 사람들로부터 신임을 얻었으며 화술이 뛰어난 변호사로서 인기를 독점하기도 했다. 또한 휘그당(공화당의 전신) 소속으로 일리노이주 하원의원에 당선되었으며 그 무렵 토드 여사와 결혼한다.

링컨은 1860년, 공화당 후보로 나서 대통령에 당선되었다.

그는 대통령에 취임하자 공화당을 강력한 국가 기구로 재편했다. 또한 북부에 거점을 둔 민주당 세력 대부분을 포섭해서 연방을 수호하려는 자신의 정책에 동참토록 설득했다.

1863년 1월 1일, 링컨은 남부 동맹 내의 모든 노예들을 영구히 해방시키려는 노예해방선언을 발표하기에 이른다. 이어 링컨 대통령은 노예해방을 전격적으로 선언한다.

그러자 링컨의 선언에 반발해서 남부 7주는 연방 탈퇴를 감행했으며, 1861년 아메리카 연방을 결성해서 무력으로 북부에 도전함으로써 남북전쟁 발발의 단초가 되었다.

드디어 남북전쟁이 막바지에 이를 때였다.

링컨 대통령은 포토맥 지구의 전투 사령관을 몇 번이나 새로운 장군으로 임명하지 않으면 안 될 처지에 놓였다.

링컨 대통령이 임명한 매클래런, 포프, 번사이드, 후커, 미드 등 새로운 사령관마다 참패를 거듭했기 때문이다.

그래서 참담한 심정은 말로 다할 수 없었다.

그런데 북부의 모든 사람들이 이들 장군을 무능하기 짝 없다고 맹비난했으나 링컨 대통령만은 어느 사령관에게도 비난하거나 결코 악의를 품지 않았다. 그는 평소 모든 사람들을 공평하게 대하자고 마음으로 다짐했기 때문에 끝까지 침묵을 지켰던 것이다.

링컨 대통령이 좋아한 문구가 하나 있다.

'남의 비판을 받고 싶지 않으면 남을 비판하지 말라'

바로 이것이 그의 금언金言이었다.

1863년 7월 1일, 날이 새기도 전, 새벽부터 시작된 게티즈버그 전투는 북부군과 남부군이 3일간이나 격전을 치르고도 승패가 나지 않았다.

그런데 7월 4일, 깊은 밤이었다.

남부군의 리 장군은 폭풍우가 몰려오자 갑자기 남쪽으로 후퇴하기 시작했다. 그는 패잔병이나 다름없는 부대를 이끌고 포토맥 강에 이르렀다. 강에 도달했을 때, 리 장군의 남부군은 불어난 물 때문에 건널 수 없는 강을 앞에 두게 되었다. 게다가 뒤에는 사기가 오를 대로 오른 북부군이 맹추격하고 있어 매우 다급한 상황에 놓이게 되었다.

리 장군과 그의 부대는 그야말로 독 안에 든 쥐 신세, 달아날 데라곤 없었으니 자체로도 궤멸 직전이었다.

링컨 대통령도 이런 사실을 잘 알고 있었다.

리 장군을 사로잡을 뿐 아니라 질질 끌던 남북전쟁을 한 순간에 끝낼 수도 있는 절호의 기회라는 것을. 해서 링컨 대통령은 전쟁을 끝낼 수도 있다는 희망에 부풀었다.

그는 미드 장군에게 작전회의로 시간을 끌거나 낭비하지 말고 곧장 리 장군을 추격해 궤멸시키라는 명령을 내렸다.

게다가 링컨 대통령은 자신의 명령을 전문으로 직접 전송했을 뿐 아니라 즉각적인 전투를 개시하라며 특사까지 파견했다.

이때 미드 장군은 어떻게 처신했을까?

미드 장군은 자기에게 내려온 명령과는 정반대로 행동했다.

그는 작전회의를 소집해서 시간을 낭비했고 공격하라는 대통령의 명령에도 시간을 질질 끌며 망설이기만 했다.

그는 이런 저런 핑계를 대며 대통령에게 전문을 띄었다. 그러면서 대통령의 명령을 정면으로 거부했다.

그렇게 시간을 질질 끄는 사이, 강물이 줄어들었다.

리 장군은 하늘이 준 기회를 틈타 병력과 함께 무사히 포토맥 강을 건너 안전한 지역으로 퇴각할 수 있었다.

이렇게 되자 링컨 대통령은 전쟁을 끝낼 수도 있었던 절호의 기회를 놓쳤으니 화가 치밀 수밖에.

'세상에 어떻게 이런 일이 있을 수가. 다 잡았던 승리를 놓치다니. 할 수 있는 일은 다 했는데도 군대를 움직이지 못하다니. 그 상황이라면 어떤 장군이라도 리 장군을 이겼을 것이 아닌가. 내가 거기에 있었어도 리 장군을 혼낼 줄 수 있었을 텐데.'

링컨은 몹시 실망한 끝에 책상에 앉아 미드 장군에게 다음과 같은 편지를 썼다. 그가 쓴 편지는 사실 미드 장군을 매우 엄중하게 질책하는 내용으로 일관했다.

친애하는 미드 장군

미드 장군께서는 이번에 남부군 리 장군을 놓친 것이 얼마나 큰 불행인지 짐작조차 못하는 것 같습니다.

당시 남부군은 회복할 수 없는 궁지에 몰려 있었고 최근 우리 군은 승리한 여세를 몰아 조금만 더 밀어 붙였다면 전쟁을 끝낼 수 있었는데 말입니다. 그러나 이제는 전쟁이 언제 끝날지 모르게 되었습니다.

장군께서는 지난 4일 밤, 아군에게는 절대 유리한 전투인데도 제대로 작전을 수행하지 못했습니다. 아니, 시도하지도 않았습니다.

그런 처지로 어떻게 강 건너 저편에서 작전을 수행할 수 있겠습니까. 더구나 보유한 병력의 3분의 2밖에 활용하지 못할 텐데요.

이제 이기기는 기대하기 어렵게 되었습니다.

장군께서 군대를 효율적으로 통솔했는지도 의문이 갑니다.

천재일우의 기회를 살리지 못하고 놓쳤으니, 그로 인해 내가 받는 고통은 말로 다 표현할 수 없을 정도입니다.

대통령 에이브러햄 링컨

이 편지를 받았다면 미드 장군은 어떤 생각을 했을까?

아마도 미드 장군이 아니더라도 자기의 주장이 옳고 정당하다고 대들 듯이 강력하게 변명하지 않았을까.

그러면서 대통령을 비난하거나 원망했을 것이 분명하다.

미드 장군은 이 편지를 받아 봤을까?

그런데 그는 링컨이 쓴 이 편지를 받아보지 못했다. 이유는 링컨 대통령이 편지를 보내지 않았기 때문이다.

편지는 링컨이 죽은 뒤에야 서류함 속에서 발견되었다.

편지를 쓴 뒤, 과연 링컨은 어떤 생각을 했을까? 아마 에이브러햄 링컨 대통령은 이런 생각을 하지 않았을까, 지레 짐작으로 추측해 본다.

내가 여기 백악관에 편안히 앉아서 미드 장군에게 명령을 내리는 것은 쉬운 일이겠지만. 내가 게티즈버그에 있었다면, 그리고 지난 주에 미드 장군이 겪은 것처럼 피를 철철 흘리는 부상자들의 신음소리를 듣거나 전사자들의 참상을 직접 목격했다면, 나도 쉽게 공격명령을 내리지 못했을 수도 있었을 테지. 아마 그랬을 게야.

더구나 미드 장군처럼 소심한 성격이라면 더 그랬겠지.

이미 엎질러진 물.

이 편지를 부치고 나면 내 속이야 후련하겠지만 미드 장군은 자신을 정당화하기 위해 몇 배 이상으로 변명하면서 나를 비난하고 반감을 가질 수도 있었겠지. 그렇다면 나로서도 장군을 퇴역시키는 길밖에 더 있겠어. 그렇게 되면 미드 장군은 충격이 더 컸겠지.

링컨 대통령은 비난이야말로 백해무익이라는 것을 알고 있었기 때문에 끝내 편지를 보내지 않았으리라.

일찍이 링컨 대통령은 남을 비난하다가 격투 신청까지 받고 생명의 위협까지 느낀 적이 있었다.

브라우닝Robert Browning은 '사람은 자기 자신과의 싸움을 시작할 때, 비로소 가치 있는 사람이 된다.'고 했는데 링컨 대통령이야말로 바로 그런 사람 중의 한 사람이라고 회고했다.

링컨 같은 저 위대한 대통령도 남을 비난한다는 것은 오히려 몇 배의 반발만 산다는 것을 일찍부터 깨달았기 때문에 남을 비난하는 것을 극히 삼가 하고 조심했던 것이다.

그런데 보통 인간인 우리네야 말해 뭣하랴.

비난이야말로 백해무익百害無益한 것이며 전혀 쓸데없는 짓으로 배려의 상대적인 단어가 아닌가 싶다. 왜냐하면 다른 사람들로 하여금 스스로를 방어하도록 하며 또한 자기 자신을 정당화하기 위해 안간힘을 쓰도록 만들기 때문이다. 아니, 당사자는 열 배 스무 배, 그 이상으로 강력하게 변명을 늘어놓거나 항의하기 마련이기 때문이다.

비판도 당연히 무용지물이고 위험한 짓거리다.

왜냐하면 비판은 사람들의 소중한 자존심에 상처를 입힐 수도 있으며 자신의 삶의 가치에 대한 회의를 일게 할 뿐 아니라 되레 원한만 불러일으킬 수 있기 때문이다.

따라서 비난은 백해무익함이 분명하다.

링컨 대통령은 마침내 남북전쟁을 승리로 이끌고 격전이 가장 치열했던 게티즈버그에서 저 유명한 연설을 한다.

"Four score and seven years ago our fathers brought forth on this continent, a new nation conceived in liberty, and dedicated to the proposition that all men are creat equal."

(지금으로부터 87년 전, 우리의 선조들은 이 대륙에서 자유 속에 잉태되고 만인은 모두 평화라는 명제로 봉헌해서 새로운 나라를 탄생시켰습니다.)

그의 연설문은 그리 긴 편도 아니다. 단지 266개의 단어로 된 연설문에 지나지 않았다. 그런데도 꿈과 이상과 정치신념까지 담아냈던 것이다.

그는 다음과 같이 갈음하며 연설을 마쳤다.

"Here highly resolve that these dead shall not have died in vain —that this nation, unc God, shall have a new birth of freedom —and that government of the people, by the people, for the people, shall not perish from the earth."

(우리는 명예롭게 죽어간 이들로부터 더 큰 헌신의 힘을 얻어 그들이 마지막 신명을 다한 대의에 우리 자신을 봉헌하고 그들이 헛되이 죽어가지 않았다는 것을 굳게굳게 다짐합시다. 신의 가호 아래 이 나라는 새로운 자유의 나라를 보게 될 것이며 인민의, 인민에 의한, 인민을 위한 정부는 이 지상에서 결코 사라지지 않을 것입니다.)

이 연설이 유명하게 된 것은 미국이라는 정명正名을 몇 마디 말 속에 간결하게 함축하고 미국 정부의 원칙을 간결하면서도 강력하게, 그것도 쉬운 말로 표현했기 때문이리라.

어느 신자의 죽음

인간관계는 이런 저런 만남에서 시작된다고 할 수 있다.

유교적인 만남이라고 하면, 좋은 스승을 만나 배우고 출세를 해서는 가문을 빛내며, 그리고 세상에 이름을 떨치는 것이었다.

그런 유교의 이상적인 만남도 이제는 바뀌어 여자가 남자를, 남자가 여자를 만나 사랑하고 결혼해 아들 딸 낳고 잘 사는 것이 소중한 만남일 수 있다. 여기에 배려가 전제된 만남이라면 더 바랄 것이 없겠다.

이런 말을 하면 여권운동가에게 지탄의 대상이 될 지도 모른다.

인생에 있어 만남보다 더 소중한 것은 없으며 만남보다 일생을 좌우하는 그 어떤 것도 있을 수 없을 것이다.

특히 남녀 사이의 만남에 있어서는 더욱 그렇다.

첫 단추가 잘못 채워졌을 때, 사람에 따라 다를 수도 있겠으나 남자 쪽보다는 여자 쪽이 보다 많은 충격을 받는 것은 아닌지.

그러나 누가 뭐라고 해도 여인은 물론 남성도 예외는 아니지만 좋은 사람 만나 아들 딸 낳고 잘 사는 것이 최대의 행복이 아니겠는가.

남녀의 만남 중에서 매우 감동적으로 그린 수필을 하나 소개한다.

김소운 선생은 아쿠타가와 류노스케-개천용지개(芥川龍之介)-의 단편소설을 수필 「봉교인(奉敎人)의 죽음」(수필집 『천냥으로 못 사는 보배』) 편에서 간략하게 소개했는데 이를 참고해 아래에 옮긴다.

가톨릭 <천주교>이 기리시탄(切支丹)으로 불리어지던 시절이다. 일본 열도의 나가사끼-장기(長崎)-시 산타루치아 성당 에카레시아에는 로렌조란 세례명을 가진 소년이 성당에서 먹고 자면서 생활했다.

이 소년이 성당에서 생활하게 된 내력은 다음과 같다.

어느 해라고는 딱히 말할 수 없으나 성탄절 밤이었다. 한 소년이 굶주림으로 성당 문 앞에 쓰러져 있었다. 이를 본 바테렌 신부가 소년을 불쌍히 여겨 사제관으로 데려가 목욕시키고 옷까지 줘서 갈아입게 했다. 그리고 먹을 것을 주어 허기를 면하게 하고는 로렌조라는 이름까지 지어주고 성당에서 먹고 자고 생활하게 했다.

그런데도 소년의 근본에 대해서는 그 누구도 알지 못했다.

누가 물어도 로렌조는 같은 대답을 했다.

"고향이라고 했습니까? 고향이라고 한다면 하라이소(天國)입니다."

"그렇다면 부모님은 계시겠지?"

"아버지만 계시는데 바로 제우스(天主)입니다."

로렌조는 미소를 잃지 않고 대답했다.

소년이 독실한 천주교인임을 알 수 있었던 것은 몸에 지닌 파란 옥의 로자리오 <묵주> 때문이었다.

로렌조는 신앙심이 신실해서 '로렌조야말로 하늘나라에서 보내준 천동의 화신'이라고 칭찬이 자자했다.

또한 소년은 용모가 아름답고 빼어난 데다 목소리마저 구슬을 굴리는 듯 맑고 고와서 신도들도 좋아하고 사랑했다. 특히 젊은 또래들이 그의 주변에 몰려들어 외롭지 않았다.

신도들 중에 무사 출신인 이루만이라고 하는 젊은이가 있었는데 그는 키도 크고 몸집도 우람해서 사내 대장부였다. 또한 몸집에 비해 마음은 몹시 착해 연약한 로렌조 소년과 서로 팔짱을 끼고 성당을 드나들 정도로 가까웠으며 친동생처럼 대했다.

그런데도 그들의 다정한 모습은 비둘기와 독수리가 같은 나뭇가지에 앉아 있는 것처럼 매우 이색적이라고 할 수 있었다.

두 사람은 밤낮을 가리지 않고 붙어 지내다시피 생활했다.

그렇게 생활하다 보니 어느덧 3년이란 세월이 흘렀다.

로렌조가 성인식을 치를 나이가 되었다.

그 무렵쯤, 괴상한 소문이 신도들 사이에 오르내리기 시작했다.

우산 집 신도에게는 딸이 하나 있었는데 로렌조가 그녀와 사랑을 하고 있다는 해괴한 소문이 퍼지기 시작했던 것이다.

지금이야 남녀가 연애를 한다고 해서 흉잡힐 리 없다.

그런데 당시로서는 손가락질을 받을 만큼 색안경을 끼고 보는 시대였다. 특히 천주교 신자로서는 감히 상상도 할 수 없는 일이었다.

우산 집 딸은 로렌조를 짝사랑했다. 로렌조가 촛불을 켜기 위해 제단 쪽으로 가는 것을 한순간도 눈을 떼지 않고 바라보기도 했고 그가 있는 곳이면 우산 집 딸이 늘 가까이 있었던 것이다.

게다가 신도들의 눈에 그런 모습이 자주 띄기도 했다.

우산 집 딸의 이상한 행동은 이뿐만이 아니었다.

그녀는 로렌조에게 보내는 연애편지를 성당 곳곳에 일부러 떨어뜨려 남의 눈에 띄게 한 적도 여러 번 있었다.

그런 탓으로 우산 집 딸과 로렌조는 그렇고 그런 사이라는 소문은 걷잡을 수 없이 신도들 사이에 퍼졌던 것이다.

마침내 이런 소문은 은연 중 바테렌 신부의 귀에도 들어갔다.

하루는 신부가 로렌조를 은밀하게 불러 물었다.

"신부로서 이런 말을 하기는 좀 뭣하긴 하다마는…"

로렌조는 까닭을 몰라 "네에?" 하고 반문했다

"내가 네게 묻고 싶은 것이 하나 있다. 다른 것이 아니라 우산 집 딸과 연애하는 사이냐? 그런 게야?"

로렌조로서는 뜬금없는 질문에 당황할 수밖에 없었다.

"아, 네. 지나치는 길에 인사 정도야…"

바테렌 신부는 조금 전과는 달리 추궁하는 말에는 엄함이 있었다.

"그 말은 사귀는 사이가 아니란 뜻이렷다?"

"네. 저로서는 그런 감정을 가져본 적이 전혀 없습니다."

"그렇다면 소문에 대해선 어떻게 생각하느냐?"

"저로서는 생각해 본 적도 없었습니다."

"생각해 본 적도 없다? 그걸 믿으라고 내게 하는 소리냐?"

"네, 신부님. 천주님 앞에 맹세합니다."

로렌조 소년은 눈물만 뚝뚝 흘릴 뿐, 침묵으로 일관했다.

인간은 왜 이렇게 일방적으로 생각하고 행동할까.

상대방을 고려해 주거나 생각해 주는, 요컨대 상대방을 생각해 주는 마음, 곧 배려하는 마음은 왜 그리 인색할까.

배려야말로 죽은 사람을 살릴 수도 있고 멀쩡한 사람도 상하게 할 수도 있으며 마음을 움직일 수 있는 최대의 무기인데도.

로렌조 소년도 신부의 추궁에 왜 강하게 변명하지 않았는지 모른다.

비굴할 정도로 아첨이나 아부하면서 변명이라도 했다면 최소한 성당
에서 쫓겨나는 것만은 면했을 수 있었을 텐데.

로렌조는 우산 집 딸이 안타깝게 생각되어 변명하지 않았거나 생각
해주는 마음, 배려하는 마음에서 변명하지 않았을지도 모른다.

신부는 로렌조의 신앙심을 믿었기 때문에 더 이상 추궁하지 않았다.

그런데 얼마 지나지 않아 우산 집 딸이 아기를 낳았다.

아기를 낳자 우산 집 주인은 딸을 엄하게 다그쳤다.

"도대체 아기 아빠가 누구냐? 어서 말하지 못하겠느냐? 지금 당장 집
에서 쫓아내야 실토하겠다는 게냐? 어서 말 못해!"

아버지의 끈덕진 추궁에 우산 집 딸은 거짓 자백을 하고 말았다.

"성당에서 생활하는 로렌조예요."

"로렌조라니? 착실하기로 소문 난 천주쟁이가!"

"네, 아버지."

우산 집 주인으로서는 기가 찰 노릇이었다.

"당장 신부를 찾아가 로렌조를 성당에서 쫓겨나게 해야지."

우산 집 딸이 자기 아버지의 바지를 잡고 늘어지면서 "아빠, 제발 그
러지 마세요. 모두가 제 잘못이에요."하고 애원했다.

딸이 애원하는데도 우산 집 주인은 신부를 찾아가 자기 딸에게 임신
시킨 로렌조의 비행을 부풀려서 말했다. 이어 만나는 신도들마다 로렌
조의 부도덕성을 비난했다.

신도들도 우산 집 주인의 말만 믿고 신부를 찾아가 로렌조를 성당에
서 기거하게 해서는 안 된다고 항의했다.

항의가 빗발치자 로렌조의 신앙심을 굳게 믿었던 바테렌 신부로서
도 신도들의 비난과 반발은 어떻게 할 수 없었다.

바테렌 신부는 나무랄 데라곤 하나 없는 로렌조가 딱해 보이긴 했으

나 그를 감쌀 만한 어떤 명분을 찾지 못해 성당에서 내쫓았다.

신도들 중 유독 이루만이 크게 격분했다. 형제 이상으로 우의를 나누며 3년이나 생활했으니 당연했는지 모른다.

이루만은 처량한 모습으로 성당을 나서는 로렌조에게 다가가 "이 배교자, 너 같은 놈을 내가 철석같이 믿고 동생처럼 대해 줬다니. 에라 이거나 받아먹어라."하고 억센 주먹을 날려 땅에 처박았다.

로렌조는 사내답지 않게 한 주먹에 그만 땅바닥에 처박혀 움직이지 못한 데다 넘어지는 바람에 이마를 땅에 부딪쳐 피까지 흘러내렸다.

그런데도 누구 하나 로렌조를 도와주거나 동정하지 않았다.

로렌조는 성당에서 쫓겨나자 의지할 데라곤 없어 거리에서 구걸했으며 잘 곳마저 없어 노숙을 했다.

로렌조의 꼴은 말이 아니었다. 게다가 기리시탄 신도란 이유 때문에 거리의 망나니들로부터 욕설은 물론 심지어 돌팔매를 맞아 온몸에 피가 낭자하거나 피멍이 들어 차마 눈 뜨고 볼 수 없을 지경이 되기도 했다. 더욱이 믿고 따르던 신자들을 마주 칠 때마다 배교자라고 저주는 물론, 주먹을 퍼붓는 일까지 감수해야만 했다.

그랬으니 로렌조로서는 육체적인 고통보다도 정신적인 마음고생이 몇 배나 심하지 않을 수 없었다.

로렌조는 노숙을 하다못해 끝내 걸인들과 어울렸고 그들의 소굴인 움막에서 먹고 자며 이슬을 피하는 거지 신세가 되었다.

구걸하며 생활하다 보니 뒤 해가 지났다.

어느 날 갑자기 나가사끼 시는 영문을 알 수 없는 대형 화재가 발생했다. 때맞춰 불어오는 강풍을 타고 도시 전체로 불이 번지기 시작했으며 시의 반 이상이 마왕의 헛바닥이 핥는 불바다로 돌변했다.

우산 집이라고 해서 예외가 아니었다.

우산 집 딸은 아기를 재워놓고 기저귀를 빨다가 얼떨결에 몸만 간신히 빠져나온 뒤에야 비로소 제 정신으로 돌아와서야 거실에 아기를 재워 둔 채 혼자만 빠져나온 것을 뒤늦게 깨닫고는 울부짖으며 땅에 주저앉아 버둥대며 몸부림쳤다.

아기가 방에 있다는 말을 들은 사람들도 발만 동동 굴렀지 불꽃 속으로 뛰어 들어가 아기를 구출하려는 사람은 없었다.

불길이 얼마나 셌던지 우산 집 딸을 불쌍히 여겨 가끔 찾아가서 껴안고 눈물까지 짓던 이루만마저도 뛰어 들어가 구출할 생각조차 못하고 발만 동동 굴리며 지켜볼 뿐이었다.

거대한 불꽃은 화마의 혓바닥처럼 점점 번져가고 시간은 가뭇없이 흘러가는 매우 절박한 순간이었다.

바로 그런 매우 다급한 때였다.

어디서 쏜살 같이 달려와 불꽃 속으로 뛰어든 그림자가 하나 있었다. 보기에도 걸인의 차림새였으니, 그는 움막에서 생활하는 로렌조, 우산 집 딸이 아기 아빠라고 고백한 그 소년이었다.

그는 앞뒤 가리지 않고 화염 속으로 뛰어들었다.

이를 보고 사람들이 수군거렸다.

"아기 아빠가 맞을 게야. 아기 아빠가 아니라면 그 누가 저 위험한 불 속으로 뛰어들어 아기를 구출할 엄두를 내겠어."

사람들은 그 말에 동조하면서도 손에 땀을 한 움큼 쥐고 발을 동동 굴리며 아기를 구출해서 나오는지 지켜보고 있었다.

로렌조 소년은 화마 속으로 뛰어들어 아기를 담요로 덮어씌워 나오다가 불에 타 넘어지는 기둥에 머리를 맞고 쓰러졌다.

다행히 아기의 목숨은 건졌으나 로렌조는 숨을 거두고 말았다.

그제야 통곡하던 우산 집 딸이 울먹이며 실토했다.

"아기 아빠는 바로 이웃집 놈팡이인데, 제가 일부러 로렌조라고 아빠에게 거짓으로 둘러댔어요. 지금에 와 이를 어떻게 해요?"

사람들은 숨이 끊어진 로렌조에게서 눈길을 떼지 못했다.

불꽃으로 까맣게 탄 데다 헤어진 남루한 옷깃 속에서 두 송이 꽃봉오리처럼 망울 부푼 젖 봉오리가 드러나 있지 않은가.

이 망울 부푼 젖 봉오리야말로 배려와 침묵으로 결백을 확인시켜준 로렌조의 삶이 극적으로 빛나는 순간이었다.

우산 집 딸과 똑같은 여인, 죽음으로써 천주의 뜻을 받든 성스러운 여인이 바로 로렌조 소녀였다.

침묵은 금, 웅변은 은이라는 금언이 아니더라도 이런 로렌조의 침묵 정도라면 배려의 한 정점頂點을 보는 듯하지 않은가.

나 감동 먹었어

인간이 사는 세상에서 배려보다 소중한 것은 없을 것이다.

배려配慮에 대한 사전적 의미는 관심을 가지고 생각해 주거나 걱정해 주며 늘 마음을 써 주는 것을 말한다. 곧 도와주거나 보살펴 주려는 인간의 따뜻한 마음 씀씀이를 일컫는다.

상대방을 지극히 생각해 주면서 행동하되 겉만 아니라 마음 속속들이 생각해 주는 것이 진정한 배려라고 할 수 있다.

이런 배려의 바탕에는 어떤 심리가 잠재되어 있을까? 그것에는 관심의 노련한 발로가 잠재되어 있지 않을까 싶다.

이런 관심關心은 배려의 또 다른 아류亞流라고 할 수 있다. 그렇게 생각하면 세상에 배려 아닌 것이 없을 정도다.

항우처럼 '역발산 기개세(力拔山 氣蓋世)'의 힘만이 산을 옮길 수 있는 것은 아니다. 진정한 배려야말로 사람의 마음을 움직일 뿐 아니라 태산을 옮기고도 남음이 있지 않을까.

이런 배려에 대한 사례를 하나 들겠다.

진정한 배려는 금은보화보다 몇 배나 더 값지지 않을 수 없으며 사람의 마음을 움직이고도 남음이 있지 않을까 싶다.

우리 사회는 고부간의 갈등이 매우 심각한 시대로 접어들었다고 한다. 어떤 며느리는 시댁 식구라면 꼴도 보기 싫어하며 무슨 원수가 졌는지 아예 시가와는 발길을 뚝 끊고 살아가고 있다.

서로 서로 조금만 이해해 주고 배려해 주기만 하면 보다 쉽게 풀릴수도 있을 텐데, 왜 그리 골이 깊은 지 이해할 수 없다.

남의 며느리가 된 입장에서도 그렇다.

남편과 몸을 섞어 태어난 아이들과 살아가는데 시가와 완전히 등지고 산다는 것은 사람이 얼마나 독하고 모질면 그렇게 할 수 있을까.

그래 봐야 인생에 도움이 되지 않을 텐데.

시집과 발을 끊고 일체 생신이나 대소 명절이며 기일에도 가지 않는다면 그 자체만으로도 이혼 사유가 된다. 이혼 사유가 될 뿐 아니라 이혼을 당할 때는 위자료도 한 푼 받지 못하고 알몸으로 쫓겨날 수도 있는데, 왜 그렇게 고집을 피우면서 끝까지 버티는지.

그렇게 고집 피우는 이유라도 있을까?

핑계 없는 무덤은 없다고 물론 나름대로 이유야 있을 수 있다.

그러나 일단 한 발 뒤로 물러서서 반성하면서 내 탓으로 돌리면 해결의 실마리가 없는 것도 아닐 텐데.

어리석은 인간만이 그런 평범한 진리를 깨닫지 못하고 있으니 참으로 한심하고 답답한 노릇이 아닐 수 없다.

일단 고개를 숙이고 굽어드는 것은 어떨까. 한 발 물러서서 헛말이라도 배려 비슷한 말이라도 한 마디 할 수는 없을까. 그렇게 할 수만 있다면 해결되고도 남을 텐데.

아래에 수록한 내용은 필자가 소운 선생의 수필을 읽고 감동을 받은 여러 편의 수필 중에서도 고르고 골라 소개한다.

소운 선생의 수필집 『천 냥으로 못 사는 보배』에서 「아름다운 女人들」편 '어느 시어머니'를 참조해 실었다.

비록 참조를 하긴 했지만 선생의 좋은 수필에 누가 되지 않을까. 해서 매우 걱정이 앞서는 것을 감수하면서 싣는다.

내(소운 선생)게 시를 쓰는 어릴 적 친구가 한 사람 있다.

그 친구를 길에서 참으로 우연히 만났다. 너무나 반가운 나머지 그를 찻집으로 데리고 들어가 저간의 소식을 들었다.

그는 대화 끝에 친구의 딸과 시어머니에 관한 이야기를 들려주었다. 내게는 그의 이야기가 한 여름 밤의 청량제가 아닐 수 없었다.

발자국을 떼어놓을 어린 시절부터 알고 지낸 분이 계셨다고 한다.

그 분의 따님이 40이 넘은 중년 부인의 모습으로 20여년 만에 나(친구)와 조우遭遇한 것이 바로 달포 전쯤이었다.

이런 저런 이야기 끝에 지금은 고인이 되신 아버지의 숨겨진 이야기하며 연구에만 몰두하는 남편은 물론이고 초등학교에 다니는 어린 두 남매에 관계되는 것이며 그런 시시콜콜한 이야기를 했다.

이야기 끝에 그네의 시어머니가 화재로 등장했다.

"저희 시어머님 같이 인자한 분이 세상에 어디 또 있겠어요. 제가 복이 많아서 시집을 잘 간 탓도 있기야 했겠지만…"

"어떤 분이시기에 그렇게 칭찬을 아끼지 않지?"

나는 뒤가 궁금해 다그쳐 물었다.

"우리 시어머님 같이 좋은 분은 아마도 세상에 단 한 분도 계시지 않을 것입니다. 저는 항상 그렇게 생각하고 있답니다."

흔히 시부모하면 진작부터 호감보다는 흉을 보거나 흠을 늘어놓으며 동네방네 떠들어대는 며느리는 많아도 최상의 찬사를 아끼지 않으면서 시어머니를 칭송하는 며느리는 세상에 매우 드물 것이다.

들고 있는 나까지도 흐뭇한 미소가 지어졌으니까.

나는 친구의 딸에게 구체적인 설명을 거듭거듭 부탁했다.

"그런데 어떻게 드문 시어머니시기에 칭찬 일변도야?"

친구의 딸은 망설임 없이 들려주었다.

"시댁으로 갔다가 서울로 돌아오려는 아침이었답니다. 초저녁에 섬돌 위에 벗어놓은 신발이 보이지 않아 한참이나 이리저리 찾았답니다. 그런데 신발이 아랫목 이불 밑에서 발견되지 않았겠어요. 나중에 알고 보니 시어머님께서 신을 신을 때 며느리의 발이 시릴까 해서 고무신을 뽀동뽀동 씻어 이불 밑에 묻어두지 않았겠어요. 며느리가 넷이나 되는데도 시어머님은 어느 며느리에게나 똑같이 대해 주셨답니다. 언제나 변함없이 어질고 인자하며 고운 시어머니의 마음씨에 저로서는 오히려 두려울 때가 더러 있었습니다."

생각이 다른 사람이 보고 들어도 시어머니의 이런 사소한 행위야말로 너무너무 아름다운 배려가 아닐 수 없으리라.

며느리의 입장을 이해하고 생각해 주며 배려하는 시어머니의 마음이 얼마나 아름다운가.

이런 것이 참다운 배려가 아닐까 싶다.

필자도 초등학교 다닐 때, 엄마가 추운 날이면 부엌 아궁이에 신발을 가져다놓았다가 따스해진 신을 신고 가라고 내주던 기억이 지금도 생생한 탓인지 감동이 물컹 하고 가슴에 와 닿는다.

대체 그런 시어머니라면 어떤 여인일까?

세상에 한 며느리로서 아니지, 한 시어머니로서의 이야기로만 결코 돌려버릴 수 없는 보석보다 값진 아름다움이 담뿍 담겨 있지 않은가.

지금 세상은 며느리로서 미움과 갈등이 얽히고설킨 시집과의 불화, 고부간의 알력, 시누이와의 마찰에 관한 크고 작은 사례는 흔하게 우리 주변에서 너무 많이 보아 오지 아니하였던가.

그런 탓인지 모르겠으나 이 시어머니가 살아가는 깍듯한 법도와 향기로운 마음씨야말로 듣는 이에게 옷깃을 여미게 하며 속 좁은 가슴을 뭉클하게 하고도 남음이 있겠다.

성격이나 기질은 물론이고 살아온 환경도 각각 다른 남남끼리 인연이 닿아 시어머니와 며느리로 맺어진 것인데도.

이처럼 인간관계가 하나에서 열까지 부합되고 일치된다는 것은 요즘 세상에 좀체 바라기 어려운 기적에 가까운 일이다.

지금 세상에 그런 기막힌 기적을 몸소 구현한 이가 있다고 한다면, 그 분이야말로 인생의 진정한 승리자가 아닐까.

그 분은 많이 배워서 대단한 학식을 지닌 분도 아닐 것이다. 눈에 띄게 용모가 빼어나거나 아름다운 분도 아닐 것이다.

다만 타고 난 천성天性이 인자한 분일 것만은 분명하다.

"우리 시어머님 같은 분은 제가 다시 세상에 태어난다고 해도 그런 인자하신 분은 더는 볼 수 없을 것 같습니다."

세상에 며느리 입에서 이런 극찬이 자연스럽게 나오다니.

이와 같은 말이 나오게 한 시어머니라면 어떤 불협화음도, 이런 시어머니의 콘택트 앞에서는 아름답고 고요한 다뉴브 강의 선율마저 바꿔놓지 않고는 견디지 못할 것이라는 생각이 들었다.

시어머니로서 며느리의 신발 하나라도 깨끗이 씻어 아랫목에 넣어뒀다가 신을 때 발이 시리지 않도록 배려해 주겠다는 작은 마음씨, 돈이 많이 드는 것도 아니고 그렇다고 죽자 사자 하고 일을 해서 얻던 것도 아닌 이런 사소한 배려야말로 그 분의 참다움이, 너그러움이, 무한의 사랑이, 인자함이, 그리고 정성이 흠씬 배어 있지 아니한가.

그 분은 상대방으로부터 섬김을 받기 전에 스스로의 몸을 낮춰 먼저 상대방을 섬기려고 하는, 진실로 겸허하며 인상 좋은 인간상이 거울 속에 그대로 비치면서 환하게 미소를 짓고 있는 듯 선명하다.

이는 아름다운 관심이 낳은 배려가 아닐까 싶다.

하물며 이 시어머니는 넷이나 있는 며느리 중에 누구에게도 똑같이 대하면서 사랑을 나누어 준다니, 이것은 결코 우연에서 생겨난 것은 아니리라. 그렇다고 해서 하찮은 일화는 더구나 아닐 것이다.

선비의 전통이 뿌리 깊은 유교 집안에서만 경험할 수 있는 진한 감동의 이야기도 아닐 것이다.

다만 이런 예는 우리 주변에서 극히 드문 일이면서 일상생활의 아주 사소한 것에 지나지 않지만 너무너무 아름다운 배려기 때문에 이보다 '나 감동 먹었어.' 하게 하는 것은 이 세상에 없을 것이다.

배려도 하기 나름

조조曹操의 자는 맹덕孟德으로 패국 초현 출신이며 후한 환제 때 태위를 지낸 조숭曹嵩의 아들이다. 조조의 조부 조숭은 4대에 걸쳐 황제를 섬긴 환관 조등曹騰의 양자다. 배송지裴松之는 진수의 『삼국지』를 주석하면서 '조조는 양자가 되기 전, 본래 성이 하후夏候였기 때문에 조조와 하후돈夏候惇은 종형제간이라고 해석했다.

조조는 어려서부터 책을 즐겨 읽었으며 고대 병법에 심취해서 『위무주손자』라는 저술을 남겼으며 시부에 능해 아들 비邳, 식植과 함께 3조三曹로 불리기까지 했다.

조조는 20세에 효렴孝簾으로 천거되어 벼슬길로 들어섰다.

황건적의 난이 일어나자 기도위가 되어 영천에서 공을 세웠다.

동탁董卓이 주동이 되어 영제가 죽자 소제를 폐하고 헌제獻帝를 세워 정권을 장악했을 때, 그는 조조를 교위에 임명했다.

그러나 조조는 이를 거부하고 고향으로 돌아간다.

조조는 원술, 손건 등과 연합해 동탁 토벌이라는 공동의 목표로 거병해 반동탁군의 분무장군이 되었으며 동탁이 살해된 뒤에는 연주를 평정하고 연주목이 된다. 그는 천제가 장안을 탈출하려고 했을 때, 황제를 보호하기 위해 군사를 보내어 도왔는데 그 공으로 건덕장군, 진동장군의 지위에 제수되기도 한다.

196년, 조조는 허현許縣에 궁을 짓고 헌제를 그곳으로 옮겨 기거하게 하면서 황제를 자신의 보호 하에 두고 조정을 장악한다.

그로부터 조조는 황실을 배경으로 세력을 확장했고 둔전제를 실시해 민심을 얻었으며 인재를 등용해 위의 건국에 기반을 다졌다.

208년, 조조는 승상의 지위에 오른 뒤, 통일을 위해 남정에 나서 형주를 공격했으나 손권과 유비에게 패한다.

이 무렵 조조는 관우의 충忠과 무武가 출중할 뿐 아니라 의義마저 빼어남을 흘러 듣고 짝사랑을 하게 된다.

관우關羽의 자는 운장雲長, 산시성 원천현 출신이다. 그의 고향은 중국 최대의 염호지가 있어 소금 생산지로 유명했다.

한 나라 때는 소금이 국가 전매여서 밀매가 성행했다. 관우는 밀매에 관여하다가 염상을 죽이고 유주 탁군으로 도피한다. 그곳에서 유비를 만나 장비와 함께 그의 호위관이 된다.

유비가 평원장이 되자 장비와 함께 별무사마가 되어 군을 통솔하기도 한다. 세 사람은 친형제처럼 관계가 매우 돈독했다.

199년이 되던 해였다. 유비는 서주자사 차주車胄를 살해하고 하비성下邳城을 차지한다.

이때 관우는 유비가 소패로 돌아간 뒤에도 하비성에 홀로 남아 유비의 가족을 보호하며 성을 지키고 있었다.

그 무렵, 조조가 동정에 나서 하비성을 공격했다.

성이 함락되자 유비와 장비는 달아나고 관우는 유비의 두 부인과 함께 위군에 붙잡혀 조조의 포로가 된다.

그런데 뒤늦게 관우는 유비가 하북 원소의 진영에 머물고 있다는 사실을 알고 위의 허창을 출발해서 오관을 벗어나는 신출귀몰한 이야기가 바로 저 유명한 관우의 오관 탈출이다.

관우가 죽은 뒤, 민간에서는 충과 무의 상징으로 신앙의 적的이 되었다. 그런 관우를 두고, 무성武聖, 관성제군關聖帝君, 관제성군關帝聖君 등으로 숭배의 대상으로 삼았고 도처에 사당이 세워졌으며 종교적 대상으로 승화되어 민간신앙으로 승화되기도 했다.

『삼국지연의』에서는 아름다운 수염을 늘어뜨린 관우를 두고 미염공美髥公, 관이야關二爺로 묘사했을 정도다.

조조인들 이런 관우를 탐내지 않을 수 없었을 것이다.

조조는 관우의 충의에 매료되어 자기 휘하에 두고 싶어 안달했다.

"나는 오래 전부터 운장이라는 무장의 인간됨을 너무나 사랑하고 있다. 나로서는 무슨 수를 써서라도 그를 내 휘하에 두고 싶다. 운장을 어떻게든 꾀어내어 내게 항복하게 할 수는 없을까."

그런데 그런 기회는 의외에도 빨리 왔다.

관우는 장요張遼를 통해 조조가 세 가지 조건을 들어주기로 약조했다는 말에 그에게 위탁하기 위해 위 진영으로 향했다.

의도대로 관우가 항복하러 오자 조조의 배려는 절정으로 치받는다.

조조의 배려는 관우의 세 가지 조건을 선뜻 들어준 것으로 끝난 것이 아니었다. 몸소 멀리까지 나가 맞이했다.

한 나라의 승상 신분으로 적대했던 무장의 가신이 항복하려고 오는데 성문 밖 멀리까지 나가 마중한 전례가 없는데도.

관우는 특별한 예우에 놀라는 체했다. 그는 말에서 내리자 조조에게 무릎을 꿇었다. 조조는 무릎을 꿇는 관우를 인자하게 대했다.

"운장이 이렇게 살아남게 된 것은 내가 통이 커서가 아니외다. 그대 자신이 지닌 출중한 충과 의에 대한 보답이 아니겠소."

조조는 관우를 위해 주연까지 베풀었다.

주연에 참석한 관우는 조조의 약조를 재차 확인하고 싶었다.

"승상, 제가 제안한 약조는 반드시 지키셔야 합니다."

"이 조조가 확약한 약조를 저버리겠는가."

"만약 주군의 소재가 확인될 때는 물불을 가리지 않고 찾아갈 것이며 천리 길도 마다 않고 달려갈 것입니다."

"알았으니, 그대가 원한다면 언제든 그렇게 하라."

조조는 군사를 이끌고 허창으로 돌아왔다.

허창으로 돌아온 조조는 관우에 대한 배려는 아첨에 버금갔다. 승상부에서 가까운 곳의 저택을 주어 머물게 했을 뿐 아니라 관우를 데리고 입궐해서 천자에게 알현시켰으며 한실의 편장군이라는 직위를 제수하기에 이른다. 그런 다음, 조조는 새로이 모사와 무인들을 모이게 해서 그를 주빈으로 모시는 연회를 베풀어 환대했다.

그것으로도 부족하다 싶었던지 조조는 산더미 같은 비단과 금은으로 만든 그릇을 선물했으며 빼어난 미인 여러 명으로 하여금 곁에서 시중 들도록 배려까지 해 주었다.

그러나 그는 받은 선물을 곳간에 넣어두고 손도 대지 않았으며 미인은 두 부인의 시녀로만 부리게 했다.

조조는 허창으로 돌아와 며칠을 보낸 뒤인데도 관우가 여전히 전과 같은 옷을 입고 있는 것을 보고 들으라는 듯 힐난했다.

"그대는 검약이 지나치지 않는가?"

"이 낡은 옷이야말로 주군께서 주신 것으로 소장은 입고 있는 것만으로도 주군과의 일심동체를 느낍니다. 그렇다고 승상의 정을 저버릴 수가 없어 주신 옷은 옷 속에 끼어 입고 있습니다, 승상."

"그대는 듣던 대로 충의의 무인이로다."

조조는 겉으로 칭찬했으나 속내는 못마땅해 했다.

'그래 좋다. 내가 어떤 수단을 써서라도 운장을 내 가신으로 만들고 말 테다. 어디 두고 보라지. 내 뜻대로 될 테니.'

그로부터 오래지 않아 뜻하지 않은 일로 말미암아 관우에 대한 조조의 배려가 지나쳐 아첨이라는 것이 백일하에 드러나게 된다.

"운장, 그대의 말은 빈상이 극치에 달했더군."

조조의 비꼬는 말투에 관우는 조금도 망설임 없이 말했다.

"7척이 넘는 몸인 탓으로 어떠한 말도 제 몸의 무게를 오래 버티지 못하고 쉬 지쳐 버리기 때문입니다."

"그렇다면, 내 그대에게 어울리는 말을 선물하리."

조조가 부하에게 가져오게 한 말은 온몸이 숯불처럼 활활 불타오르는 듯한 빛을 띤 서역에서 가져온 준마 중의 준마였다.

가져온 말을 보자 관우의 얼굴빛이 금방 확 달라졌다.

"이건 여포가 타는 적토마와 같은 말이 아닌가."

조조는 환심 사는 말을 서슴지 않았다.

"운장의 말이 맞도다. 이 말은 여포가 타는 적토마의 손자뻘 되는 적토마赤土馬다. 서역에서 고르고 골라 가져온 말이지. 지금부터 그대가 이 말을 소유하면서 어디든 타고 달려도 상관하지 않으리."

이처럼 조조의 아첨은 극치에 이르렀다고 할까.

관우는 감사의 표시로 일어나 두 번 절했다.

그러자 조조는 절을 받으면서도 이상하다는 듯 물었다.

"그대는 금은을 줘도, 아니 미녀를 보내줘도 반기지 않더니, 말은 선물 받고 왜 그렇게 반기는가? 영문을 도시 모르겠군."

조조의 말에 관우는 망설이지 아니하고 대답했다.

"이 말은 천하의 준마 중 준마인 적토마기 때문에 하루에 천릿길도 갈 수 있습니다. 그런 말이 제게 있으니, 언제라도 주군이 있는 곳을 알게 되면 순식간에 달려가 만나 뵐 수가 있지 않겠습니까. 그것을 생각하니 소장의 가슴은 벌써부터 마구 뜁니다."

이 정도면 고수 대 고수의 대결에서 누가 상수고, 누가 하수인지 독자로서 이미 판단하고도 남을 것이다.

관우는 주군을 위한 진정성이 듬뿍 배어 있는 배려에서 나온 행동이라고 한다면, 조조는 그를 오직 휘하에 두고 싶다는 배려 아닌 욕심이 지나쳐 아첨으로 절어 버렸으니 승패는 결정 난 것이나 다름없다.

배려도 하기 나름이고 테크닉도 필요한 데 말이다.

바둑으로 치면 관우는 9단의 고수요, 조조는 그야말로 사람을 식겁食怯케 하는 10급 정도의 하수에 지나지 않는다.

그러니까 관우가 꾀보 조조쯤이야 가지고 놀 수밖에.

'앗불싸! 돌이킬 수 없는 큰 실수를 저질렀군.'

조조는, 제 꾀에 제가 넘어진다는 속언 그대로 관우가 준 말을 타고 사라지는 것을 보고서야 말을 내어준 것을 이내 후회하며 탄식해 마지 않다가 체념하듯 한 마디 내뱉었다.

'운장은 세상에 보기 드문 의인이 아니던가.'

며칠 뒤 순욱이 풀이 죽어 있는 조조를 위로하기 위해 아뢰었다.

"관우는 싸워서 공을 세워 은혜에 보답하고 떠나겠다고 했으니, 공을 세울 기회를 주지 않으면 허창을 떠나지 못할 것입니다."

조조는 그럴 듯하게 여겨져 고개를 끄덕였다.

원소의 장군 안양이 백마성을 포위한 것이 지난 4월이었다.

그런데 지금에야 조조는 구원하러 간다고 결의를 다졌다.

옆에서 듣고 있던 허저가 아뢰었다.

"먼저 황하를 도강해서 적의 배후를 친다고 거짓 정보를 흘린다면, 원소도 이에 대항해 주력을 서쪽으로 보낼 것이 아니겠습니까. 그 틈을 타 정예병으로 하여금 기습하면 안양을 생포할 수 있을 것입니다."

그때 본진에 관우가 나타나 조조에게 말했다.

"저를 선봉장으로 써 주십시오. 분에 넘친 승상의 은혜에 조금이라도 보답하고자 해서 이렇게 급히 달려왔습니다."

그러나 조조는 관우의 뜻을 받아들이지 않았다. 그 대신 부장 송헌宋憲을 불러 안양과 단기로 대적케 했다.

송헌은 안양과 수합을 겨루기도 전에 목은 대나무가 갈라지듯 두 쪽이 나서 땅에 퍽 하고 떨어졌다.

그러자 조조는 용맹한 위속魏續을 내보내 안양을 제압하려고 했으나 그도 몇 합을 겨루어 보지도 못한 채 피를 허공에 뿌리며 말에서 굴러 떨어지고 말았다. 서황이라면 맞설 수 있을 것이라고 믿고 출전시켰으나 그도 20여 합 싸우다 어깨와 다리에 깊은 상처를 입고 퇴각했다.

승세를 탄 안양은 군사를 몰아 총공세를 폈다.

이때 위기에 처한 조조를 구한 것은 장군이 아니라 어둠이었다.

다음날, 정욱程昱이 조조에게 아뢰었다.

"주군, 안양과 대적할 사람은 관우밖에 없습니다."

그러나 조조는 묵묵부답이었다.

"현덕이 살아 있다면 원소에게 위탁하고 있을 것이 분명합니다. 관우에게 안양을 치게 하면, 원소는 분노해 유비를 죽일 것이 아니겠습니까. 이는 꿩 먹고 알 먹기지요. 만약에 말입니다. 유비가 죽는다면 관우는 갈 곳이 없어 어쩔 수 없이 허창에 머물 것이라 생각됩니다."

그제야 조조는 마지못해 정욱의 말에 고개를 끄덕였다.

"우리 장수로서는 어쩔 수 없다? 그렇다면 관우를 불러 오라."

관우가 출전하려고 한 속셈은 따로 있었다.

한바탕 싸우게 되면 자연스레 조조 진영에 관우가 있음을 사방에 알려지게 될 것이다. 그렇게 된다면 유비에게도 자신의 소식이 전해질 것을 예상했기 때문이다. 그야말로 '꿩 먹고 알 먹고'였다.

"승상, 오늘 싸움은 저에게 맡겨주시오."

조조의 진영을 살피던 안양도 "어느 놈이 감히 내게…"하더니 수포금갑으로 무장한 몸을 날려 말에 올라탔다.

말에 올라탄 안양을 보고 달려온 관우가 "안양, 어떠냐? 나와 한 번 겨루어볼까."하고 외치면서 곁을 스쳐 지나가는가 싶었는데 안양의 창이 두 동강이 나 철썩 하고 땅에 떨어졌던 것이다.

관우는 "불쌍하구나, 안양."하고 조롱했다.

안양도 "이놈, 네 놈이 감히…"하더니 부러진 칼을 던져 버리고 부하가 잽싸게 던져주는 창을 받아 관우를 공격했다.

그러자 관우의 언월도가 번쩍 하자 안양의 목은 허공으로 날아올랐다가 피를 뿌리며 땅으로 떨어지는 것이었다.

관우는 떨어지는 안양의 목을 받아 냅다 달렸다. 봉황의 눈매, 그믐달 같은 눈썹, 길게 늘어뜨린 구레나룻, 우람한 거구의 체구인 관우가 내달리기 시작하자 더욱 빛을 발했다. 게다가 올라탄 말마저 불타듯이 시뻘겋게 달아올랐으니 그런 장관은 없었다.

관우는 번개처럼 빠르고 능수능란한 재주로 적토마를 다뤘는데 그런 재주는 사람의 것이 아닌 신의 경지 바로 그것이이라고 할 만했다.

조조는 안양의 목을 보자 칭찬을 마지않았다.

"앞으로 귀공을, 두고두고 신(神)이라고 해야 할 터."

"승상의 말씀은 지나친 칭찬에 지나지 않습니다.

이 무렵, 호장 문추가 20만 군사를 이끌고 황하를 건넜다는 급보가 들어왔으나 조조는 이를 기계奇計로 물리쳤다.

기계에 패한 문추는 너무나 분한 나머지 닥치는 대로 조조의 군사를 베면서 혈로를 뚫고 바람처럼 달려왔다.

장요와 서황이 공을 세우려고 급히 추격했다. 그들은 장검과 도끼로 문추의 쇠창을 맞받아치며 공격했으나 문추의 쇠창 공세에 기세가 꺾이고 말았다. 그러자 붉은 빛을 발하는 말에 훌쩍 올라 탄 관우가 달려오며 문추를 향해 대성일갈大聲一喝으로 압도했다.

"문추 이놈, 기를 버리고 어디로 달아나느냐?"

"안양의 목을 벤 녀석이 바로 네 놈이렷다."

언월도와 쇠창이 허공을 몇 번 가르자 승패는 이미 갈라섰다.

문추의 목이 땅에 툭 하고 떨어졌던 것이다.

안양도 문추도 원소의 맹장이다. 그런 맹장을 단지 두 번 싸움으로 잃은 원소군은 지레 겁을 먹고 수십 리나 물러났다.

관우는 손건의 방문을 받고 나서야 주군이 기주성에 있다는 것을 알았다. 게다가 저녁이 되어 어두워 올 무렵쯤이었다.

원소의 휘하 장군 진진陳震의 방문까지 받았다.

"지금 유 황숙께서는 장군이 안양과 문추 두 장군을 죽인 탓으로 원소에게 고초를 당하고 있습니다. 제가 이를 차마 볼 수 없어 황숙께 편지를 써 달라고 해서 가지고 왔습니다."

편지의 내용은 '그대가 공명 얻기를 꾀한다면 부디 바라건대 이 유비의 목부터 베어 조조에게 바쳐서 공을 세우도록 하라. 죽어 다음 명령을 기다릴 수야 없지 않겠느냐.'하는 매우 자조적인 내용이었다.

'유 황숙 형님께서 이 무슨 말씀이신지. 그래, 이 관우가 부귀를 탐내어 도원결의의 옛 맹세를 저버렸다고 여기시다니…'

관우는 길게 탄식하고 나서 말했다.

"승상은 반드시 약속을 지킬 것이오. 내 글을 써서 줄 것이니 주군께 꼭 좀 전해 주시오. 며칠 내로 주군을 찾아뵙겠다고."

이튿날 이른 아침 무렵이었다.

관우는 하직인사를 하려고 승상부로 찾아갔으나 조조는 이를 예측해서 문에 회피패回避牌를 걸어놓아 만날 수 없었다. 그는 몇 번이나 찾아갔으나 번번이 만나지 못했다.

'그렇다면, 나로서도 어쩔 수 없지.'

관우는 마음을 결정하자 곧장 집으로 돌아왔다.

그는 지필묵을 찾아 조조에게 내일 안으로 주군에게 돌아간다는 글을 써서 부하에게 시켜 승상부로 전하게 했다. 그런 다음, 그 동안 조조로부터 받은 금은보화며 선물은 봉하고 집안을 깨끗이 정리했다.

관우는 감 부인과 미 부인이며 유비의 어린 두 아들을 수레에 태워 먼저 출발시킨 뒤에야 하비성에서 데리고 온 부하 중에서 수십 명만 가려 뽑아서는 서둘러 길을 재촉했다.

관우가 적토마를 몰아 인적이 끊긴 큰길로 빠져 북문에 이르러서야 비로소 날이 희뿌옇게 밝아오기 시작했다. 잔월이 서쪽 하늘에 걸린 채 희미한 빛을 드리웠던 것이다.

"성문을 열라. 관우가 주군을 찾아 가고 있다."

관우라는 말을 듣기만 해도 북문을 지키던 군사와 수문장은 대적은커녕 벌벌 떨면서 문을 열어 주었다.

조조는 뒤늦게 관우가 달아났다는 보고를 받았다.

그는 여러 무장들을 불러 "장요, 그대가 뒤쫓아가 잠시만이라도 관우를 붙잡고 있어라. 내가 전도를 축하해 주리라."하고 말했다.

조조는 관우를 극진하게 대우해 줬다. 좋게 보면 배려요 나쁘게 말하면 아첨의 극치를 그대로 보여준 셈이랄까.

관우가 뒤돌아보니 흙먼지를 일으키며 일대가 달려왔다.

그는 '드디어 올 것이 오고 말았구나. 그렇다면…' 하는데 장요가 단기로 달려오고 있지 않는가.

"운장, 승상께서 장군이 먼 길을 떠났다는 보고를 받고 아쉬움을 나누고자 하시는 데다 혹 못 만날까 나를 앞서 보냈소."

관우는 자존심이 강한 조조가 자기를 용납할 리 없을 것이며 가증스러운 배반자를 죽여 없애려는 계략이라고 여겼다. 그리고 이에 대비하기 위해 주변을 둘러보았다. 패릉교覇陵橋란 다리가 있었다.

관우는 다리 한가운데로 적토마를 몰았다. 다리 한 복판에 이르자 승상을 에서 맞아 한바탕 싸우리라 각오하고 언월도를 움켜쥐었다. 만에 하나 여차하면 단칼에 승상의 목을 공중으로 날려 보내고 달아날 만반의 준비를 했던 것이다.

일대一隊의 가마대가 순식간에 접근해 왔다.

그런데 관우는 고개를 갸우뚱했다. 무장을 했다면 무기가 햇빛에 반사되어 번쩍거릴 텐데, 그렇지 않았다.

조조는 다리 가까이 이르자 부장들을 기다리게 하고 단기로 관우가 서 있는 돌다리 가운데로 성큼성큼 걸어갔다.

"운장, 무슨 일로 급히 길을 재촉하는가?"

"소장은 승상께 세 가지 약조를 부탁드렸습니다. 그중 하나의 약조를 지금 이행하려고 합니다. 바로 주군이 하북에 있다고 전해주는 사람이 있어 그곳으로 달려가는 중입니다. 떠나기에 앞서 여러 번 승상을 뵈려 했으나 뵙지 못해 부득이 길을 떠났던 것입니다."

조조는 고개를 끄덕이면서 그렇다고 수긍했다.

"이 조조가 약조한 것을 하찮게 저버리는 그런 인간으로 보이는가. 그대가 보내준 재물을 봉한 채 떠났기 때문에 노자가 부족할 것 같아서 보태 주려고 부랴부랴 좇아온 것이오."

조조는 장요에게 황금을 가져오라고 해서 관우에게 내밀었다.

관우는 조조가 내미는 황금을 점잖게 거절하며 말했다.

"승상, 이 관우도 노자 정도는 마련했습니다. 제게 주신 황금으로는 전공을 세운 병사들에게 나눠 주셨으면 합니다."

"그대는 천하에 둘도 없는 의사義士임에도 불구하고 내가 덕이 부족한 탓으로 도성에 머무르게 할 수 없었소. 또한 노자까지 줬으나 받지 않으니 나로서는 섭섭하기가 이를 데 없소. 그렇다면 좋소. 내가 주는 비단 옷 한 벌 정도는 받을 수 있지 않겠는가?"

관우는 무슨 계략이라도 숨겨져 있지 않나 해, 의심하며 마지못해 "승상의 후하신 뜻 고맙게 받겠습니다."하면서도 허저가 내민 비단옷을 칼끝으로 낚아채어 어깨에 걸치는 것이 아닌가.

"언젠가는 승상을 뵈올 날이 또 있을 것입니다."

말을 마치자 관우는 적토마를 타고 순식간에 시야에서 사라졌다.

관우 일행이 동령관東嶺關에 이르렀다.

수문장 공수孔秀는 수백 명의 군사를 대기시켜 놓고 관우가 관문을 향해 다가오고 있는 것을 지켜보고 있었다.

한때 공수는 관우와 조우한 적이 있어 얼굴을 알아 볼 수 있었다.

"그대는 한수정후, 관우 장군이 아니시오?"

"그대가 옳게 보았소. 난 관우라는 사람이외다."

"한수정후께서는 지금 어디를 향해 그렇게 급히 가십니까?"

"하북으로 가 주군을 뵈려 하오. 관문을 여시오."

"장군은 승상의 증명서를 가지고 있소?"

"그런 것은 없소. 급히 출발하는 바람에 챙기지 못했소."

"증명서가 없다면 이 관을 지나갈 수 없소. 사람을 보내 승상의 허락을 받는지 확인 여부를 하기 전에는 말이외다."

관우는 긴 수염을 쓱 쓸어내리며 단호히 말했다.

"그것은 우리 쪽 사정으로 곤란합니다."

관우는 적토마 위에 올라 옆구리를 걷어찼다. 순간, 공수의 목이 하늘로 올라갔다가 피를 뿌리며 땅에 떨어졌다.

"내가 공수를 벤 것은 어쩔 수 없었으나 너희들은 나와 원한관계가 없으니 살려줄 것이다. 그러니 도성으로 가 승상께 아뢰어라."

'관우가 단기로 동령관을 깨뜨리다!'

이 소식은 곧장 낙양洛陽 태수 한복韓福에게 날아들었다.

한복은 참모의 진언을 받아들여 녹채를 만들어 관우 일행에 대비하면서 수천 명의 군사까지 극비리에 동원했다.

관우도 낙양을 돌파하기란 쉽지 않을 것임을 예상했다.

그는 적토마를 몰아 녹채를 뛰어넘었다.

하자 맹탄孟坦이 나와서 관우와 맞서 싸웠다. 그런데 미처 일곱 합이나 겨뤘을까 말까 했을 무렵이다. 맹탄이 패한 체하며 일천 기를 매복시킨 곳으로 달아나기 시작했다. 맹탄은 관우가 탄 적토마가 얼마나 빠른 지 미처 계산하지 못했다. 오리도 달아나기 전에 언월도가 윙 소리를 내며 맹탄의 머리를 허공으로 날려버렸다.

맹탄의 목이 떨어진 것을 목격한 한복은 숨었던 곳에서 말을 몰고 나오면서 장기인 화살을 쏘아댔다.

너무나 가까운 거리라서 무예가 출중한 관우로서도 피할 겨를이 없었다. 그만 왼쪽 팔꿈치에 화살을 맞고 말았다.

관우는 채찍으로 적토마를 후려치면서 입으로는 화살을 뽑았다.

그런 다음 한복이 두 번째 화살을 쏘기도 전에 언월도의 칼끝이 그의 목덜미를 팍 꿰뚫어 버렸다. 관우의 언월도에 장수를 잃은 나머지 병사들은 대응은커녕 무기를 팽개친 채 달아나기에 급급했다.

기수관沂水關의 수장 변희卞喜는 관우가 동령관, 낙양 관문을 깨뜨리고 다가오고 있다는 보고를 받고 대비를 철저히 했다.

'내 무슨 수를 써서라도 관우를 잡고 말리.'

기수관 가까이 진국사란 고찰이 있다.

변희는 그 절에 도부수 수백 명을 숨겨두고 관우 일행을 위해 술자리를 마련하고 극진히 대접하는 체하면서 적당한 시기를 보아 목을 베어 버리자는 계책을 세워 두었다.

관우는 변희에게 양해를 구하고 두 부인을 보다 안전한 장소인 주지승이 거처하는 방장으로 안내했다.

변희가 예의를 갖춰 관우를 술자리에 초대했기 때문에 관우는 회랑으로 천천히 걸어가면서 물었다.

"변공, 한 가지만 물어 보겠소. 대답해 주시겠소?"

"제게 무엇을 물어 보겠다는 게요?"

"터놓고 물어 보겠소. 그대가 술자리를 마련해서 술을 권하는 것은 날 대접하려는 것이오, 아니면 이 관우를 해치려는 것이오?"

"장군께서는 무슨 섭섭한 말씀을 그렇게 하시오?"

"벽장에 도부수를 숨겼기에 하는 말이오."

변희는 들켰다는 생각이 들자 펄쩍 뛰어내리며 소리쳤다.

"병사들은 모두 나와 관우를 체포하라."

그러자 관우는 눈을 부릅뜬 채 병사들을 향해 일갈했다.

"부질없는 짓일 터. 길을 비키지 못할까!"

눈 깜짝 할 사이 병사들의 목이, 팔이 나뒹굴었다. 관우는 떼 지어 달려드는 병사들을 베어버리면서 변희에게 성큼 다가갔다. 변희는 유성추를 날리며 관우에게 달려들었다.

순간, 관우의 목이 날아가는가 여겼는데 웬걸 언월도가 변희의 어깨와 갈비뼈를 쫙 찍어 버리는 것이 아닌가.

'앞으로 남은 난관은 마지막 관문인 형양이렷다!'

형양 태수 왕식王植은 낙양 태수 한복과는 외사촌 사이, 복수할 것을 벼루고 있음은 분명할 것이었다.

예상한 대로 태수 왕식은 호반을 불러 지시했다.

"오늘밤에 관우를 친다. 네게 지휘를 맡기겠다."

호반은 명을 받자 군사를 동원한다, 마른 장작에 엽초를 섞어 객사 주위를 빈틈없이 쌓아둔다 하고 만반의 대비를 했다.

관우 일행도 대비를 하면서 형양을 향해 나아갔다.

그런데 어찌 된 셈인지 형양 관문에 다다르니, 관문이 활짝 열려 있지 않는가. 더욱 놀라운 일은 평상복을 입은 왕식이 소수 부하만을 데리고 나와서 관우 일행을 맞이하는 것이었다.

관우 일행을 맞이한 태수는 점잖게 말했다.

"장군, 하룻밤 편히 쉴 수 있도록 잠자리를 마련해 뒀습니다."

그런데 호반이 기다리는 새, 마음이 변했다.

'나는 관우의 용맹만 들었지 본 적은 없다. 이때 아니면 언제 관우를 보겠는가. 죽이기 전에 얼굴이라도 한 번 보아 두자.'

호반은 창틈으로 관우를 힐끔 보고 놀랐다.

지금까지 이토록 훌륭한 인품을 갖춘 무장을 본 적이 없는 그로서는 충격은 대단히 컸다.

"게서 지금 안을 몰래 엿보는 자는 도대체 누구란 말인가?"

"아아, 네에, 네. 저어…"

그 말에 안을 엿보던 호반은 온몸을 와들와들 떨어대면서 방으로 들어와 관우 앞에 엎드려 넙죽 절하고 이실직고했다.

"용서하소서. 저는 왕식의 종자 호반이라고 합니다. 암살하라는 명을 받았는데 장군의 당당한 모습을 보고서야 제가 옳지 못함을 깨달았으며 동시에 주인의 비겁함에 부끄러움을 느껴 실토합니다."

그런 사실이 있었는지도 모르고 약속시간이 되자 왕식은 성벽에 올라 관우를 보고 한껏 비웃으며 힐난했다.

그때 관우의 언월도가 허공에 피를 뿌렸다.

관우 일행은 형양을 지나 며칠에 걸쳐 앞으로 나아갔다.

이윽고 일행은 활주滑州 국경 부근에 이르렀다.

그런데 관우 일행의 도착 시간에 맞춰서 성문 앞에는 태수 유연劉延이 수십 기를 거느린 채 기다리고 있었다.

"지금까지 장군은 네 관문의 수문장을 도살하고 여기까지 왔으니 그것으로 끝난 것으로 생각하시오?"

관우는 빙그레 미소를 지으며 응수했다.

"그 말은 내 힘으로 황하를 건너지 못한다는 뜻이군?"

"이미 귀공께서는 동령관의 공수, 낙양의 한복, 기수관의 변희, 형양의 왕식을 저 세상으로 보내지 않았소. 귀공이 비록 신출귀몰한 무예로 4관을 깨뜨리고 돌파했다 할지라도 그게 다가 아니지요. 어찌 활주의 태수로서 귀공을 고이 보낼 드릴 수 있겠습니까?"

"아, 그래요? 나는 귀공께 나룻배 한 척쯤 빌릴 수 있으리라 생각했었는데, 내 예상이 크게 빗나간 셈이 됐군."

"장군, 그런 꿈은 단념하시는 것이 좋을 것이오."

"좋다. 그렇다면 할 수 없다. 내 정면으로 치고 나가리."

관우는 진기秦琪에게 기대할 것이 없다고 생각했다. 그는 생명을 오로지 하늘의 운에 맡긴 채 "에잇!" 대성일갈로 진기를 압도하고 수레를 몰아 강변으로 내려왔다.

강가에는 배가 여러 척이 묶어 있었다. 관우는 그 중 한 척의 배를 풀어 수레까지 실었다.

강바람이 돛을 밀어 배를 강 한가운데로 밀어 넣었다.

그제야 관우는 하남 땅을 바라보면서 안도의 숨을 내쉬었다.

'운이 좋았다 할 밖에. 다섯 관문을 돌파하면서 여섯 장수를 베고 드디어 황하를 건널 수 있게 되다니.'

관우가 다섯 관문 곧 오관五關을 무사히 돌파할 수 있었던 것은 그의 출중한 무용과 충효의 사표 때문이라고 할 수 있다.

아니, 아니었다. 천우天佑가 신조神助했기 때문에 가능했다.

과연 그랬을까. 그것이 사실이었을까.

그것도 아니었다. 관우의 출중한 무예와 의리의 화신인 그의 인품에 너무 반한 나머지 조조의 헛된 욕심, 당치도 않은 허욕을 부린 조조의 배려 아닌 음흉한 아첨 10급이 낳은 결과며, 포섭을 포기 못한 하수의 배려가 저류했기 때문에 가능하지 않았을까.

그러니까 배려도 하기 나름 아니겠는가.

충성은 통치수단

흔히 사서삼경四書三經하면, 사서로『대학』,『논어』,『맹자』,『중용』
을, 삼경으로는『시경』,『서경』,『주역』을 일컫는다.

그런데 필자는 삼경 중에서 으뜸으로 치는『시경』이 진나라 당시 항
간에 널리 퍼진 민요를 수집해서 정리한 것임을 뒤늦게 알았을 때의 놀
라움을 지금도 잊지 못한다.

그것도 동양 최고의 고전이라고 일컫는『시경』첫머리 첫수에 여인
예찬의 사언절구가 수록되어 있을 줄이야.

『시경』첫머리「관저」라는 시의 첫수 첫머리 4행을 인용한다.

꾸욱꾸욱 우는 비둘기　　關關雎鳩

강안 뭍에서 울듯이　　在河之洲

얌전한 아가씨야말로　　窈窕淑女

군자들의 좋은 배필　　君子好逑

남녀 간의 사랑을 노래한 「관저(關雎)」라는 이 시는 총 20행이다. 그런데 '요조숙녀(窈窕淑女)'란 구가 4행이나 차지하고 있다.

간략의 묘를 최대한 원용해서 시작詩作을 하는 한시에 있어 20행 중 4행이나 같은 구가 차지하고 있다면, 그 의도를 짐작할 만하다.

남성이 여인에 대한 관심을 단적으로 드러낸 것임을.

동양 최고의 경전인 『시경』마저 이상적인 여인을 일컫는데 '요조숙녀'란 형용사를 동원했다. 게다가 주석가는 '요조'를 두고, '유(幽)', '한(閒, 閑)', '정(貞)', '정(靜)'이라 풀이했다. 한결같이 '마음은 깊고 그윽하다, 행동거지는 여유가 있고 한가하다, 절개는 곧으며 태도 또한 고요하기가 이를 데 없다' 등으로 풀이하고 있다.

이런 관심이라면 가히 금메달감이 되고도 남겠다.

항간에 떠도는 민요를 채집한 책을 최고의 경전으로 떠받드는 중국인들의 배포도 배포려니와 첫머리에 여인예찬을 수록했다니, 필자로서는 거듭 상상을 초월한 놀라움만이 있을 뿐이다.

우리의 현실을 한 번 되돌아보자.

우리가 민요를 채집해서 수록한 책을 최고의 책으로 떠받던 적이 있었던가. 금시초문이요, 듣지도 보지도 못했다.

우리네는 전국적인 민요로 아리랑이 대표적이다. 또 제주도를 대표하는 민요로 오돌또기가 있다.

그런데 아리랑을 채집해서 수록한 책을 우리는 어떻게 대하고 있는가? 그런 책이 있는지조차도 아는 사람이 드물다. 아리랑을 수집해서 책으로 묶은 것을 누가 경전으로 높이 평가하며 오돌또기란 민요를 수집한 책이 있는지도 모르는 것이 우리의 현실이다.

그런데 사서 중 순서를 맨 앞세운 것이 『대학』이지만 『논어』를 으뜸으로 대접하고 있는 것이 작금의 현실이다.

불경이나 성경은 석가모니나 예수가 손수 집필한 것이 아니듯이 『논어』 또한 공자가 직접 저술한 책이 아니다. 석가모니나 예수가 설법한 말을 제자들이 모아서 책으로 엮은 것이 불경이요 성경이듯이 『논어』 또한 여러 제자들이 스승의 말씀을 모아 책으로 묶은 것이다.

그렇게 스승이 말한 것을 제자들이 책으로 묶었는데도 불멸의 명저, 영원한 고전, 시대를 초월한 스테디셀러로 대접받는 이유는 어디에 있을까? 그것은 진정성 때문이 아닐까 싶다.

『논어』는 공자의 생애에 대한 언행과 말씀을 제자들이 모아놓은 탓인지 다른 경전과는 달리 금언이나 격언을 모아놓은 듯하다.

필자는 『논어』를 텍스트로 해서 한문을 습득한 적이 있는데 짧은 한문 지식으로는 『논어』의 내용을 이해하기가 쉽지 않았다.

일체 기존 지식을 무시하고 무에서 시작한다는 각오로 생소한 한자는 물론이고 이미 알고 있는 한자라도 일일이 자전에서 찾아 익혔으며 관련 주석서나 논문을 찾아 읽으면서 이해하려고 애쓴 적이 있었다.

그렇게 해서 『논어』에는 충성보다는 관심과 배려에 대해 보다 많이 언급됐다는 것을 뒤늦게 알게 되었다.

『논어』 첫머리 첫째 편인 「학이(學而)」 편에는 '교언영색(巧言令色 鮮矣仁)'이란 문구가 수록되어 있다.

이렇게 『논어』 앞머리에 수록한 것은 미사여구로 입 발린 말을 하거나 거짓 미소를 짓는 사람치고 어진 사람이 적다는 뜻이며 꾸밈이 많을수록 진실치 못하다는 의미로 이해할 수 있다.

상대방이 비록 가식으로 대해 주고 듣기 좋은 말만 해 준다는 그것만으로도 우리는 상대방을 좋게 생각할 수는 있다.

그러나 한편으로는 그런 표정과 말 속에 진정성이 내포되어 있다고는 볼 수 없지 않은 것 또한 사실이 아니겠는가.

그런데 필자는 『논어』에서 '충성'이란 단어에 대해 주의 깊게 살폈으나 군주나 제국에 대해 몸과 마음을 다 바쳐 헌신하고 희생해야 한다는 뜻을 새긴 문구나 단어는 과문한 탓인지 보지 못했다.

단지 『논어』 「학이」 편 첫 구를 보면, '학이시습지 불역열호(學而時習之 不亦說乎)'라는 구절에 필자는 매우 의아해했다.

이는 너무나 평범하고도 쉬운 문구가 아닌가. 세상에 '배우고 때로 익히면 기쁘지 아니한가.'라고 하다니.

그런데 뒤늦게 필자는 깨달았다.

참다운 배움은 한 번으로 끝나는 것이 아니라 숨을 쉬고 있는 한 배우고 또 배우는 것이 진정한 배움이라는 것을.

필자는 이를 두고 '관심과 배려에 대해 배우고 때로 익혀 남에게 적용한다면 기쁘고 즐겁지 아니한가.'로 바꿔 생각해 보았다.

그러다 보면 관심과 배려의 힘이 어떻다는 것을 깨닫게 될 테니까.

공자는 나라를 다스리는 태도에 대해서 언급했다.

『논어』 「학이」 편을 보면, '천승(千乘)을 가진 나라를 다스리는 데 있어서는 모든 일에 삼가하고 신중을 기해서 생각해야 하며 백성들의 믿음을 얻어야 한다.'고 기술했다. 또한 '비용을 절약해서 백성들의 수고로움을 덜어 주어야 한다. 백성들을 부리는 데도 때가 있으니 때를 맞춰 부려려 한다.'고 기술한 것은 농한기를 피해야 한다는 뜻일 게다.

「위정(爲政)」 편에는 '정치를 덕으로써 한다면, 마치 북극성이 제자리에 있어도 많은 별들이 따르며 또한 모든 별이 북극성을 중심으로 운행되는 것과 같다.'고 한 구절도 눈에 띈다.

이는 이상적인 정치는 덕으로써 하는 것이 최선이며 그것은 곧 하늘의 도리에 부응한다고 했다.

「자한(子罕)」 편을 보면, '세한연후 지송백지후조야(歲寒然後 知松栢

之後彫也)'라는 문구도 있다. 그것은 추워진 다음에라야 소나무와 잣나무가 뒤늦게 시듦을 안다고 풀이할 수 있다.

이는 세상이 혼탁하고 위급한 지경에 이르러서야 비로소 충신과 간신을 구별할 수 있다는 것으로 이해된다.

「향당(鄕黨)」편을 보면, '대궐문에 들어설 때는 몸을 굽혀 절하듯 송구스럽게 해야 한다, 서 있을 때도 문 한가운데는 서 있지 않아야 한다, 들어갈 때마저 문지방을 밟지 않아야 한다.'고 했다.

어전에 나갈 때는 '표정은 엄숙하게, 종종걸음으로 다가가야 하며 말은 과묵하게 해야 한다. 옷자락을 잡고 당에 오르게 되면 절하듯 하며 숨소리마저 죽여 예를 표해야 한다.'고 했다.

임금을 뵙고 나올 때는 '안색을 펴서 화락한 표정을 지어야 하고 계단을 내려와서는 총총 걸음으로 걸어야 한다. 대궐을 나갈 때마저 단정히 해야 하고 아름다운 표정까지 지어야 한다. 제 자리로 돌아가서도 태도를 공손히 하지 않으면 안 된다.'고도 했다.

이처럼 『논어』에는 백성들이 임금을 대하는 예법에 대해서는 언급했으나 충이나 충성에 대해 언급한 것은 보이지 않는다. 그에 비해 행동거지의 예법에 대해 언급한 구절은 있다.

『논어』의 충을 다음과 같이 정리할 수 있다.

첫째는 충실이다. 충실忠實의 충(忠-zhong)은 충성 충, 충성심, 충성을 다하다, 충성스럽다, 충실하다, 진심갈력盡心竭力, 충성 충, 정성껏 할 충은 물론이고 충즉무사忠則無私라고 했다.

이는 곧 충은 사私가 없는 것으로 이해할 수 있다.

『논어』에 자주 등장하는 단어는 충실이다.

충실이란 마음이 곧고 바르며 성실함을 말한다. 충실하다, 참되다, 진실하다, 신실하다 등의 뜻으로 주석하고 있다.

둘째는 충서다. 충서忠恕의 충忠은 중심을 똑바로 잡고 참된 마음으로 최선을 다하는 행동거지로 풀이가 가능하다.

서恕라는 것도 참된 마음을 바탕으로 해서 다른 사람에게 관심을 가지고 배려해 주며 헤아려 주는 것으로 풀이가 가능하다.

또 충서는 충성과 용서로, 충실하며 인정 많은 것으로, 또한 충직하며 동정심이 많은 것 등으로 풀이가 가능하다.

「이인(里仁)」 편을 보면, '부자지도(夫子之道)'는 곧 '충서이이의(忠恕而已矣)'라는 문구가 있다. 이를 두고, '부자(夫子) 곧 공자의 도는 곧 충서일 뿐이다.'고 주석자들은 풀이하고 있다.

셋째는 충성이다. 충성忠誠은 '진실이 무기며 바른 마음에서 우러나오는 정성, 지극히 충직하다.'로 해석이 가능하다.

이를 다시 풀이하면, 忠은 중中과 심心의 합성어다. 중中은 오로지 중간, 가운데, 오른쪽이나 왼쪽에 치우치지 않고 한가운데를 의미하며 중용中庸의 뜻이 매우 강하다.

심心은 마음을 상징한다. 마음을 한 쪽으로 기울거나 치우침이 없이 무게를 바르게 잡고, 한가운데다 중심을 두고 이를 유지해야 한다는 의미로. 이 또한 중용의 의미와도 부합된다고 하겠다.

그런데 『논어』 어느 편을 보아도 충성이라는 단어가 국가나 군주(제왕)에 대해 지극 정성으로 몸과 마음을 바쳐 희생해야 한다는 의미의 문구나 단어는 눈에 띄지 않는다. 비록 있다고 해도 제왕이나 군주, 국가나 민족을 위해 충성을 바쳐 희생해야 한다는 의미로 해석되는 경우는 없다. 때로는 성誠을 두고, 지성至聖 곧 성실誠實을 다해야 한다는 뜻으로 풀이가 가능하긴 하지만.

이렇게 풀이하면, 충성은 스스로 마음을 곧고 바르게 하며 어느 한쪽으로 치우치거나 기울지 않고 중용을 지키면서 자기 자신에게 지성으로 몸과 마음을 닦아 수신修身하는 것이라고 단정할 수 있다.

이는 공자의 지선지미至善至美의 가르침을 제자들이 제대로 새기고 이해해서 『논어』에 수록했다고 볼 수 있지 않을까.

이것이 충성에 담긴 본래의 뜻이다.

그런데 후대로 내려오자 원래 취지와는 달리 왕과 황제가 등장하면서 중앙집권적인 강력한 권력이 필요했으며 절대 권력을 유지하기 위해서 절대 충성이 필요했기 때문에 충성이야말로 배려가 아닌 출세지향형인 사람들, 그들의 아첨이 과대 포장된 단어로 추락한 셈이다.

그리고 국가 체계가 어느 정도 자리 잡히면서 위정자들은 아첨을 변질시켜 이를 선의로 이용하거나 악용하기 시작하면서 지금 우리들이 알고 있는 충성으로 굳어진 것이 아닌가 싶다.

지금도 필자로서는 배려기보다는 아첨이라는 단어가 미사여구로 과포장過包裝되거나 지나치게 과부하過負荷되어 널리 쓰이고 있는 것이 충성이라는 생각을 지울 수 없다.

비록 그렇다고 하더라도 상대방에게 듣기 좋은 소리를 하면 기분이 업그레이드되고 따라서 상대방으로 하여금 하루가 즐겁고 행복하게 된다면 더 이상 바랄 것이 없지 않을까 싶기는 하다.

애첩까지 내어준 야망

장사꾼의 야망은 무엇일까? 돈을 많이 버는 것이라고 단순히 대답할 수도 있다. 물론 돈을 많이 벌어 나라 안의 제일 갑부, 나아가 세계 제일의 갑부라는 소리를 듣는 것을 야망으로 삼을 수도 있다.

마이크로소프트를 창업한 세계 제1 갑부가 된 빌 게이츠의 야망은 무엇일까? 그것도 젊은 시절에 말이다.

중국의 마윈(馬雲)은 세계 최대 전자상거래업체를 운영하면서 2014년 9월 뉴욕 증시에 알리바바를 상장해서 시가총액 1676억 달라(175조 원)에 이르는 중국 제1의 갑부, 구글, 페이스 북에 이어 시가 총액 세계 3위로 등극했다. 그리고 하루에 93억 달라(10조 8천여 억)라는 경이적인 매출을 올려 화제의 인물이 되기도 했다.

그런 마윈은 정치 입문이나 정치적 영향력을 발휘하고 싶다는 야망의 기사는 과문 탓인지 보지도 듣지도 못했다.

오직 기부천사인 빌 게이츠에 도전하고 싶다는 것이 그의 야망이라면 야망이라고 할 수 있을까.

호사다마好事多魔라고 할까. 짝퉁 감시강화를 하겠다는 정부 방침에
한 발 물러선 전자상거래의 마윈은 중국 정부에 굴복하고 말았다는 기
사도 보도되었다. 중국의 국가 체제상 민간 기업이 정부와 맞서는 것은
계란으로 바위를 치는 격이므로 적극적으로 협조하겠다는 것은 살아
남기 위한 것이지만 장사치의 굴욕적인 단면을 보여준 셈이다.

설상가상으로 마윈은 뉴욕 증시에 짝퉁의 논란을 숨기고 상장했기
때문에 미국의 대형 법률회사 5곳으로부터 알리바바를 상대로 집단 소
송을 준비 중이라는 소식에 주식이 이틀 새 12%나 폭락했으며 시가 33
억 달러(36조원)라는 천문학적인 돈이 사라졌다고 한다.

그런 탓인지, 그는 완다 그룹 왕젠린(王健林) 회장에게 중국 제1 갑부
자리마저 내줬다는 기사까지 보도되었다.

또한 이런 기사가 난 이틀 뒤에는 지난 해 중국 갑부 3위였던 '신에너
지 대왕'으로 불리는 리허쥔(李河君) 한넝(漢能) 그룹 회장에게 제1 갑
부 자리를 물려줬다는 기사도 보도되었다.

고 정주영 회장의 야망은 무엇이었을까?

그는 한국 제1의 갑부 이외에 지극히도 권력을 손에 쥐려는 야망을
품고 있었다. 그랬으니 국민당을 창당해서 후보를 내세웠고 그들을 당
선시켜 국회로 보냈으며 대통령에 입후보한 것만 보아도 알 수 있다.

그런데 장사꾼에게 권력까지 쥐게 되면 그의 인생은 어떻게 될까?
그런 야망을 가진 인물을 하나 소개한다.

전한前漢 때, 전국적인 거상으로 여불위呂不韋가 장본인인데, 그는 장
사보다는 정치적 야망을 키우고 있었다.

여불위는 장사로 전국을 돌아다니다가 오랜만에 집으로 돌아왔다.
집에는 애첩 여희麗姬가 기다리고 있었다.

어린 시녀가 찻잔을 놓고 나가기가 무섭게 여불위는 여희의 가는 허리를 잡고 자기 앞으로 끌어당겼다. 그네는 몸을 가볍게 떨면서 간이라도 빼 줄 것 같은 맑고 고운 목소리로 나긋나긋 속삭였다.

"식기 전에 차부터 드셔야 차향을 음미할 수 있습니다, 서방님."

그는 여희가 입술을 달싹 하는데도 사지가 떨렸다.

"나의 전부인 여희, 세상에 이렇게 아름다울 수 있을까. 세상에서 가장 예쁜 미녀래도 자네만큼 예쁠 수는 없을 게야."

여불위는 장사일로 하루가 멀다 하고 전국을 두루 돌아다녀 봤지만 여희 같은 미녀를 일찍이 본 적이 없었다. 그네의 가느린 반달눈썹 밑으로 진주보다도 더 빛나는 총총한 눈빛은 사랑의 샘인 듯 촉촉이 젖어 있었고 잔물결이 이는 호수와도 같은 아른아른한 눈동자하며 턱밑의 깨알만한 점은 매력의 보따리였다.

"여희는 아름답고 고움으로 따진다면 나라 안에서 둘째가라고 하면 두고두고 섭섭해 할 터. 그렇지 아니한가?"

"서방님이야 소첩을 가끔 보니까 그럴 수 있지요."

"여희야말로 나 같은 장사치의 첩실로는 과분하지. 하늘에서 운이라도 떨어진다면 제국의 황후가 되고도 남을 미모거늘."

말이란 것은 때로 씨가 먹힐 때가 있나 보다.

금슬 좋기로 소문난 이들 연인의 운명은 머지않아 생각지도 못한 일로 갈라서게 될 줄이야. 신이라고 한들 짐작이나 했을까.

여불위는 장사꾼인 만큼 이해와 손익을 따지는 데는 얄미울 정도로 영악했으나 그렇다고 좀스런 장사군은 아니었다.

그는 천금이 아니면 돌아보지도 않는 배포를 타고 났다.

어느덧 좋은 계절인 봄밤도 무르익었다.

침실에서 여불위가 여희를 기다리고 있자니 드디어 촛불이 흔들리면서 그네가 모습이 드러냈다. 그네의 날렵한 허리하며 하반신은 매끈하기가 이를 데 없었으며 흘러내린 비단 옷자락 안에서는 장식으로 치장한 보석이 화려함을 더했다. 게다가 그네의 머리에는 칠보화관에 박힌 보석이 촛불에 반사되어 영롱한 빛까지 발휘했던 것이다.

그런 빛은 사내의 마음을 흥분시키고 남음이 있었다.

여불위는 여희를 품에 안으며 속삭였다.

"여희가 춤을 추면 난 신선이 되어 학을 타고 구름 위를 훨훨 날아다니고 있는 것만 같소. 그러니 나로서는 당연히 당신을 좋아할 수밖에. 어디 당신의 그 멋진 춤을 지금 보여 줄 수 있겠는가?"

"호호, 공연한 말씀을요. 서방님 주눅이 들겠사옵니다."

여불위는 여희의 몸을 끌어당겨 힘껏 안았다. 안자마자 그네의 품에서 풍기는 여체에 취한 그는 침대로 직행했다.

여희는 사내에게 바치는 사랑이야말로 자기의 행복으로 생각했고 여불위 또한 여희를 사랑하는 것이 신의 축복처럼 여겼으니 말 그대로 천생연분, 죽고 못 사는 연인으로 부러울 것이 없었다.

두 사람은 오랜 시간에 걸쳐 뜨겁고도 정열적인 사랑을 둬 번 나눈 뒤에도 서로는 떨어질 줄을 몰랐다.

"한단 땅에서 꾼 꿈, 곧 한단지몽邯鄲之夢이란 말도 있지 않는가. 흔히 여인의 인물로는 조를 따를 나라가 없다고 하지. 조나라 중에서도 이곳 한단邯鄲 출신의 미녀가 세상에 으뜸이라고들 해. 한단에서도 여희의 미모를 따를 여인이 세상 어디에 또 있겠는가."

"서방님께서 그렇게 말씀하셔도 제가 어디 속아 넘어가나 두고 보셔요. 당신 고향에는 조강지처가 엄연히 있잖아요. 나야 당신의 일시적 노리개, 첩에 지나지 않지요."

"본처가 아닌 것이 그렇게도 불만인가? 본처는 몇 해 동안 만나지 않았으니 무슨 정이 있겠는가. 내가 마음으로 생각하는 정처는 자네가 유일하네. 그리고 본처와는 혼인관계를 해소하려고 준비하고 있으니, 머잖아 자네가 정처가 될 것은 분명한 사실."

실은 여불위가 여희를 얻고부터는 고향의 본처는 거들떠보지도 않았으며 오직 그네에게만 푹 빠져 생활했던 것이다.

"서방님, 지금부터 장사 이야기나 들려주셔요. 어서요, 네."

"이야기하자면 꽤나 길 텐데, 그래도 듣겠는가?"

"밤을 새운다고 해도 듣고 싶습니다."

"여희가 듣고 싶다는 데야, 이야기하지 않을 수 없지."

"좋아요. 어서 들려주셔요, 서방님."

"내가 어떤 지방을 지나다가 관상을 보았더니 10년 안팎에 재상이 될 운명이라고 하지 않겠어. 그래서 이번 장사 길에 10년을 내다보는 계획으로 천금을 들여 사람을 하나 사 두었네. 점괘가 맞으면 우린 부귀영화를 누리는 거고 틀릴 경우에는 쫄딱 망하는 거지."

여불위는 저간의 과정을 여희에게 들려줬다.

"그건 그렇다 치고, 진에 간 일은 어떻게 되었어요?"

"숨 좀 돌리고 나서 이야기할 것이니…"

여불위는 밤을 지새우다 시피하며 저간의 경과를 이야기했다.

그는 의도대로 화양부인으로부터 자초子楚를 안국군의 양자가 되게 한 것은 물론이고 장차 태자로 삼겠다는 약속까지 받아냈으니 야망은 어느 정도 성취된 것이나 다름없었다.

여불위가 한 나라의 승상을 꿈꾸고 있는 데 비해 자색이 요염한 여희에게도 야심은 있었다. 그것은 증인을 세워 여불위가 정처로 삼겠다는 것을 세상에 알리면서 하루라도 빨리 혼례를 치르는 것이었다.

"그야 별 어려운 부탁도 아니잖아. 내일이라도 그렇게 하지."

"그렇다면 증인으로는 누구를 세워요?"

"증인을 세운다면 자초가 좋지 않을까. 앞으로 나와 자초는 운명을 함께 할 평생 동지로 만들어 놓았으니…"

여희는 자초를 세우겠다는 여불위의 말에 이의를 달지 않았다.

"그 분의 사람됨을 당신과 비교하면 누가 더 위지요?"

"내가 천금을 던져 사람을 살 때는 다 그만한 이유가 있지 않겠는가. 그 분은 한 마디로 말해 훌륭하다고 할 수 있지."

"공자가 얼마나 훌륭한 지, 한 번 봤으면…"

"그야 곧 볼 수 있을 터. 며칠이 지나면 공자를 집으로 초대할 것이니, 그때는 싫어도 자네가 보게 될 게야. 며칠만 참게."

집 뜰에는 자줏빛 모란이 만개했다. 여불위는 모란이 만개한 좋은 날을 잡아서 자초를 초대하기로 했다.

초대하기로 한 이른 아침부터 하인을 동원해 집안을 청소한다, 음식을 마련한다 하고 부산을 떨었다.

여불위가 자초를 집으로 초대한 것은 그와의 사이를 돈독하게 하며 환심을 사려는 데 목적이 있었으니 무엇 하나 소홀히 할 수 없었다.

자초도 볼모로 와 보잘 것 없이 지내던 지난날의 그가 아니었다.

여불위가 준 천금으로 치장한 데다 진에서 보내온 값진 것을 보태어 왕자로서 갖출 것은 모두 갖췄던 것이다.

여불위는 자초를 별실로 안내해 비단방석이 깔린 교의에 모셨다. 그리고 탁자를 사이에 두고 마주 앉았다.

잠시 뒤 주렴을 가르며 차를 받쳐 든 시녀가 들어왔고 뒤를 이어 한껏 치장한 여희가 화려한 모습으로 등장했다.

여희는 두 손을 다소곳이 모으고 자초 앞에 다가가 허리 굽혀 큰절을 올리면서 매력의 덩어리인 눈웃음까지 살짝 지어 보였다.

"공자님, 소인은 여불위의 애첩 여희라고 합니다."

여희는 예감이 이상했던지 '여불위의 애첩'에 유독 힘을 줘서 말하는 것이 아닌가. 순간, 자초는 여희의 얼굴에 눈길이 미치자 정신이 아찔했다. 세속 말 그대로 첫눈에 홀딱 반했다고 할까.

아니, 첫눈에 뿅 하고 갔다고 하는 것이 맞을 게다.

그네는 지금까지 본 적도, 들은 적도 없는 세상이 깜짝 놀랄만한 미녀, 방금 은하에서 하강이라도 한 선녀가 되레 무색할 정도의 미녀로 자초에게 각인되었던 것이다.

"공자님, 제가 손수 달인 차이옵니다. 한 번 드셔 보셔요."

자초는 찻잔을 든 손을 마구 떨어대면서 여희에게 눈길을 떼지 못하고 있는데 그네의 목소리까지 자초의 애간장을 녹였으니.

일찍이 마음을 이토록 사로잡은 여인은 없었다. 그랬으니 자초의 마음속에서는 심한 충동이 일며 디딜방아를 찧어대기 시작했다.

여희는 티 하나 없는 곱고 아름다운 여인이었다. 뜰에 핀 모란의 화사하고 요염함보다 더했다. 그대로 입안에 넣고 꿀떡 삼키고 싶은 여인이라면 그네를 두고 한 말이 분명했다.

가희가 춤을 추며 노래까지 부르자 흥은 한껏 고조되었다.

가희의 노래와 춤아 끝나자 자초가 말했다.

"무례한 청이오나, 부인이 추는 춤을 한 번 보고 싶소."

여불위는 손님 앞에서 애첩의 춤을 보여주고 싶지 않았으나 다른 사람도 아닌 자초인 데야 거절하기가 난감했다.

혹 거절이라도 했다가는…

자초의 마음을 상하게 할까, 좌불안석이 되었다.

여희는 여물위의 마음속을 들어갔다가 나온 듯 말했다.

"소첩의 춤은 손님 앞에서 출 만한 것이 못되옵니다."

"춤을 잘 추는 것을 보고 싶어 내가 청한 것이 아니외다. 그러니 사양하지 마시고 한 번 보여 주시오. 보고 싶소이다."

그러자 여희는 대답 대신 안으로 들어가 버렸다.

이미 배포도 크게 천금을 투자한 자초가 아니던가. 여불위는 내키지 않았으나 안으로 들어간 여희에게 춤을 추게 하려고 가희를 시켜 거듭 촉구하지 않을 수 없었다.

한참 뒤에야 내실에서 나온 그네는 샛별 같은 눈길을 자초에게 은근히 보내며 간이라도 빼줄 듯이 간드러지게 말했다.

"소첩은 춤이 서툴러 공자님께 보여줄 것이 못되오나…"

"아니오. 나로서는 기쁨이 배가 되겠습니다."

여희는 몇 번 사양하다가 마지못해 끝내 승낙하고 말았다.

"공자께서 원하시니 서툰 춤이나마 추지요."

자초는 여희의 가느린 음성이 귓전에 와 닿기만 해도 혈기가 거꾸로 끓어올랐다. 볼수록 사람의 혼을 흔들어 놓는 극히 드문 미녀가 춤까지 추고 있으니 마음이 혹하지 않았다면 고자일 것이다.

여희는 비파 축이 연주되자 날씬한 몸매를 한껏 살려 나비가 꽃을 찾아가듯 날름하게 춤을 추기 시작했다. 긴 소맷자락은 허공을 감는 듯 풀어지며 이어지고 가볍게 몸을 뒤치면서 팔을 좌우로 펼치자 옷깃이 하늘거리며 허공에 금빛 수를 놓았다.

그네의 춤은 승무를 압도하고도 남음이 있었다. 춤도 춤이지만 날씬한 몸매의 부드러운 곡선과 교태 겨워하는 눈웃음은 자초의 넋을 빼앗기에 부족함이 없었다.

춤이 끝나자 여희는 내실로 사라졌다.

그런데도 자초는 한동안 넋을 잃고 멍청히 앉아 있기만 했다.

뒤늦게 정신을 차린 자초는 여불위를 향해 손짓을 하며 전혀 예상치도 못한 말을 뚱하게 뱉는 것이 아닌가.

"내가 이대로 죽는다면 여 대인은 어떻게 하겠소?"

여불위는 자초의 의도를 짐작조차 할 수 없어 멍청할 수밖에.

"공자님, 저로서는 무슨 뜻인지 짐작조차 할 수……"

자초는 손가락을 만지작만지작하다가 "긴히 드릴 말이 있소. 여 대인, 가희를 물리쳐 주시오."하고 더듬거리며 말했다.

방에는 자초와 여불위 단 두 사람만 남았다.

뜻밖에도 자초는 멋쩍은 듯 또 한참이나 망설이더니 "여 대인의 앞날을 축하합니다."하고 영문도 모를 뚱한 말부터 꺼냈다.

여불위는 자초가 내뱉는 말에 너무나 당황해 고개도 들지 못하고 있는데 뒤늦게야 하고 싶은 말을 꺼내는 것이 아닌가.

"그러면 이 사람의 소원을 말하겠소. 여 대인의 애첩 여희를 내 여인으로 삼고 싶소. 여 대인, 여희를 내게 줄 수 없겠소?"

여불위는 자초의 요구에 정신이 아득했다.

세상에 애첩인 여희를 달라고 하다니, 기가 차고도 남을 일이었다. 그것도 며칠이 지나면 정식으로 정실부인이 되는 판에.

분을 참지 못한 여불위는 방을 뛰쳐나왔다.

야망이라고 하지만 자존심까지 제쳐놓고 아첨을 다해 볼모로 와 있는 존재도 없는 인간에게 거금인 천금을 투자하지 않았던가. 그러면서 술수를 써 안국군의 양자로 삼겠다는 약조까지 받아냈었는데…

어디 그 뿐이겠는가. 여불위는 태자 책봉까지 하겠다고 화양부인으로부터 약조까지 받아내지 않았던가.

그런데 그런 은혜를 베푼 사람의 사랑하는 애첩을 달라고 하다니. 인두겁을 쓴 철면피도 그런 철면피는 세상에 없을 것이다.

자초의 상상을 초월한 요구는 무례를 뛰어넘어 여불위에게 치욕을 안겨줬다. 그는 여희를 진정으로 사랑했다.

끔찍이도 사랑하는 여인, 본처와 이혼도 불사하고 정실로 삼으려는 여인, 그런 여인을 뜬금없이 달라고 하다니.

세상 천지에 어디 될 법한 일이라고 할 수 없었다. 만약 주지 않는다면 어떤 결과를 초래할까? 보나마나 결과는 훤히 들여다보였다. 원대한 야망을 품고 천금을 투자한 자초를 잃게 되고 거의 성공에 이르기 직전의 야망마저 물거품이 되고 말 것이었다.

생각하면 할수록 천금을 잃는 것은 물론이거니와 한 나라의 승상이 되어 부귀공명을 누리겠다는 야망마저 포기해야만 했다.

여불위가 온갖 생각 끝에 결심을 다잡고 방으로 들어서는데 자초는 부동자세로 앉아 있다가 대뜸 힐난하는 것이 아닌가.

"여 대인은 말도 없이 어디를 갔었소?"

여불위는 생각 같아서는 당장 판을 뒤엎어버리고 싶었으나 이를 꾹 눌러 참으면서 "급한 볼일을 좀 봤을 뿐이오이다."하고 둘러댔다.

그는 부글부글 끓는 마음을 간신히 진정하고 장사치의 잇속을 따져 새로이 술을 따라 그와 잔을 부딪쳤다.

"소인은 공자께서 하신 말씀을 따르겠습니다."

"오, 그래요. 여 대인이 이 사람의 청을 들어주겠단 말이오?"

"여부가 있겠습니까, 공자님."

여불위는 큰 야망을 위해 사랑하는 여희를 자초에게 양보하기로 마음먹었으나 분하고 원통함을 자제하기가 쉽지 않았다.

여불위는 닳고 닳은 장사치였다. 계산이 빠른 데다 누구보다도 이해타산에 바싹하기로 소문이 났으니 그 기질이 어디로 가겠는가.

"그 대신 공자님께 부탁이 하나 있습니다. 다름이 아니라 여희는 보옥보다도 몇 배 사랑스럽고 귀여운 여인입니다. 공자께서 일시적으로

농락하지 마시고 의젓한 정부인으로 삼아 주십시오. 정실로 삼겠다는 확약만 해 주신다면, 저로서도 여희를 보내드릴 수 있습니다."

"그런 것이라면 여 대인은 염려 놓으셔도 됩니다."

여희는 두 사람의 대화를 엿들으면서 자초가 무례한 청을 했을 때는 분하기만 하다가 남편의 입에서 승낙이 떨어지자 분노 때문에 마음을 어쩌지 못했고 몸조차 가눌 수 없어 부들부들 떨어댔다.

여불위는 자초가 서둘러 돌아간 뒤에야 침실로 들어섰다.

그네는 침실로 들어서는 여불위를 보고 발악했다.

"당신은 나를 팔아넘긴 천박한 장사치."

"여희가 이렇게 노여워하는 것도 무리는 아닐 터. 그렇다고 해서 내 이문만을 생각해서 한 것은 결코 아니었네. 알고 보면 자네를 위해서 나로서는 할 수 있는 최선의 거래를 했을 뿐이네그려."

전국을 누빈 장사치다운 말이 아닐 수 없었다.

"도대체 그것을 말이라고 해요?"

"내게 있으면, 자네는 한낱 장사치의 아낙에 지나지 않으나 자초에게 가면 장차 황후가 될 수도 있을 것이오. 그러니 여희를 위해서라고 할 수밖에. 내 말에 한 톨이라도 틀린 것이 있는가?"

"듣기 싫어요. 당장 이 방에서 나가요."

여희는 갖은 악을 써대며 발악을 멈추지 않았다.

이렇게 되자 여불위는 생각이 복잡해졌다.

여자의 독한 마음은 무서운 것이거늘. 여자가 한을 품으면 오뉴월에도 서리가 내린다는 속담도 있지 않은가. 여희가 독한 마음을 먹고 자초에게 간다면 내 야망은 기대할 수도 없을 것이다. 여희가 자초에게 이간질을 할 수도 있을 터. 어쨌든 달래고 다독거릴 수밖에.

그런데 밤이 깊어서야 여불위가 여희를 설득하기 위해 찾아가기도 전에 그네 쪽에서 그를 침실로 부르는 것이 아닌가.

이제는 막다른 골목, 여희로서는 비장의 무기를 동원했다.

"서방님, 소첩의 몸에 태아가 들어섰는가 봐요. 아마 달포쯤 된 것 같은데, 그런데도 절 공자에게 보내겠어요?"

고향에 두고 온 본처에게도 아직 자식이 없는 여불위.

"아기가 있었다는 것을 왜 내게 진작 말하지 않았느냐? 말했다면 자초의 무례한 청을 아기가 들어섰다는 핑계로 일언지하에 물리칠 수도 있었을 터, 사람치고는 미련하기가 이를 데 없구려."

"소첩이 미리 말하지 않은 것은 확실한 지, 아닌 지 확인한 다음에야 서방님께 말씀드리려고 벼르고 있었어요."

"……!?"

"서방님, 이를 구실로 삼아서 자초의 청을 거두도록 하셔요. 당신과 헤어지는 것은 첩은 원치 않습니다. 첩의 고소원입니다."

여불위는 여희의 애원을 받아들일 수 없었다.

아기를 가졌다 해도 그것을 핑계로 자초에 대한 약조를 뒤엎기란 쉽지 않았고 더구나 큰 야망을 꿈꾸는 대장부로서 할 짓도 아니었다.

"지금에 와서 어찌 언약은 바꿀 수 있겠는가. 그러나 좋은 수가 하나 있긴 한데… 내가 진나라에서 돌아온 지 겨우 달포, 아기를 가진 것이 가지지 않은 것보다 유리할 수도 있네. 장차 여희는 황후가 될 수도 있을 터. 그렇게만 된다면 배 안의 아기가 황제가 될 수도 있음이야. 그러니 지금부터라도 마음을 단단히 먹어야 할 것이네."

여불위는 장사치치고 일이 생기거나 터지면 스스로 유리한 방향으로 유도하는 특별한 재주를 지닌 사람이었다.

"말하자면 비밀을 지키는 일만이 남았네. 우리 둘이서 굳건하게 비밀을 지키고 뱃속의 아기가 자초의 아기로만 인정을 받게 된다면 아기는 당당한 장자로서 다음 대를 이을 것이 아니겠는가. 자초가 왕이 되고 아들이 대를 잇는다면, 그때는 황제의 생모로서 우리의 관계를 복원할 수 있을 뿐 아니라 한 나라의 실권이 우리 것이 될 수도 있음이야. 그야말로 꿩 먹고 알 먹기가 아닌가."

두 사람이 우울한 밤을 보낸 다음날이었다.

예물을 가득 실은 수레가 도착했다.

"그대는 내 손바닥 안의 보옥, 후일을 기약함이니…"

드디어 두 사람은 헤어져야 할 운명의 시간이 다가왔던 것이다. 여희는 눈물을 비치면서 여불위에게 진정어린 말을 했다.

"약속은 지켜드리겠으니 제가 부탁한 것도…"

자초는 수레를 보내놓고 언제쯤 오나 해서 초조해 하며 기다렸다.

드디어 수레가 대문 앞에 도착하는 소리가 삐거덕 하고 들렸다. 하자 자초는 기쁘고 반가워 온몸을 떨어댔다.

"난 그대가 오기만을 가슴을 진정시키며 기다렸소."

"공자님의 존안을 지척에서 뵈니 저도 기쁩니다."

"이제 그대는 나의 사람, 그대 같은 아름다운 미인을 부인으로 맞이하게 되었으니, 나 또한 기쁘기 그지없소."

"소첩도 또한 공자님 같이 높고 고귀한 분을 낭군으로 모시게 된 것을 더 없는 광영으로 생각합니다."

자초는 새로 단장한 신방으로 여희를 안내했다.

"소첩은 공자님께 몸을 허락하기 전에 한 가지 언약부터…"

"우리 사이 못할 말이 어디 있겠소. 어서 말해 보시오."

"공자님께서 소인을 정식 처로 삼아주셔야…"

"내 하늘에 맹세하네. 하늘이 두 쪽 나더라도 지키겠다고."

"지금이야 그렇게 말씀하시지만 귀한 몸이 되실 때는…"

"이미 대장부가 한 번 언약한 일이 아니겠소. 두 말하면 잔소리. 그대는 내 목숨이 다할 때까지 정처임을 내 맹세할 뿐만 아니라 글로 써서 날인까지 하라면 하겠소. 또한 증인을 세우라면 세울 수도 있소."

"알겠습니다. 소첩은 오직 공자님만 믿고 따르겠습니다."

그제야 여희는 절을 올리고 자초의 품에 안겼다.

이제 여희는 여불위와의 이별을 서러워하던 여인이 아니었다. 그에 대한 미련보다 자초만 생각하는 영악한 여인이 되었다.

자초는 그와는 달리 소심한 면이 있는지 희한한 것까지 물었다.

"어제까지만 해도 그대는 여불위의 사랑을 받던 사람, 나와 사랑이 짙어지려면 얼마나 지나야 할까. 그것이 궁금하군."

"공자님은 무슨 말씀을 그리 하셔요. 겨울에는 나무가 움을 틔울 수 없습니다. 봄이 와야 싹을 틔우지요. 무르익은 봄이라면 하룻밤 사이에 잎이 나고 꽃이 필 수 있습니다. 소첩의 과거는 겨울, 공자님은 무르익은 봄, 정이 깊고 얕음을 어찌 날짜로 따지십니까?"

"여 대인은 나보다 체구가 우람하오. 몸집도 나보다 건장하기 이를 데 없소. 나로서는 여 대인에 미칠 수 있는 것이 없소."

"공자님은 여 씨보다 젊습니다. 젊음이야 가장 값진 보배지요. 그러니 여 씨에 대해 더 이상 말씀하지 마셔요. 민망합니다."

여희는 마음과 달리 자초를 추켜세웠는데도 자초는 이를 진실로 믿고 좋아서 덩실덩실 춤이라도 추고 싶어 견딜 수 없었다.

어느새 꿀 같은 두어 달이 훌쩍 지나가 버렸다.

하루는 여희가 자초와 뜰을 거닐다가 조심스레 운을 뗐다.

"공자님, 소첩에게 아기가 들어선 모양입니다."

"임신을 했다고? 그대가 아기를 가졌다는 이 말인가?"

"공자님, 며칠 전이었어요. 낮잠을 자고 있는데 꿈을 꾸지 않았겠어요. 숲속을 거닐고 있는데 대호가 갑자기 나타나 소첩에게 달려들지 않겠어요. 그때 하늘에서 내려온 용이 대호를 휘감아 던져 버리고는 곧장 제 몸 안으로 들어왔답니다. 그래서 저는 깜짝 놀라 잠에서 깨워나 보니 바로 꿈이 아니겠어요. 공자님, 태몽이 아닌가 싶습니다."

"태몽치고 대단한 태몽이오. 제왕이 태어날 태몽이 아니겠소."

자초는 미소를 띠며 여희의 등을 다독거려 주었다.

"그대가 아기를 가졌다니 나로서는 고맙기 그지없소. 장차 태몽처럼 제왕을 낳을 터이니, 어디 두고 봅시다."

이제 남은 문제는 하나, 임신 기간이었다. 열 달이 일반적이지만 경우에 따라서는 칠삭둥이도 태어난다고 하지 않는가.

여희를 떠나보낸 뒤, 여불위는 술로 세월을 보내고 있었다.

그네가 떠난 지도 달포, 취중에도 잠을 이루지 못했다.

여희는 진의 소왕 48년(기원전 259) 정월에 여불위의 첩으로 있을 때 임신한 아기를 낳았다. 낳으니 아들이었다.

여희가 낳은 아기는 한두 달이 모자랐지만 자초는 그것을 특수한 인물이 태어난 이적異蹟으로만 생각하고 조금도 의심을 품지 않았다. 그만큼 자초가 여희를 총애한 탓이었다.

이 아기가 자라 뒤에 중국을 통일한 진시황이 된다.

여희는 아기의 이름을 정政으로 지었다.

여불위는 옥동자를 낳았다는 소식을 듣고 금은 패물과 노리개를 마련해서 자초를 방문하고 축하의 말을 잊지 않았다.

"사람에 따라 다르긴 하지만 부귀영화는 다 때가 있는 법입니다. 탄생한 귀공자께서 복이 온 세상에 그득하기를 빕니다."

자초는 이런 여불위의 말에 감격했다.

"나를 진심으로 생각해 주는 사람은 이 세상에 여 대인뿐이오. 두고 보면 알 것이오. 내가 여 대인의 은공은 잊나, 잊지 아니하는가를."

정이 무럭무럭 자라 세 살 드는 해였다.

진의 군사가 조의 수도 한단을 포위했다. 조는 그 보복으로 인질로 와 있는 자초를 죽이려고 했다.

자초는 여불위에게 도움을 요청했다. 여불위는 자초에게 달려갔다. 천금을 투자한 자초가 아니던가.

자초가 왕위에 오르게 되면 진의 승상이 될 수도 있겠지만 죽게 되면 천금은 물론 애첩 여희며 자신마저도 망하게 되는 결과를 초래할 것이 지극히 당연했으니 오금이 저리지 않을 수 없었다.

"여 대인, 조에서 나를 잡아들여 죽이려 하오."

"이는 촌각을 다투는 일입니다. 지금 당장 공자께서는 진의 군사가 주둔하고 있는 곳으로 도망을 치셔야 합니다."

"도망가려 해도 군사들이 길목을 지키고 있으니…"

"소인의 전 재산을 털어 황금 수백 근을 가져왔습니다. 이를 줄 것이 니 감시자들을 매수하면 길이 없지 않아 있을 것입니다. 저는 공자를 위해서라면 목숨까지 바칠 각오가 되어 있습니다."

자초는 여불위의 하인들이 모는 수레에 몸을 숨기고 한단 도성을 출 발해서 남쪽 성문에 이르렀으나 성문이 열리려면 아직도 시간이 남아 있었다. 추격이라도 당하면 어떻게 될 것인가.

자초의 마음은 그 어느 때보다도 조급했다.

'죽느냐 사느냐는 다 운명일 터이니.'

하인들이 수레를 멈추자 군사 몇이 창을 들고 다가왔다.

"수레 안에 타고 있는 자는 누구냐?"

자초는 다소 찔리기는 했으나 배짱도 두툼하게 대응했다.

"나는 대성 장군의 조카요. 지금 급히 장군의 부인께 전할 극비의 서찰이 있어 달려가는 길이니 어서 성문을 여시오."

"그렇다면 신표라도 보여 주시오."

자초는 앉아 있는 수레 밑에 숨겨 뒀던 황금 한 덩이를 꺼내 주면서 "자, 내 신표는 바로 이것이오. 자, 받으시오."하고 말했다.

황금 덩이에 어리둥절해진 병사들은 말도 잇지 못해 하다가 황급히 육중한 성문을 열어 주지 않는가.

자초 일행은 성문을 통과하긴 했으나 진군의 진지까지는 아직도 여정이 많이 남아 있었다.

성문을 통과한 지 50여 리나 달렸을까. 진의 진지가 저 멀리 보일 쯤 뒤쫓아오는 병사들이 소리쳐댔다.

"자초, 어디를 가려느냐. 어림없다. 당장 게 섰지 못해!"

남은 거리는 500여 보, 거리가 좁혀졌으니, 위기일발의 순간이었다.

바로 그 찰나였다. 앞쪽 고지에서 화살이 빗발치듯 날아와서 자초 일행은 무사히 조를 탈출할 수 있었다.

자초가 사라진 줄도 모르고 조의 조정에서는 자초를 잡아들여 처형하기 위해서 집으로 군사를 급파했다.

그러나 이미 때는 늦었다. 자초가 사라진 뒤였던 것이다.

조는 자초를 놓쳐 버렸으니 대신 여희와 아들 정을 잡아들여 효시하려 했으나 여희가 친정으로 도망을 쳐 그럴 수도 없었다.

세월은 소문도 없이 흘렀다. 56년 가을에 진소왕이 승하했다.

태자 안국군이 왕위에 오르자 총해하던 화양부인을 왕후로 책봉했을 뿐 아니라 조에서 도망쳐 온 자초를 태자로 삼기까지 했다.

자초가 태자로 책봉되자 진이 침략할까 지레 겁을 먹은 조나라에서는 은신 중인 여희와 아들 정을 정중히 예우해 진으로 보내줬다.

자초 가족은 헤어진 지 5년 만에 한 자리에 모였다.

가족이 한 자리에 모인 기쁨도 기쁨이거니와 여희는 태자의 부인이기 때문에 태자비로 책봉되는 행운까지 겹쳤다.

태자가 된 자초는 왕후를 정성을 다해 떠받들고 섬겼다.

여불위가 승상에 제수된 것은 생각했던 것보다 의외에도 빨리 왔다. 공자들이 모의해 자초를 죽이려고 한 암살이 수포로 돌아간 뒤, 자초는 신변의 불안을 느끼고 여희와 더불어 상의했다.

"부인, 이 일을 어떻게 처리해야 좋을지…."

"당장이라도 여 대인을 청해 상의하세요. 대인이라면 사태를 수습할 최선의 방안을 제시할 것입니다. 서두세요."

그로부터 며칠 뒤, 태자궁으로 들어온 여불위는 전과는 달리 신하의 예를 다해 자초를 황제 모시듯 깍듯이 대했다.

"여 대인께서 위기에 처한 나를 좀 도와주오."

"그건 어려운 일이 아닙니다. 이 여불위가 태자궁에 머물 수 있는 직함을 가져야 태자님을 도울 수 있습니다."

태자는 며칠을 두고 왕후에게 간청해서 여불위로 하여금 주요 관직인 보덕의 직함을 하사받을 수 있도록 갖은 노력을 다했다.

보덕이 된 여불위는 태자와 밀담을 나눴다.

"공자들의 음모를 타개하려면 오직 하나, 태자께서 하루라도 빨리 왕위에 오르는 것이 최선의 방책입니다."

"나라를 위한 일이라면 사양하지 않을 터이나, 시기의 빠르고 늦음은 인력으로 어찌할 수 있는 일이 아니잖소?"

여불위는 장사치답게 잇속을 챙겨가며 말했다.

"태자께서 볼모로 조에 가 있을 때, 어느 누가 공자께서 태자가 되리라고 감히 상상이나 했겠습니까. 그런데도 지금 공자께서는 당당하고도 의젓한 태자가 되어 대접을 받고 있지 않으십니까."

보덕의 직함을 꿰어 찬 여불위는 닳고 닳은 장사치의 수완을 발휘해 대소 관원들과 접촉해 친교를 두텁게 했다. 특히 궁중 음식을 조달하는 숙수들과 친분을 후히 했으며 그들의 환심을 사기 위해 뇌물까지 찔러 주었다. 그렇게 해서 여불위는 신망을 한 몸에 얻었을 뿐 아니라 어질고 착하며 덕이 많은 사람이라는 소문이 자자하게 했던 것이다.

현왕은 선왕인 소왕昭王의 1년 상기를 마치고 10월 들어 정식으로 즉위식을 치렀다. 그런데 이상하게도 즉위식을 거행한 지 겨우 열흘 만에 먹은 음식이 목에 걸려 갑자기 승하하고 말았다.

이 단명의 왕이 바로 효문왕孝文王이다.

뒤를 이어 자초가 왕위에 올랐다. 자초는 즉위하자 여불위를 승상으로 임명하고 문신후에 봉했다. 그리고 하남과 낙양 20만호를 식읍으로 하사했다. 뿐만 아니라 국사의 크고 작은 일까지 맡겼다.

드디어 여불위는 천금을 투자한 데다 아첨으로 애첩까지 줘 가면서 야망을 키웠는데 마침내 승상이 되었다.

그런데 여불위의 영화는 오래 지속된 것이 아니었다.

그는 주야로 불같은 여희의 욕정에 시달리다 못해 이를 모면하기 위해서 건장한 노에 노애嫪毐를 여희에게 붙여주었다가 발각되는 빌미가 되어 시황제의 눈 밖에 났던 것이다.

여불위는 유배를 가기 전에 자결함으로써 생을 마쳤다.

여불위가 죽으면서 남긴 유언이 있다면 어떤 것이었을까.

'이 몸은 한 잔 술로 허무하게 죽어가는구나.

이제 죽은 뒤면 후세 사람들은 이 여불위를 두고 어떻게 생각할 것인가. 야망을 실현시키기 위해 천금을 투자했으며 투자한 천금을 포기하지 못해 애첩까지 바치며 속까지 다 까발라 주는 배려 아닌 아첨의 절정으로 대제국의 승상을 꿰차는 야망을 이루었다.

그러나 그 야망으로 말미암아 결국 죽어갔다고 할 것인지.

아마 그런 것도 아닐 테지.

관심을 가지고 진정으로 생각해 주는 배려가 아닌 아첨의 화신化身이 되었으나 불쌍하게도 자기 자식인 황제에게 생부라고 토설조차 하지 못하고 죽어가는구나 하겠는지.

그런데 내가 천금과 애첩까지 주는 아첨이 아니었다면 어찌 승상이 되어 권세와 영화를 누릴 수 있었을꼬.

중원을 통일한 최초의 대제국 진의 승상이 되어 권세를 휘둘렀다면 그런 쓸개 빼놓은 아첨으로 포장된 야망 하나쯤 가질 만도 하지 않은가 하는 점에 동조하거나 동경하기보다는 착각 속에 일생을 산 것이라고 마냥 비웃지나 않을는지. 참으로 딱하고 불쌍한 인사라고 하겠지.

감언이설의 지존

    포퓰리즘populism이란 정책의 실현성이나 가치판단의 기준, 옳고 그름을 떠나 정치 본래의 목적을 외면하고 일반 대중의 인기에 야합해서 정치적 목적을 달성하려는 정치적 한 행태로 대중주의나 인기영합주의와 같은 뜻으로도 쓰인다. 이는 대중적인 인기, 비현실적인 선심성 공약이나 정책을 내세워 대중을 호도해서 지지도를 이끌어 내거나 대중을 동원시켜 권력을 유지하거나 쟁취하려는 행태임을 말한다.

    포퓰리즘은 1870년대 러시아가 프롤레타리아혁명을 쟁취하기 위한 이데올로기였고 1891년 미국에서 결성된 파퓰리스트Populist당이 내세운 정치수단의 하나였다. 당시 파퓰리스트당은 미국의 양대 정당으로 1792년에 창당된 민주당과 1854년에 결성된 공화당에 대항하기 위해 농민과 노조의 지지를 목표로 해서 경제적인 합리성은 일체 도외시하고 과격한 정책만을 고수했다.

    정치가들마저 정치세력과 대립적인 관계에 직면했을 때, 대중들에게 호소해서 그 지지도로 권력유지의 기반을 삼았다.

제2차 세계대전 이후, 노동 대중의 지지를 얻어 대통령에 당선된 아르헨티나의 페론정권이 대표적인 포퓰리즘이다.

그들은 민중의 지지를 바탕으로 했으나 실제로는 비민주적 행태로 포장해서 독재자의 권력만 공고하게 다졌다.

포퓰리즘의 근본 요소는 정치 지도자들의 정치적 편의주의나 기회주의라고 할 수 있다. 그 예로 선거를 치를 때마다 국가야 망하든 말든 수단과 방법을 가리지 않고 정권만 쟁취하면 된다는 망령으로 유권자들에게 비합리적이거나 비현실적인 선심정책을 남발해서 유권자들을 호도한 것이 어필했던 것이다. 포퓰리즘을 이끌어가는 정치 지도자들은 권력과 대중의 정치적 지지를 얻으려고 겉모양만 그럴 듯하게, 보기 좋게 개혁을 모토로 삼았으며 중, 장기적인 고려는 일체 도외시한 채 눈앞의 국면만을 유리하게 이끌려는 정책만을 고수했으며 국가나 국민을 위한 것은 결코 아니었다. 어떤 특정 집단의 정치적 목적만을 위한 것일 수 있으며 보다 합리적인 정치개혁이나 사회개혁보다는 집권세력의 권력 유지를 위한, 아니 비집권세력들의 권력획득 수단이나 사기행각으로 악용되었던 것이 바로 포퓰리즘이다.

먼저 아르헨티나를 예로 들어보자.

아르헨티나의 포퓰리즘은 페론과 그 추종 세력들이 보여주는 정치 행태를 일컫는다. 흔히 포퓰리즘은 민중주의로 번역되기도 하지만 엄밀한 의미에서는 민중을 위한다기보다는 민중을 빙자하거나 사칭한 엉터리 이데올로기에 가깝다고 할 수 있다.

포퓰리즘을 주도하는 정치 지도자들은 권력을 획득하고 대중의 정치적 지지를 얻기 위해 이것저것 가리지 않고 내세운 허울 좋은 개살구처럼 한낱 슬로건에 불과하다. 그 어떤 원칙이나 일관성도 없이 제3의 길이라고 고집하면서 화려한 수사를 동원하기 때문에 정치적 편의주의, 기회주의적 이데올로기라고 보면 옳을 것이다.

산업화의 물결 속에 수많은 사람들이 도시로 몰려들기 시작하자 돈도 없고 일자리도 없는 가난한 사람들은 하루의 생계마저 막연했다.

이런 한계적인 상황에 내몰린 사람들의 처지에서 보면, 삶의 여유라곤 있을 수 없었기 때문에 사회를 장기적으로 개혁하는 일보다는 즉각적으로 실리만을 추구하는데 급급했음은 지극히 당연하다.

그런 심리를 기반으로, 개혁이라는 미명 아래 저소득층의 임금을 올려주고 복지를 늘리는 등 각종 물량 공세를 폈다. 중산층도 그들 나름대로 혜택을 보고자 했으므로 아무도 손해 보지 않는, 누이 좋고 매부 좋게 하는 방향으로 포퓰리즘을 지향했으니, 결과는 참담했다.

애비타는 손을 벌리는 사람이면 누구에게나 사랑을 베푼 결과, 인기는 하늘 높이 치솟았으나 지나친 분배주의 정책으로 말미암아 막대한 국가적인 재정 적자를 초래하고 말았던 것이다.

그 결과, 실질 임금의 저하를 가져왔다.

정치인과 기업인, 노동자에 이르기까지 나라 살림은 안중에도 없이 행동했으며, 무책임하고 기회주의적인, 눈앞의 이익에만 급급한 사태를 야기해 기하학적인 인플레이션과 저성장의 악순환만 반복되었다.

어째서 복지 포퓰리즘이 나라를 망치는 원흉으로 작용하는가에 대한 단적인 예를 지금 그리스에서 진행되고 있는 국가부도 위기의 원인에서도 찾아 볼 수 있다.

게오르기오스 파판드레우 총리가 이끄는 그리스는 그의 아버지인 안드래아스 총리가 뿌려놓은 무분별한 각종 복지정책으로 말미암아 EU로부터 여러 차례에 걸쳐 국가 파탄의 경고를 받을 정도로 재정위기에 몰렸다. 그렇기 때문에 그리스의 재정위기는 백약이 무효일 정도로 회복 불가능한 중증 환자에 비견되고 있다.

따라서 국가부도의 위기에 몰린 데다 재기의 전망마저 보이지 않는 다는 데 그 심각성은 더하다고 하겠다. 파판드레우 현 총리의 아버지인 안드레아스 전 총리는 하버드 대학교의 교수까지 지낸 사회주의자였 으며 1981년 그리스 최초의 좌파 정권을 출범시켰다.

두 차례에 걸쳐 총리를 중임하면서 복지정책을 국가 주요 경제정책 은 물론이고 핵심으로 삼았던 것이다.

그는 선거 공약대로 집권하자마자 정부 지출을 크게 늘려 의료보험 혜택을 모든 계층으로 확대했고 노동자들의 최저 임금과 평균 임금, 그 리고 연금 지급액도 대폭 인상하는 등 복지정책에 심혈을 쏟았다.

그리고 노동법을 개정해서 기업의 경영실적이 나쁜데도 해고를 못 하게 하는 법마저 제정해서 국민들로부터 대환영을 받는 총리로 급부 상했던 것이다. 그로 인해 국민 대다수는 실질 소득이 늘어나고 빈부 격차도 줄어들었으며 60세 이전에 은퇴하더라도 임금의 80%까지 연 금으로 지급받아 서부 유럽의 국민들조차도 부러워할 정도로 복지생 활을 여유롭게 즐기는 나라가 되었던 것이다.

그러나 반대급부로 4.7%의 경제 성장률은 1.5%로 급락했고 GDP 대비 국가 부채는 20%에서 80%로 악화되었다.

그런데 국가경제가 곤두박질치더라도 복지정책에 맛 들여진 국민들 은 끊임없이 복지를 요구했다. 그래서 이러한 국민들의 복지 요구에 야 합할 수밖에 없었던 대중 영합주의 정부도 무분별한 복지정책의 남 발로 국가경제의 파탄을 자초케 했던 것이다.

이러한 현상은 그리스뿐만 아니다.

남미의 아르헨티나는 세계 6대 경제대국에서 복지 포퓰리즘 정책으로 말미암아 중진국 수준에서 하위로 밀려났으며 지금까지도 회복의 기미 조차 보이지 않는다. 또한 스페인, 포르투갈, 아일랜드 등 복지에 맛을

들인 국민들이 자숙하지 않는 한 그리스의 전철을 면치 못할 것이다.

　우리 국민들은 다행히 복지정책에 중독이 된 처지는 아니지만 좌파 야당에서 불기 시작한 유권자들을 유혹하는 복지정책이 어느 듯 집권당으로 스며들어 포퓰리즘 복지정책을 남발하게 함으로써 국가 미래를 불안하게 하고 있다. 만약 이러한 복지정책이 차기 정권에서 꽃을 피우기 시작한다면, 복지정책이란 마약에 병든 국민들이 썩어빠진 데다 사기집단인 정치인들과 의기가 투합한다면 우리의 미래는 그리스의 전철을 밟지 않는다고 누가 보장할 수 있겠는가.

　정권욕에 사로잡힌 여야 정치인들은 감언이설로 복지정책을 미화하고 있으며 착하고 순진한 서민들의 표심을 흔들고 있다. 심지어 집권당은 맞춤형 복지라는 그럴 듯한 말로 둔갑시켜 증세 없는 복지정책을 합리화하고 있으며 서민들의 환심을 사기 위해 법인세 감세에 족쇄를 씌어 경제성장의 동력마저 무력화하려는 지경까지 이르렀다.

　지금이야말로 맞춤형 복지건, 보편적 복지건 복지 확대에 주안점을 두기보다는 안심하고 복지정책을 운영할 수 있는 수준의 선진국형 경제수준으로 경제를 업그레이드시키는 성장정책에 주력해야 할 때다.

　뱁새가 황새를 따라 가려다 다리가 찢어지고 만다는 격언에 귀 기울일 필요가 그 어느 때보다 지금이 절실하다.

　포퓰리즘에 의해 국민이 낸 혈세인 세금을 얼마나 낭비했는지 한두 가지 사례를 들어보기로 한다.

　지금 우리를 둘러싼 내외 상황이 어느 때보다도 암울해 보인다. 선거철만 되면 자행되는 포퓰리즘의 망령이 재현되고 있어 우리의 앞길이 순탄하리라고 기대하기도 어렵다. 그렇기 때문에 국민이나 유권자는 물론 언론까지도 포퓰리즘 정책을 외치는 자들을 철저하게 아웃시키는 감시자의 노력을 결코 게을리 해서는 아니 된다.

포퓰리즘 하면, 그 동안 너무 많이 회자되고 보도되어 이제는 어느 개가 짖듯 보다 무관심해졌는지도 모른다. 한때 세계 경제 6대 강국이던 아르헨티나의 몰락, 그리스의 디폴트는 물론이고 가까이로 세계 경제 2대 대국이었던 일본의 끝없는 추락의 예에서 찾을 수 있다.

이런 포퓰리즘이 낳은 대표적인 것 하나. R 전 대통령 후보의 선거공약인 양양국제공항과 그 뒤를 이어 건설된 부안국제공항 등 대형공사에 드는 건설비용은 물론이고 유지, 보수의 비용만 하더라도 국고 손실은 기하급수적임이 현실로 나타나고 있다고 한다.

N 전 대통령은 KTX 건설 노선인 경주와 부산 사이, 여승 지×의 천성산 도롱뇽 생존문제를 들어 터널 공사 반대 단식으로 말미암아 개통이 3년이나 지연되기도 했다. 그로 인해 인플레이션에 의한 건설비 상승으로 국고 손실, 국민의 혈세가 수조원에 이르렀다고 한다. 또한 그네는 본업인 선禪 수련보다 단식과 소송이 전매특허인지 영주 댐 공사까지도 걸고 넘어졌다가 패소했다는 기사도 보도되었다.

지역 이기주의에 희생물이 된 사례로는 저 온양, 천안 KTX 역사는 얼마나 비합리적으로 위치가 선정되었던지 그 비합리적인 현상이 현실로 나타나 승객들에게 외면당하고 있지 않은가. 그리고 하루에 몇 명도 타지 않는 승객을 위해서 함안 KTX 역사를 건설하는데 든 혈세의 낭비는 입이 열 개라도 변명의 여지가 없을 것이다.

여기에 공주 KTX 역사는 포퓰리즘의 대형 홈런이 아니던가.

이런 예는 유권자를 향한 아첨의 절정이라고 할까. 아니다. 포퓰리즘이란 악마가 겨우 고개를 내민 것에 지나지 않는다.

우리나라도 예외가 아닌 듯하다. 국책사업에 관한 것까지 포퓰리즘은 국가존폐의 기로를 가늠할 정도로 갈등의 극極을 향해 치닫고 있으니. 특히 동남권 신공항 건설을 두고 국력 손실은 물론이고 영남 지역

주민들의 반발이나 민심의 이반은 무엇으로 설명할 것인지.

포퓰리즘의 백미白眉 한둘을 소개한다.

말도 많았던 고 N 전 대통령이 대선후보 때, "충청도 사람들, 수도 이전 문제를 공약으로 내세웠더니 귀가 솔깃해서 표를 그냥 몰아주대. 해서 재미 좀 봤지."하고 스스로 실토한 것이야말로 포퓰리즘의 백미 중 백미가 아닐까 싶다. 세종시 건설의 부작용과 정부 기관 이전 및 부대비용과 비효율성, 공무원들이 세종시와 서울을 오가는 시간 낭비, 출장비로 인한 국고 손실은 이루 말할 수 없다고 한다.

포퓰리즘의 정수精髓 또 하나.

최근에는 세월호 사태를 두고 야당의 존재 이유가 오직 세월호 그것 하나뿐이라는 듯이, 세상에 할 짓이 그렇게 없어 이를 8개월여나, 아니 지금도 끈질기게 물고 늘어지는 현상은 포퓰리즘의 극단적인 단면을 만천하에 공개적으로 드러낸 것은 아닌가 싶기도 하다.

여기에 덧붙여 해수부 장관의 처신이다.

해수부장관은 실종자 수색작업을 진두지휘하느라고 진도 팽목항에 기거하면서 8개월여나 지새우며 생활했다. 세월호 장관이 적격인데도 그것이 오히려 잘한다고 입에 오르내린다.

해수부의 본청 소재는 세종시다.

그렇다면 장관이 출근도 하지 않는 해수부는 존재할 하등의 이유가 없다는 이야기가 된다. 장관이 8개월여나 자리를 비워 두었는데도 해수부는 돌아가고 있으니 말이다.

장관이 출근하지 않아도 행정이 마비되지 않는 부서, 그런 정부 부서라면 해체하는 것이 마땅하지 않겠는가.

그런데도 해수부 장관에 대해서는 잘한다고 칭찬은 있을지언정 비난의 목소리는 들어 본 적이 없다.

뿐만이 아니다. 장관 교체 이야기가 나올 때마다 유임된다는 추측만 나돌았으며 수색작업이 종료되면 자진 사퇴한다는 이야기만 떠돌아다 녔다. 현재 실종자 수색이 종료된 지도 한 달이 지났다.

그런데도 해수부 장관은 사퇴한다고 말만 번지르 했지 스스로 사퇴 하지도 않았고 정부에서도 그런 장관을 교체하지도 않았다.

이것 또한 포퓰리즘의 맹점 중의 한 단면이 아닐까 싶다.

어느 선거나 마찬가지일 것이다.

지난 서울시장 재보선 선거에서도 포퓰리즘이 등장했듯이 선거 때 마다 차이는 있을지언정 포퓰리즘으로 인한 공약은 남발될 것이다.

무상복지는 점진적으로 실행해야 된다는 소신으로 서울특별시장직을 걸고 시민투표에 부쳤으나 시민들의 무관심으로 시장에서 물러난 지 3 년도 못되어 무상복지의 딜레마에 대한민국이 풍덩 빠져 있지 않는가.

최근 수년간 지속된 글로벌 경제는 승자만 살아남는 소위 승자독식 의 시장구조가 지배적이라고 한다.

이런 추세로 간다면 글로벌 경제의 가장 큰 문제점은 바로 빈부의 격 차다. 해서 후보로 나선 사람들마다 한결같이 무상복지를 공약으로 내 세워 유권자들을 유인하고 있으며 뚜렷한 대안이나 자금 확보의 대책 도 없이 마구잡이 공약을 내세우고 있다.

국가 재정의 건전성은 전혀 고려하지 않은 채 입에 침도 바르지 않고 탁탁 내뱉는 복지정책, 아니 공약空約이야말로 아첨의 금지옥엽金枝玉葉 인 포퓰리즘의 온상임에 분명하다.

금지옥엽은 본래 금으로 된 줄기가 아닌 가지와 옥으로 된 덩어리가 아닌 잎이며 임금의 가족을 높여서 부르거나 귀한 자손, 구름의 아름다 운 모양을 예찬한 단어다. 그런데도 금지옥엽을 두고 애지중지, 끔찍이 도 아끼고 사랑한다는 자식의 의미로 사용되고 있다.

이를 다른 시각에서 풀이하면, 줄기도 아니 금으로 된 가지 곧 금가루인데 많이 모으면 값이 나갈 수야 있지만. 또 옥으로 된 잎, 가루라면 별로 값이 나갈 것 같지도 않다. 그렇다면 별로 가치도 없는데 이를 애지중지 여기는 것은 포퓰리즘의 천박성을 드러낸 것은 아닐까.

포퓰리즘은 단기적으로 일부 집단이야 이익을 취하겠지만 장기적으로는 모두가 막대한 손실을 입기 때문에 국민과 나라를 좀먹게 하고 병들게 하는 매우 못됐고 악질적이며 나쁜 정책이다.

포퓰리즘에 대항하는 유일한 방법은 너나없이 국민이 똑똑해야 한다. 국민이 똑똑하지 않으면 포퓰리즘이란 사기꾼들에 의해 언제나 봉이 되고 바보 천치가 되어 이용만 당하기 마련이다.

스스로 노력해서 잘 살겠다는 착하고 건강하며 남을 생각해 주는 배려만이 금지옥엽처럼 여기는 포퓰리즘의 추종자들을 이 땅에서 영원히 발붙일 수 없게 하는 최선의 방법이다.

천하 패권에 도전한 야첨

진시황이 중국을 최초로 통일한 지 2대도 유지하지 못해 진나라는 전국 곳곳이 혼란에 빠진다. 진승과 오광의 농민 봉기를 기폭제로 해 전국 각지에서 일어난 민란, 진나라 타도의 거센 물결은 마침내 항우와 유방의 숨 막히는 각축전으로 집약되기에 이른다.

이 둘은 대조적인 성격으로 천하를 두고 벌린 팽팽한 접전의 드라마는 흥미진진한 이야기가 아닐 수 없다.

일찍이 사마천은 항우에 대해 『사기』의 「본기」에 특별히 지면을 할애해 서술해 놓았다. 특히 사마천은 항우가 고향을 눈앞에 두고 비장한 심경으로 최후를 맞는 장면을 적나라하게 기록했는데 이는 명문 중의 명문, 『사기』 중 최고 명문장으로 취급받고 있다.

항우는 초나라에서 대대로 장군직을 지낸 귀족 출신이다.

그는 어려서 고아가 되어 숙부 항량의 손에 길러졌으며 소년시절부터 무예에 뛰어난 기량을 보였다. 숙부 항량과 함께 양자강 하류 강동에서 젊은이를 모아 군사를 일으켜 양치기를 하던 초의 왕족 웅심熊心

을 회왕懷王으로 추대하면서 반군의 중심세력으로 부상하기에 이른다.

유방 또한 초나라 사람이지만 항우와는 달리 이름도 없는 농민 출신이다. 젊은 시절부터 농사에 뜻을 잃고 각지를 유랑하다가 고향에 돌아와 유력 가문인 여공의 딸과 결혼했다.

뒤에 그네는 권력을 쥐고 뒤흔든 중국 최초의 여후가 된다.

고향의 말단 관직에 있던 유방은 죄수들을 인솔해 여산릉 축조에 동원되었는데 도망가는 죄수가 속출해서 책임을 면할 수 없게 되었다.

유방은 책임을 면할 수 없을 바에야 아예 죄수들을 풀어주고 스스로 유격대장이 됨으로써 되레 반군에 가담한다.

유방은 항우에 비하면 출발이 미미해서 처음에는 주목을 받지 못해 어쩔 수 없이 항량의 진영으로 들어갔다. 이 두 사람은 진의 수도 함양을 공략하는 부대에 배속되어 함께 출정하게 된다.

출정에 앞서 초의 회왕은 여러 장군들을 모아놓고 독려했다.

"먼저 함곡관을 평정하는 장군을 그곳 왕으로 봉하리."

항우는 북으로, 유방은 남으로 출발했다.

항우는 장감이 이끄는 진의 주력군 20만을 거록의 전투에서 궤멸시켜 용맹을 천하에 떨치기는 했으나 막상 함양에 먼저 도착한 장군은 항우가 아닌 운 좋게도 무혈 입성한 유방이었다.

유방은 기원전 206년 함양에 입성해서 진의 허수아비 3대 왕 자영의 항복을 받아내고 한나라 왕을 자칭했다.

그는 노획한 모든 재물은 일체 손에 대지 않았으며 군기를 엄정하게 해서 민폐가 없도록 힘썼다. 또한 단 3조의 법, 소위 약법 3장만 남긴 채 일체의 진나라 법을 폐지함으로써 백성들로부터 호응을 받았다.

장감의 20만 대군과 싸우느라 지체한 항우는 유방보다 뒤늦게 관중에 다다르자 분노가 하늘을 찌르고도 남았다.

홍문에 진을 친 항우의 총병력은 대충 헤아려도 거의 40만에 가까웠다. 그에 비해 유방의 병력은 잘해야 10만이 될까. 만약 항우와 유방의 군이 정면으로 맞붙어 싸움을 하게 된다면 유방군이 패퇴할 것은 누가 보아도 명약관화했던 것이다.

이런 상황을 누구보다도 잘 알고 있는 장량이 유방에게 계책을 은밀히 말하자 유방은 다짜고짜 버럭 하고 화부터 냈다.

"이쪽에서 먼저 공격하면 될 것 아닌가?"

"야습 준비가 되어 있다 할지라도 승산이 없습니다."

"그래도 공격당하기보다야 낫지 않소?"

"지금 싸우다 죽어서는 죽도 밥도 되지 않습니다. 99번을 싸워서 지더라도 마지막 한 번만 싸워 이기면 됩니다. 그러니 이번만은 상대가 알아차리지 못하도록 일부러 져 주는 겁니다. 패공, 져 주는 데는 이유를 따지지 않습니다. 무조건 져 줘야 합니다. 아시겠습니까, 패공?"

"어떻게 일부러 져 줄 수가 있지?"

장량은 유방이 항우를 찾아가 비록 목숨을 구걸하는 한이 있더라도 천하 대권만 차지하면 된다며 자신의 계책을 밀고 나갔다.

"패공, 아첨을 할 때는 철저하게 아첨을 해야 합니다. 그리고 무조건 사과하는 수밖에 없습니다. 그것도 허리를 굽힐 대로 굽혀서 말입니다. 그리고 되도록이면 겸손해 보이셔야 합니다. 패공, 그것이 천하 패권을 쟁취하는 최선의 길임을 명심하소서."

"나로서는 분하기 이를 데 없는데."

"그래도 참으셔야 합니다, 패공. 함양을 함락시킨 것도 항왕을 위한 것이고 궁정의 보고를 봉해 놓은 것도 항왕에게 바치기 위해 손도 대지 못하도록 한 조치였다고요. 어쨌든 함양에서의 모든 군사 조치는 항왕을 위한 것이라고만 혀가 닳도록 말씀하십시오."

"내가 그런다고 항우 그 미련한 녀석이, 내 믿을 것 같은가?"

"항우는 남을 잘 믿는 성격입니다, 패공."

"그 친구는 투항병을 의심해서 모두 몰살하지 않았소?"

"물론 항우가 몰살시키기야 했지요. 그것은 남을 믿는 성격 탓입니다. 맹신에 빠지지 않기 위해 의도적으로 죽인 것입니다."

"그건 괴이한 이론이 아니오?"

"항우가 욕심을 낸다면 우리는 용서받을 수 있습니다."

"욕심이라니? 항우의 어떤 욕심을 말하는가?"

"우리에게는 10만의 군사가 있습니다. 10만의 군사가 자기에게 붙는다고 믿게 할 수 있다면 우리 뜻대로 됩니다. 항우는 10만 군사와 싸워서 무찌르기보다는 싸우지 않고 그냥 갖고 싶어 할 겁니다."

"그렇다고 우리 뜻대로 되겠소?"

"항백이 주선해 주기로 했습니다. 항우는 우리가 말한다면 믿지 않겠지만 다른 사람의 입을 빌려 말하면, 믿을 것입니다. 그러니 미친 척해서라도 항우의 욕심에 부채질을 해야지요. 살아남기 위해서는 그런 것쯤이야 당연하지 않겠습니까. 그게 세상 돌아가는 이치니까요."

장량은 의아해 하는 유방에게 쉴 틈을 주지 않고 다그쳤다.

"전통에게는 동료가 많습니다. 그러므로…"

전통은 시황제 때부터 첩보관계에 종사했던 인물이다. 그는 장량에게 정체가 드러난 뒤로 그의 심복으로 일하고 있었다.

그리고 그의 동료들 중에는 정보통이 많이 있기도 했다. 더욱이 항우 밑에서 지금도 일하는 자가 더러 있었다.

'유방은 항왕을 사모한 나머지 그 밑에 들어가고 싶어 안달한다. 함양 궁전의 보고에 남들이 가져가지 못하도록 못질을 해서 봉인을 한 것은 오직 항왕에게 바치기 위해서다.'

장량은 간자들을 이용해서 이러한 정보를 항우의 귀에 들어가도록 한다는 구체적인 계획까지 세워두고 있었다.

유방은 현실을 직시하지 않을 수 없었다. 대세는 자기에게 절대 불리한 처지인데 천하 패권을 위해서라면 한 번쯤 아첨하는 척하면서 겸양을 떠는 것으로 목숨을 구할 수만 있다면 그리 나쁘지도 않겠다는 결심을 하기에 이르기까지 오랜 시간이 걸린 것도 아니었다.

그렇다고 유방의 천하 패권을 향한 존심이 특별한 것도 없었다. 그것은 비굴할 정도로 아첨하는 것이었다.

그렇게 해서라도 살아남아야 했다. 아니, 살아남고 싶었다. 아첨할 줄 모르는 그릇이야 큰 그릇이라고 할 수 없다. 천하 대권을 차지하려면 온갖 부류의 사람을 포용하는 큰 그릇이어야 할 텐데, 아니 산전수전 다 겪은 온갖 사람들까지도 포용해야만 했으니.

당시 상황으로 보아 누구에게 물어 보더라도 유방이 제 아무리 욕되고 치욕스러우며 아첨을 하는 한이 있더라도 항우에게 항복하러 홍문鴻門으로 가지 않을 수 없었을 것이라고 대답했을 것이다.

장량은 사전 준비를 철저히 하고 항백을 만났다.

"우리가 목숨을 구걸하려고 가니 주선 좀 해 주게."

그러면서 장량은 항백의 목숨을 구해준 은인이 자기임을 상기시켰다.

"은혜를 입었으니, 힘이 되어 드리겠소."

이렇게 마음의 준비를 철저히 한 다음에야 유방은 100여 기만 따르게 하고 항복을 자청뿐 아니라 목숨을 구걸하기 위해 항우의 본진이 진을 치고 있는 홍문으로 가게 됨으로써 천하 패권의 향방을 바꿔놓을 역사적인 홍문지회가 이뤄졌던 것이다.

말은 회담이었으나 유방으로서는 항우에게 항복 요청이었고 목숨을 구걸하기 위한 구차스럽기 그지없는 저자세 회담이었다.

유방은 항우의 마음에 도박을 걸지 않을 수 없었다.

온건파와 강경파 중에서 어느 편을 들 것인지, 그런 칼자루를 쥔 쪽은 이쪽이 아닌 항우의 마음속에 달려 있었으니까.

온건파 항백은 조카 항우에게 관대한 처분을 해 주기를 바란다고 입이 닳도록 건의했을 것이다. 범증으로 대표되는 강경파의 입장은 유방을 살려둔다면 장래의 화근이 된다, 지금이 그를 제거할 절호의 기회다, 하고 목소리를 최대로 높일 것이 분명했다.

항우야 싸움터에서만은 한없이 용맹스러웠으나 사태를 긴 안목으로 보는 혜안慧眼 부족이 그의 단점이었다. 범증은 그것이 늘 불만이어서 장래 유방의 두려움에 대해 침이 튀도록 설명했다.

항우는 범증의 말을 듣고 스스로에게 자문자답했다.

'그토록 유방이 나를 두려워하는가?'

항우는 바로 눈앞의 일만 생각한 탓인지 유방이 한낱 10만의 군사를 이끄는 장수로밖에 보이지 않았다. 더욱이 유방의 장래 모습에 대해서는 상상조차 하지 못했으니 그의 무서움을 항우가 알 턱이 없었다.

'이번 기회에 유방을 죽여도 좋기야 좋겠지만…'

항우는 범증의 설득에도 여전히 미적이며 시간을 끌었다. 게다가 결정을 내리지 못하고 주저하기만 했다. 함양 일대에 숨겨둔 첩자들의 보고에도 유방은 항우 밑에 딸려 있기를 원한다는 소문이 쫙 퍼졌다고 한다. 그것도 소문으로만 그친 것이 아니라 다른 계통에서도 항우에게 계속 첩보가 들어오고 있었던 것이다.

항우는 유방이 찾아왔다는 보고를 받고 생각했다.

'죽이느냐, 살려 주느냐는 만나보고 결정하자.'

항우를 찾아온 유방은 무릎을 꿇고 스스로 '신臣'이라고 호칭까지 쓰면서 변명을 너절하게 늘어놓는 것이 아닌가.

"신은 보화 하나도 챙기지 않았습니다. 모두가 항왕의 것이기 때문입니다. 함양을 함락시킨 것도 항왕을 위해서 했습니다. 남이 손을 대지 못하게끔 궁정의 보고를 꽁꽁 봉해 놓은 것도 항왕을 위해 한 것입니다. 신은 함양의 모든 것을 항왕에게 바치려고 했습니다. 그런데 신이 없으면 파괴될 물건이 하나 있습니다. 그 점은 항왕께서 최대한 관용을 베풀어 주신다면 더 바랄 것이 없겠습니다, 저의 대왕이시여."

물건이란 자신의 10만 대군을 지칭한 것이었다.

유방이 목숨을 구차하게 구걸할 정도로 치사스럽게 변명하고 있었으니 이보다 처절한 아첨은 세상에 도시 없을 것이다.

이런 아첨은 사람을 식겁시키는 9급 정도다.

상대방의 기분을 맞춰 좋게 해주거나 상대방에게 듣기 좋은 소리를 하되 마음의 상처를 주거나 상하지 않게 하는 예는 되겠지만 진실한 마음, 진정성으로 한 것이 아니며 상대방이나 타인이 눈치 채지 못한 아첨이 아닌 항우만이 눈치 채지 못한 아첨을 했기 때문이다.

그런데도 이런 아첨이 항우에게 통했으니, 아첨의 위력이 어느 정도인지 독자는 짐작이 가고도 남을 것이다.

이때 유방의 아첨을 별 생각 없이 받아들인 항우로서는 천하 패권은 이미 물 건너간 것이나 다름없었다.

유방은 함양 궁전의 보고에 대해 보고하는 것이라고 변명을 늘어놓으면서 파괴될 물건에 대해 은근히 암시하기를, '유방 휘하의 10만 군사'를 강조했었는데 그것이 항우에게 그대로 먹혀들고 말았다.

항우는 유방이 10만 군사를 거느린 장수로만 여겨져 그의 아첨을 별다른 생각 없이 받아들이기로 마음먹었기 때문이다.

'유방이 죽으면 휘하의 군사들이 저항하거나 도망치면 10만 군사는 내 손에 들어오지 않는다. 과연 그런 뜻이던가.'

뒤늦게 항우는 제 발로 찾아온 유방을 죽이지 않기로 마음을 굳혔다.

이렇게 유방의 치욕스런 아첨을 받아들인 항우는 해하垓下의 성에서 최후를 맞을 줄은 비록 신이라고 하더라도 알 수 있었으랴.

유방이 화제를 돌려 항우에게 엉뚱한 말을 했다.

"소인배의 중상이 있었던 것으로 생각됩니다."

항우는 고개를 끄덕이며 대답했다.

"나는 임자를 조금도 의심치 않소. 당신네 장수인 조무상이란 자가 찾아와 고주 왈 미주 왈 일러바치기에 그런 줄만 여겼소."

항우가 유방의 항복을 수락해서야 연회가 시작되었다.

항우가 유방을 용서해 주기로 결정했으나 여전히 강경파 사이에서는 불만을 품은 이들이 많았다. 유방을 죽이는 편이 자기의 주군을 위하는 유일한 길이라고 굳게 믿는 자들이었다. 그런 탓으로 연회는 심상치 않은 공기가 감돌았다.

연회에 참석하기 전부터 범증은 항우에게 유방을 죽여야 한다고 침이 마르도록 설득했다. 그랬으니 자리에 앉아서도 항우에게 눈짓으로 '지금이오, 지금이 기회요.'하고 결의를 재촉했다.

그러면서 범증은 항우의 승낙과는 상관없이 유방을 제거할 수 있는 절호의 기회는 바로 이때다 생각하고 검객으로 하여금 검무를 추게 하면서 항우의 결단을 거듭 촉구했기 때문에 유방의 목숨은 풍전등화의 위기에 놓이게 되었다.

장량이 이런 모습을 지켜보고 있었다. 그는 항우에 대해 음모와 공작을 했었다. 그런데 지금은 측근인 강경파 범증이 항우에게 결단을 촉구하는 모습을 보고 공작이 매우 견고했다고 스스로 인정하면서도 점점 자신이 없어짐을 피부로 느낄 수 있었다. 다행인 것은, 지금도 항우는 꼬임에 넘어가는 것 같지 않다는 점이다.

초조해진 범증은 일단 연회장 밖으로 나가 항우의 사촌 아우가 되는 항장을 가까이 오게 해서 귓속말로 속삭였다.

"항왕은 소심한 데가 있어 결단을 내리지 못하고 있는 것 같소. 그대가 연회장으로 들어가 취한 체하고 검무를 추시오. 검무를 추면서 유방에게 접근해 그를 찌르시오. 뒤는 내가 책임지겠소. 그렇게 하지 않는다면 나중 항우 일족은 죽임을 당하거나 포로가 되고 말 것이오."

항장은 혈기에 찬 표정 그대로 고개를 끄덕이고는 연회장으로 들어서 인사를 꾸벅 하더니 곧 바로 검무를 추기 시작했다.

'안 되겠어. 저 검무는 살기가 넘쳐. 무슨 조치를 취해야지.'

이를 지켜보다 못해 항백은 검을 빼들더니 춤판으로 뛰어들어 함께 검무를 추기 시작했다. 그는 이중 검무인 것처럼 보이게 하면서 항장의 검이 유방에게 향하는 것을 적절히 방해했다.

장량도 그냥 보고만 있을 수 없었다. 그는 유방이 위기에 처했다는 것을 직감하고는 연회장 입구로 나가 번쾌를 찾았다.

번쾌樊噲라면 알 만한 인물이다. 강소 패현 출신의 쾌남아로 유방과 같은 고향, 그런 인연으로 유방의 경호를 책임지고 있었다.

사태가 궁금해 안을 엿보던 번쾌가 다가와 물었다.

"지금 사태가 어떻게 돌아가고 있소이까?"

"항장이 칼을 빼들고 춤추고 있는데 분명히 패공을 노리고 접근하는 것이 분명해. 우리도 급히 대책을 세워야겠네."

"거, 큰일이군. 제가 패공을 호위하지요."

그러면서 번쾌는 성큼성큼 안으로 들어가더니 장막을 걷어찼다. 그러자 정면으로 항우가 앉아 있는 것이 눈에 들어왔다.

번쾌는 심한 분노 때문에 머리카락은 뻗어 위로 솟구쳤고 눈 꼬리는 째질 것 같이 부릅뜬 채 험상궂은 얼굴로 항우를 쏘아봤다.

번쾌의 갑작스런 출현으로 칼춤은 그만 중단되고 말았다. 항우마저 기세에 눌러 황급히 칼자루에 손을 대는 것이 아닌가.

"네 놈은 어떤 놈이냐? 목숨이 아깝거든 어서 대답하라."

번쾌를 뒤따라 들어온 장량이 속삭였다.

"패공의 최측근에서 호위하는 무장, 번쾌입니다."

항우는 번쾌라는 무장에게 한참이나 눈길을 주다가 이윽고 칼자루에서 손을 떼어내며 속삭이는 것이 아닌가.

"진정한 쾌남아로다. 이 자에게 말술을 줘서 마시도록 하라."

경계를 서던 병사가 말술을 가져왔다. 번쾌는 말술을 단숨에 비우고 다시 꿇어앉으면서 잔을 내려놓았다.

항우는 술잔을 내려놓는 것을 보고 말했다.

"번쾌에게 돼지 다리 하나를 줘서 먹게 하라."

그러자 항우의 측근은 몹시 당황했다.

번쾌가 패에서 살 때는 개백정이었다. 해서 자르는 솜씨가 매우 능숙했다. 그는 스스로 자른 날고기를 널름널름 집어 삼켰다.

항우는 쓴웃음을 지으면서 물었다.

"허허, 장사로고. 내가 술을 또 내리면 마실 수 있겠는가?"

"신은 죽음도 두렵지 않는데 말술쯤이야."

"이제야 자네의 마음을 알겠네. 자리로 가서 앉게."

유방도 위기를 절감하고 있었을까. 그는 번쾌가 소란을 피우는 사이를 틈 타 화장실을 가는 척하다가 장막 뒤로 가서 장량을 손짓해 부르더니 말했다.

"어쩔 수 없다. 지금 돌아가야겠다."

장량도 "그렇게 하십시오, 패공."하고 흔쾌히 동의했다.

"항우에겐 인사도 하지 않고 이대로 가도 될까?"

"전언傳言에 의하면, '큰일을 하는 데는 사소한 일은 돌보지 않는다고 했으며 더 큰 예禮를 차리는 데야 하찮은 예 따위는 따지지 않는다.'고 한 옛말이 있습니다. 패공, 어서 가시지요."

"네 말이 옳도다. 그래, 그렇게 하지."

유방은 이때만은 확실히 머리 회전이 빨랐나 보다.

그는 뒷일은 장량에게 맡기고 항우에게 하직 인사도 하지 않은 채 부랴부랴 홍문의 자리를 뜨려고 했다.

100기를 데리고 가자면 사람 눈에 띄게 마련이었다.

장량은 유방에게 작은 소리로 속삭였다.

"말은 패공만 타십시오. 나머지는 모두 걸어가고."

유방은 단기로 홍문을 빠져나갔다.

유방이 패에 도착했을 무렵쯤이라면 항우라도 뒤쫓을 수도 없을 터.

그제야 장량이 항우에게 유방이 패로 돌아갔음을 비쳤다.

"패공은 충분히 대접을 받자와 하직 인사도 올리지 못할 만큼 취하셨습니다. 그런 탓으로 패로 돌아갔답니다. 돌아가시면서 저 보고 대왕과 대장군께 예물을 바치라 하셨습니다. 받아주소서."

예물은 항우에게 백벽 한 쌍, 범증에게는 옥두 1벌이었다.

항우는 선물 따윈 거들떠보지도 않은 채 반문했다

"지금 패공이 취해 돌아갔다고 했느냐?"

"예. 대왕께서 술 취한 과실을 탓하실까 봐, 유방이 지레 겁을 집어먹은 데다 책망이 두려워 혼자 달아났답니다. 아마 지금쯤 패에 닿았으리라 짐작됩니다. 그 뒤 소식은 소인도 알 수 없습니다."

"무엇이 그렇게 두려워서 급히 가 버렸을까, 유방 같은 사람이…"

"패공은 생각보다 소심하기 짝이 없습니다."

"사람이란 곁으로 보아선 정말 알 수 없는 동물이군."

항우는 흐뭇해서 혼자 어린애처럼 싱긋 미소까지 지었다.

'10만 군사를 통솔하는 장군에게 두려움을 주었다는 것은 내 위광이 그만큼 위력적임을 과시한 셈이 아니던가.'

항우는 유방의 이런 탈출을 두고 오히려 자랑으로 여기는 듯했다.

그제야 항우는 기분이 전환된 듯 백벽을 받았다.

그러자 범증은 분노가 하늘까지 치밀었다.

'뭐야, 어리석게도. 이 불쌍하기 짝이 없는 친구 같으니.'

범증은 하늘을 올려다보며 길게 탄식했다.

'유방과 같은 만만치 않은 영웅을 죽일 절호의 기회였는데, 지금 죽이지 못했으니 언제 죽일 수 있겠는가.'

범증은 한 번 더 한숨을 크게 내쉬었다.

'항우의 천하를 탈취할 자는 유방일 테지. 항우 패거리는 머잖아 유방의 포로가 되거나 죽임을 당하겠지.'

홍문지연鴻門之宴은 두 사람의 처음이자 마지막 대면이 되었다.

뒤늦게 함양을 접수한 항우는 유방과는 대조적이었다. 그는 항복한 진왕 자영마저 죽이고 함양을 다 파괴해 버렸다.

뿐만 아니라 궁궐을 모조리 불 태워 버렸다. 그리고 여산릉마저 파헤쳐 무덤 속에 보공으로 채워둔 재화까지 노획했다.

그런 뒤에야 고향으로 돌아갈 채비를 서둘렀다.

관중 지역은 천연의 요새인 데다 비옥한 평야지대로 일찍이 서주와 진이 일어났던 거점이자 경제적인 기반이었다.

뒷날 유방의 모사 소하는 한 번도 전쟁에 참전하지 않았으나 유방에게 최후의 승리를 안겨주는데 큰 공을 세웠다.

이유는 소하가 주동이 되어 관중 경영에 있는 힘을 다 쏟았기 때문이며 후방에다 든든한 보급기지를 확보할 수 있었던 것이다.

사실 항우와 유방, 곧 초와 한 사이의 3년 넘는 대결에서 항우군의 무공은 참으로 대단했다. 그야말로 항우는 '산을 옮기고도 남을 만한 힘' <力拔山>을 지녔던 중국 역사상 가장 힘 센 무장이었다.

그런데 전쟁이 장기화할수록 보급의 중요성은 더욱 커졌다.

따라서 후방 기지의 건설에 실패한 항우는 열세에 놓이게 된다.

항우는 자신의 힘만 믿고 주위의 말에 귀를 기울이지 않은 탓으로 따르던 인재를 잃기도 했다. 그런 예가 바로 한신이다.

유방의 명장 한신도 항우의 휘하에 있었는데 그를 떠났다.

한신을 얻은 유방은 전쟁의 열세를 곧 만회할 수 있었다.

유방은 항우를 향해 마지막으로 쐐기를 박기에 이른다.

항우는 해하에서 유방군에 의해 겹겹이 포위당했다. 포위된 항우의 귀에는 사방으로부터 초나라 노래가 들려왔다.

'초병이 어느 새 저렇게도 많이 유방군에 가담을 했다니…'

사면초가四面楚歌란 고사는 여기서 유래했다.

항우는 한 달여 만에 극적으로 포위망을 탈출해서 강을 사이에 두고 있는 고향 마을 앞에 이르러 말을 멈추었다.

그의 최후는 분초를 다투듯 다가오고 있었다.

항우의 마지막 결사대는 동성에서부터 필사적으로 달려 여기까지 온 것이었다. 선발된 4000기 중에서 살아남을 수 있었던 만큼 살아남은 자들의 무예는 말할 것도 없지만 말들도 매우 빼어났다.

『사기』에는 항우 스스로 칼을 잡고 혼자서 수백 명을 죽였다고 기록하고 있다. 아무리 그가 역발산이나 기개세의 초인적인 힘을 지녔다고 하더라도 이것은 믿기 어려운 숫자가 아닐까 싶다.

그런데도 항우가 이 오강 근처에서 한의 병사를 맞아 성난 사자와도 같이 분전했다는 것만은 사실일 것이다.

「초한지」에서는 이 부분에 이르러 평역자마다 클라이맥스로 묘사하고 있다. 이런 극적인 장면은 역자나 편저자에 따라 다르긴 하지만 거의 비슷하게 클라이맥스로 묘사하고 있다.

그러한 예를 아래에 소개한다.

달아나는 항우와 부하들도 필사적이었으나 쫓는 한나라 병사들도 뒤질세라 떼 지어 몰려왔다. 이만큼 벼락출세의 기회는 두 번 오지 않을 것이다. 항우의 목에는 황금 만근과 3만호 영토의 영주라는 작위까지 걸려 있었으니 하는 말이다. 유방을 생포하거나 아니면 그의 목만이라도 차지하는 것이 출세의 탄탄대로였으니.

뒤에서 말발굽 소리가 요란스럽게 들려왔다. 항우와 부하들은 칼자루를 움켜잡고 한의 기병대가 다가오기를 숨 죽여 기다리고 있었다.

'지금부터 우리는 백병전으로 싸운다.'

항우는 피투성이가 된 채 칼을 마구 휘둘렀다. 십여 군데나 상처를 입었으나 조금도 굽힘이 없었다.

그는 혼신의 힘을 다해 적을 쓰러뜨리고 있었다.

최후를 맞는 순간, 기개세의 항우는 영웅도 아니었고 거인도 아니었다. 단지 평범한 한 인간에 지나지 않았다.

그의 생애에 가장 인간적인 면, 인간다운 면모를 보인 것이 바로 이 최후의 순간이었다. 그리고 항우가 마지막으로 생각해서 결정한 것이 다름 아닌 바로 배려로 나타났던 것이다.

항우는 피투성이가 된 채 칼을 휘둘렀다. 몸에 입은 상처만 해도 십수 군데, 혼신의 힘을 다해 찌르고 또 찔렀다.

그 와중에서도 항우의 눈에 확 띈 것이 있었다. 피투성이가 된 채 형체조차 알아 볼 수 없는 한의 병사에게 눈길이 미쳤다.

그런데 항우의 눈은 예리했나 보다.

"너, 너는 마동, 여마동 맞지?"

여마동呂馬童은 항우의 죽마고우였다. 그는 죽마고우로서 항우가 병을 일으켰을 때는 함께 가담했으나 지금은 한의 사마가 되어 적으로 맞선, 피범벅이 된 그를 항우가 알아본 것이었다.

한때는 초도 한도 같은 진영의 군사로서 진에 맞섰다.

그런 탓으로 초에서 벼슬을 하다가 한으로 옮긴 인물이 상당히 많았다. 여마동도 그런 인물의 한 사람이었다.

"맞지? 이마에 점까지 있는 걸 보니, 마동이 맞아."

"뭔 소리여? 나, 마동이 아, 아닌…"

여마동은 당황해 하다가 본능적으로 이마의 점을 가렸다.

"마동이 아니다? 내 눈은 틀림이 없어. 점이 증명해. 내 너를 위해 지금 가장 좋은 선물을 하나 주겠다."

그러자 겁에 질린 여마동이 갑자기 소리쳤다.

"여, 여기에 하, 항왕이 있다!"

그런데도 항우로서는 가장 인간적인 면모를 드러냈다.

"그래, 내가 바로 항왕이다. 자네와의 옛정을 생각해서 그대에게 공을 세울 기회를 주겠다. 내게는 한에서 수만금과 수만호의 영지를 준다고 현상금을 내걸었다는 것을 알고 있다. 그러니, 내 목을 네게 줄 테니 가져가서 유방에게 바쳐 출세하라."

여마동은 뒷걸음질을 쳤다. 때를 놓치지 않고 항우가 소리쳤다.

"엣다! 여기 있다. 어서 받아라."

항우는 오른 손에 든 피 묻은 칼을 목에 댔다. 이어 왼손으로는 칼끝에 댔는가 싶더니 하늘을 우러러보듯 머리를 뒤로 젖혔다가 힘을 주어 고개를 숙이자 몸이 앞으로 콕 하고 고꾸라졌다.

그러자 머리가 앞으로 굴러 떨어졌다.

기원 전 202년, 항우의 나이 서른한 살이었다.

순간, "우얏!"하더니 한나라 병사들이 항우의 시체를 향해 달려들면서 기묘한 괴성까지 질러대는 것이었다.

바로 눈앞에는 현상금으로 황금 수만근과 수만호의 영지를 다스리는 제후의 자리가 있지 않는가. 그랬으니 항우의 시체를 두고 같은 패끼리 다툼이 벌어졌다. 그것은 시신을 두고 먼저 차지하겠다는 처절하고도 추잡하기 이를 데 없는 쟁탈전이었다. 붙잡고 쥐어박으며 발길질을 해대거나 이빨로 물어뜯는 난장판, 인간의 욕심이 한없이 추잡하고 더럽게 분출되는 아비규환이 아닐 수 없었다.

시체를 서로 차지하려고 달려든 장졸들은 말할 것도 없이 피투성이가 되었으며 시체를 서로 차지하려고 다투는 장졸들은 굶주린 하이에나 떼 바로 그것이었으니. 항우가 비록 집채 같은 몸집이라 하더라도 병사들의 아귀다툼에서 버텨낼 수 없었다.

마침내 항우의 뜯긴 시체는 목을 제외하고도 네 동강이가 나고 말았다. 시신이 네 동강이로 찢겼다는 것은 한 나라 장졸들이 양 손과 양 다리에 매달려 혼신의 힘을 다해 서로 당겼기 때문이다.

이렇게 뜯긴 항우의 시신은 돼지를 잡아 각을 뜬 것처럼 네 조각, 넷으로 찢겨졌다는 것은 능지처사를 두고 한 말이다. 능지처사陵遲處死의 시행은 말이나 소가 제 역할을 했으나 항우에게는 인간이 대신해서 양 손과 양다리에 매달려 혼신의 힘으로 서로 잡아당겼기 때문이다.

목까지 합치면 항우의 시신은 다섯 동강이가 난 셈이다.

현상금의 차지로 보아 첫째는 말할 나위도 없이 목을 주은 왕예로, 뒤에 그는 두연후杜衍候에 책봉되었다.

나머지 시신을 차지한 사람은 죽마고우였던 여마동, 항우의 호통 한 번에 질겁해서 달아났던 양희, 여승, 양무 등이다.

여마동은 중수후中水候, 양희는 적천후赤泉候, 여승은 영양후涅陽候, 양무는 오방후吳防候에 책봉되었다.

그 뒤, 오강 주변에서 살아가고 있는 사람들은 인간의 욕망이 얼마나 더럽고 치사하며 더러운가를 이야기할 때, 얼추 이 병사들의 탐욕의 극치를 예로 들면서 입에 올리곤 했다.

사마천은 20세 때부터 사가의 초석이 되는, 보고 듣기 위해 전국을 돌아다니는 답사여행으로 발품을 팔았다.

사마천이 여행을 끝낼 무렵쯤이었다.

아마도 초의 땅으로 들어서서 오강 부근에 이르렀던 듯싶다.

항우가 죽은 지 반세기 정도밖에 되지 않아 마을 사람들에게는 당시의 아비규환이 생생하게 기억되고 있을 때였다.

사마천은 그들로부터 항우의 최후를 들을 수 있었을 것이고 또한 다섯 사람의 제후에 관한 이야기도 물론 들었을 것이다.

사마천은 만년에 이르러 『사기』를 저술하면서 문제의 제후들에 대해 냉철한 마음으로 기록했다. 뿐만 아니라 사가로서 금기시하는 감정으로 인간의 욕망에 대한 치욕스러움까지도 기술했다.

사마천은 다섯 사람의 이름과 그들이 항우의 시신 일부를 차지해 얻은 직명까지 기록함으로써 한, 초의 싸움이 얼마나 처절한 다툼이었는가 하는 것까지 기록으로 남겼다.

기원 전 202년, 항우와의 싸움에서 최후의 승리를 쟁취한 유방은 마침내 황제의 위에 오른다. 사가들은 그를 한 고조라 일컬었다.

유방은 패현이 관할하는 풍豐이라는 곳에서 기원 전 247년에 태어났다. 유劉씨 집안은 평범한 농가에 지나지 않아 성만 있을 뿐 유방조차도 이름이 없을 정도로 미미한 집안이었다.

그런 탓인지 사마천은 일말의 양보도 없이 다음과 같이 명확하고도 보다 사실적으로 기록했다. 한漢 제국으로부터 고조高祖라고 추앙받고 있는 유방에 대한 서술 태도는 가혹할 만큼 냉혹했던 것이다.

한 고조高祖 유방劉邦은 패의 풍읍 중양리 사람이다.

성은 유劉요, 자는 계季다. 아버지는 태공太公, 어머니는 유온劉媪이라고 단순하고도 간략하게 기술했다.

사마천이 유방을 두고 자를 계季라고 기록한 것은 단순히 막내라는 뜻이며 태공이라는 것도 할아버지의 보통명사에 지나지 않으며 어머니를 유온이라고 한 것조차 유 할머니란 의미에 지나지 않았다.

냉철해야 할 사가로서 사마천이, 유방은 진의 혼란한 틈을 타 일어났고 항우와 최후의 결전을 벌여 승리하면서 중원을 재통일하고 한 고조가 된 집안의 내력에 대해 이렇게 초라하기 그지없을 만큼 기록한 이유라도 있을까. 물론 나름대로 이유가 있었을 것이다.

*　　*　　*

한의 고조가 된 유방은 가끔 회고했다고 한다.

"나는 장량처럼 책략을 쓸 줄도, 그렇다고 소하처럼 행정을 살피고 군량을 제때 보급할 줄도 모른다. 더욱이 병사를 끌고 전쟁터로 가 싸움에 이기는 일은 한신을 따를 자가 없었다.

그런데도 나는 이 세 사람을 배려해서 쓸 줄을 알았다. 그에 비해 항우는 범증 한 사람도 배려해서 쓰지 못했다. 이것이 내가 천하를 얻은 것에 비해 항우는 천하를 얻지 못한 이유라 할 수 있지."

유방은 가난한 농부 출신이기 때문에 항우에 비해 뛰어난 재능을 가진 것도 아니었다. 그는 자신의 능력을 과신하지 않으면서 인재를 활용할 줄 알았으며 감정에 치우치지 않고 상대방을 적재적소에 배치하는 배려까지 해주면서 현실을 직시하는 안목 하나는 타고 났다고 할까.

이것 때문에 황제의 지위에 오를 수 있었던 것이다.

해동 육룡이 나르샤

세종이 정음을 창제하고 맨 먼저 시도한 것이 실용성을 검토하는 프로젝트였는데 이런 세종의 의도는 어디에 있었을까?

여기에 대한 답은 학자나 시각에 따라 달라질 수도 있다.

여기서는 배려를 전제로 했기 때문에 필자로서는 그 해답을 자연 이런 범주 안에서 풀어나갈 수밖에 없다.

우리 민족 5천년 역사에 있어 위대한 왕이 여럿 있을 수 있으나 가장 위대한 왕으로 추앙받는 왕은 세종임에 이의가 있을 수 없겠다.

세종은 1397년 5월에 태어나 1450년 3월에 승하했으며 1418년에서 1450년까지 제위에 있은 조선조 제4대 왕이다.

세종은 정안군 이방원과 부인 민 씨의 셋째 아들로 태어났다.

첫째 왕자 이제李褆가 세자에서 폐위되면서 세자로 책봉되었고 부왕 태종의 선위로 즉위했다.

세종은 재위 동안, 과학, 경제, 국방, 예술, 문화 등 찬란한 업적을 많이 남겨 위대한 성군으로 존경받는 인물이 되었다.

그 중에서도 최대의 업적은 1443년, 과학적이며 실용적인 문자인 훈민정음을 창제한 데 있다. 훈민정음이야말로 세계에서 가장 과학적이며 실용적인 문자라는 데 이의가 있을 수 없다.

그런데 당시로서는 세종이 훈민정음을 창제하는 데는 경이적인 용단이 필요했다. 당시 조선의 문자 창제는 중국과의 직접적인 외교마찰을 야기할 수도 있는 민감한 사안이었다.

우리가 북한의 핵 위협에 맞서 핵을 개발하려 한다면 당연히 미국과의 마찰은 불가피함과 같은 맥락이라고 보면 이해가 될 것이다.

정음 창제에 있어 최만리 등은 문자를 만드는 자체를 반대한 것이 아니라 중국과의 외교적 마찰을 우려했기 때문이었으며 중국과 다른 문자를 만드는 것은 사대외교에 어긋나는 것일 뿐 아니라 스스로 오랑캐가 되는 것이라고 극구 반대했던 것은 아는 사람은 다 알고 있다.

그런데도 세종이 그 모든 반대를 지존에 대한 불경으로 물리쳤고 더욱이 중국과의 외교마찰까지도 일단 어의로 물리치면서까지 훈민정음訓民正音을 창제하려고 한 속뜻은 어디에 있었을까?

물론 예의인 '세종어제훈민정음'에 그 뜻이 나타나 있긴 하지만. 예의는 겉으로 드러난 의도에 지나지 않는다.

그렇다면 진정한 의도는 다른 데 두지 않았을까?

정음을 창제한 뒤, 반포하기 전에 문자로서 기능을 발휘할 수 있는지 없는지, 이를 시험하기 위해 집현전 학자들에게 그런 글의 전범을 짓게 한 데서 짐작할 수는 있다.

세종이 즉위하기까지는 우여곡절도 많았다.

할아버지 이성계가 역성易姓을 일으켜 500년 고려왕조를 무너뜨리고 이씨 왕조를 세운 것 <化家爲國>은 그렇다 치더라도 뒤를 이어 아버지 정안군 방원이 2차에 걸쳐 왕자의 난을 주도해서 스스로 왕위에 올랐으니, 이는 어떤 이유로도 민초들에게 정당화될 수 없었다.

이성계는 한 씨 소생 여섯 왕자와 계비 강 씨 소생으로 방번과 방석을 뒀는데 방석을 1938년 8월, 세자로 책봉했다.

이에 한 씨 소생들, 특히 정몽주를 제거했고 공양왕을 폐위시켜 개국의 공이 많은 방원의 불만은 대단했다. 게다가 삼봉 정도전鄭道傳 등은 왕실의 힘을 약화시키기 위해 계획적으로 사병 혁파를 서둘렀다.

이에 불안을 느낀 방원은 하륜 등의 도움을 받아 정도전, 남은 등과 세자 방석 형제를 무참히 살육하기에 이른다.

이것이 바로 1차 왕자의 난이다.

하륜 등이 방원을 세자로 책봉하려고 했다.

방원은 이를 사양하면서 사태의 추이를 관망하다가 방과를 세자로 세워 즉위시키니 이 분이 정종이다.

정종은 소생이 없어 세자 책봉에 미묘한 갈등이 발생했다.

박포 등이 방간을 충동질해서 방원과 대립했다. 방원은 수의 우세를 틈타 박포와 방간을 제거한다.

이것이 2차 왕자의 난이다.

드디어 1400년 방원은 정종으로부터 왕위를 선양받아 왕위에 오르니 이가 곧 3대 태종이다.

고려 500년의 국시였던 불교를 폐지하고 유교를 국시로 역성혁명을 한 지 얼마 되지도 않았는데 태종이 유교의 덕목인 장자 세습의 정통성을 스스로 부정한 데다 골육상쟁의 난을 두 번이나 일으켰으니 민심이 어떻게 돌아가고 있는지 세종은 너무나 잘 알고 있었을 것이다.

조선조는 고려의 폐단보다도 훨씬 못한 수제비 나라라고 고려 유민들은 여겼을 것이 분명하지 않은가.

민심은 이씨 왕조를 이탈했음을 누구보다도 영특한 세종 자신이 더

잘 알고 있었을 것이다. 그리고 세종 자신마저도 우여곡절 끝에 장자가 아닌 셋째가 세자가 되고 왕이 되었으며 4년간 방원의 섭정을 받는 동안 장인과 처남들에게 사약을 내려 죽이기도 했으니 그로서는 아킬레스건, 아니면 컴프렉스가 되었을 것이다.

이를 수습할 책무를 느낀 세종은 그 영특한 두뇌로 생각해낸 것이 문자 창제에 복안을 둔 것은 아니었을까? 또한 기존의 문자인 한자는 생업에 바쁜 백성들이 쉽게 익혀 쓸 수 있는 문자가 아니기 때문에 누구나 쉽게 익혀 쓸 수 있는 문자를 생각해 낸 것은 아니었을까?

훈민정음이야말로 곧 세종이 우리말 표기에 알맞도록 몸소 지은 고유하고도 독특한 문자다. 실로 세종의 정음 창제는 기형적인 민족문화를 본격적으로 궤도에 올려놓았으며 국문학도 비로소 정상적인 발달을 하게 되는 계기를 마련하게 되었던 것이다.

정음을 창제한 연대는 세종 25년 음력 12월(1443)이다.

그리고 이를 반포한 해는 3년 후인 세종 28년 음력 9월 상한(1446)이니 지금으로부터 약 560여 년 전의 일이다.

정음 창제는 세종의 영명英明이 아니면 도저히 불가능했다.

정음을 창제한 동기 내지 목적은 세종이 몸소 창제한 '세종어제훈민정음(世宗御製訓民正音)'의 취지를 예의에 분명히 밝혀 놓았다.

곧 우리나라 말은 중국의 그것과 달라 한문을 모르는 무지한 백성들로 하여금 생각한 것을 표현할 수 있는 길을 열어 주기 위해 창제한 것이 주된 목적이라고 했다. 유구한 역사와 특이한 부착어附着語를 사용한 우리 민족은 고대부터 고유문자를 가져보지 못한 탓으로 우리말을 어떻게 해서라도 문자화시켜 보려고 노력했을 것이다. 그러다가 표음문자表音文字를 희구하던 염원이 직접 또는 간접적으로 원동력이 되어 표음문자인 정음을 창제하는데 직접적인 계기가 되었을 것이며 그러한 노력의 결정이 세종에 이르러 이루어졌다고 볼 수 있다.

정음은 세계 문자 발달사상 가장 과학적인 체계에 의해 만들어졌다. 세계에서 가장 과학적인 문자란 근거는 바로 자음체계를 두고 한 말이며 그것은 현대 음성학의 이론에 적용시켜 봐도 한 치의 오차도 없다는 데 있을 것이다. 왜냐하면 발성기관을 본 따 만들었기 때문이다.

그런데 모음체계는 천, 지, 인을 상형해서 이를 상하좌우로 운용했기 때문에 과학적이라고 하긴 무리가 있다.

비록 중국의 음운체계— 명의 『홍무정운(洪武正韻)』—를 본받기는 했으나 초성인 자음은 발성기관의 발음 모양을 본 따 17자를 만들었다. 중성인 모음은 천天, 지地, 인人의 삼재三才를 형상화한 상형문자를 기본 자형으로 해서 철학의 태극 원리에 맞춰 양성과 음성을 각각 다섯 자씩, 여기에 중성 한 자를 합쳐 11자를 만들었다.

그렇게 만들어진 정음의 자모체계는 다음과 같다.

◉ 자음(초성)

아 음: ㄱ, ㅋ, ㆁ
설 음: ㄴ, ㄷ, ㅌ
반설음: ㄹ
순 음: ㅁ, ㅂ, ㅍ
치 음: ㅅ, ㅈ, ㅊ
반치음: ㅿ
후 음: ㅇ, ㆆ, ㅎ

◉ 모음(중성)

천(양성): ㅏ, ㅑ, ㅗ, ㅛ
지(음성): ㅡ, ㅓ, ㅕ, ㅜ, ㅠ
인(중성): ㅣ

이상 28자의 자음과 모음은 순수한 단음문자다.

'범자필합이성음(凡字必合而成音)'은 중국의 음운 원리인 음절문자의 운용법을 본받았기 때문에 용자례는 자음인 초성과 모음인 중성이 결합되어야 소리가 난다. 그리고 받침인 종성은 따로 만들지 아니하고 '종성부용초성(終聲復用初聲)'의 원칙에 따라 초성인 자음을 부연해 사용함으로써 자모의 수를 최대한 줄였다.

세종은 그 어떤 반대에도 불구하고 이를 모두 불경으로 물리치고 어렵게 만든 정음을 두고 겉으로는 글자로서 제 기능을 발휘할 수 있는지 없는지를 시험하기 위해 집현전 학자들에게 글을 지으라고 했다.

그러나 실은 세종으로서는 이씨 왕조의 화가위국의 정당성을 민심이 떠나간 백성들에게 주입시키기 위해 집현전 학자들로 하여금 취지에 합당한 글을 짓게 했던 것은 아니었을까?

팔자는 아쉬움 하나를 떨쳐 버릴 수 없다.

세종은 정인지, 안지, 권제 등에게 지시해서 어렵게 어제한 정음을 사용해 최초의 글을 짓게 했듯이 과거의 덕목에 넣어 정음으로 지은 글을 장원으로 삼거나 급제를 시켰다면 조선조 사회는 한문보다 정음이 일반화되어 세계 문화의 첨단을 달렸을 것이 분명하다.

그런데 온갖 반대를 불경으로 물리치며 만들어놓기만 하고 과거 덕목에 넣어 시행하라고 강력한 어명을 내리지 않았는지 생각할수록 세종의 영명이 안타깝기 그지없다.

세종의 명을 받은 정인지, 안지, 권제 등은 어의御義를 최대한 배려해서 지은 글의 타이틀을 『용비어천가(龍飛御天歌)』로 결정했다. 세종은 이를 읽고 성삼문, 박팽년, 이개, 하위지 등에게 주석케 했다.

어느 민족치고 신화는 미화되지 않은 것이 없듯이 『용비어천가』 또한 신화시대가 아닌 조선조 초기에 만들어진 신화 곧 이씨 왕조의 창조

된 화가위국化家爲國의 신화라고 할 수 있지 않는가.

현재 우리는 안보의 위협 속에 살고 있다.

그것은 북한 때문이다. 북한정권은 초시대적인 신화를 창조해 이를 실천하고 있기 때문에 지금도 신화시대에 살고 있지 않는가.

곧 김일성 주체사상을 신격화해서 주민들에게 강제로 주입시키고 있으며 이를 바탕으로 세계에서 유례를 찾아볼 수 없는 김가 왕국을 3대에 걸쳐 존속시키고 있음에야.

그런 북한 사회에 비해 남한 사회는 어떤가? 아직도 신화시대에 살고 있는 북한사회를 동조하는 세력이 대낮에도 활개를 치고 있으며 그들을 사조직화해서 국회까지 입성케 해 활동하고 있지 않는가.

『용비어천가』는 10권 5책 목판본으로 1445년 4월에 편찬해서 1447년 5월에 간행된 조선왕조 창업을 송영한 노래다. 총 125장이며 정음으로 엮은 최초의 책이다. 조선 건국의 유래가 유구함과 조상들의 성덕을 찬양하고 태조의 창업이 천명에 의한 것임을 밝힌 다음, 후세 왕들에게 경계하여 자자손손 대를 이어 번영을 구가하는 내용을 담았다.

구성은 장마다 2행 4구로 되어 있다.

그런데 1장은 3구, 125장은 9구로 된 것만이 예외다. 3장에서 109장까지는 첫 구에 중국 역대 제왕의 위업을 칭송했고 후구에는 목조, 익조, 도조, 환조, 태조, 태종 등 6대의 사적을 칭송했다. 110장에서 124장까지는 물망장이라고 해서 '잊지 마르소서.'로 끝내고 있다.

『용비어천가』의 형식은 『원인천강지곡』에 버금 갈 정도로 원문 다음에 한역과 언해를 덧붙였다. 특히 1, 2, 3, 4, 125장은 곡을 지어 여민락與民樂, 치화평致和平, 취풍형醉豊亨, 봉래의鳳來儀 등 악보를 만들어 조정의 연회시마다 연주케 했는데 『세종실록』 권14 「악보」에 가사와 악보가 실려 현재까지 전해 오고 있다.

『용비어천가』와 같은 갈래를 두고 악장이라고 하는데 악장은 다름 아닌 응제시應製詩를 일컫는다. 응제시란 왕의 명제에 의해 지어진 시라 할 수 있다. 악장으로는 과거시 <동시(東詩)>가 있으며 외교교린문서나 왕에 관계되는 시문, 제향, 의례 등이 있다.

『용비어천가』의 창제 동기는 정인지의 서에 나타나 있듯이 자주 정신, 애민 정신, 실용주의에 있으나 이면에는 이씨 왕조의 화가위국, 곧 역성혁명을 정당화한 작업의 일환이라는 의미가 숨겨져 있다.

조선조는 고려조와의 차별화로 유교를 국시로 내세워 건국했으나 10년도 채 못 되어 이씨 왕조의 권위는 추락할 대로 추락했다.

개국 초부터 장자 세습제가 무너지고 두 번이나 왕자끼리 죽고 죽이는 난까지 일으켰으니 백성들이 왕실을 곱게 볼 리 만무하다.

이런 현실을 감안한 세종은 그 영명英明한 두뇌로 실추된 왕실의 이미지를 제고하려고 했을 것임은 말할 필요도 없겠다.

예를 하나 들면, 정적인 탓도 물론 있었겠으나 너무나 사실적으로 서술한 정도전의 『고려사』를, 세종은 모두 거둬 불태우게 했다.

이어 정인지로 하여금 조선조 개국의 관점에서 본 사관, 고려의 긍정적인 면보다는 부정적인 면을 보다 강조해서 서술한 새로운 『고려사』를 편찬케 한 점만 보아도 짐작이 간다.

한문은 너무 어려워 생업에 바쁜 백성들은 쉽게 익혀 쓸 수 없었다. 그래서 상의하달보다는 하의상달의 필요성을 느끼고 새로운 문자를 창안했는지의 여부는 앞에서 밝혔다.

이런 세종의 뜻을 최대한 살린 『용비어천가』는 화가위국의 역성혁명을 천명사상天命思想으로 합리화했으며 근엄과 화려함을 더해 신화를 만들어냈다. 이런 내용을 다룬 것을 악장이라고 하는데 악장은 노래로 부르기 위해 지은 시가로 일정한 곡조를 바탕으로 곡을 붙여 부른 노래이며 음악성을 감안한 시가다. 그러기에 악장은 문학적인 음미에 앞서 음악적인 율조의 파악이 선행되어야 하며 국악의 바탕을 이해하고 이를 근거로 분석해야 비로소 완전한 이해가 가능하다.

그러기 위해서는 정간법井間法에 의해 채보된 옛 악보의 풀이와 해석이야말로 논평에 앞서는 과제가 되며 속요, 별곡, 시조, 가사 등도 가락과 장단이 보다 중요하다. 특히 여민락은 지금도 연주가 가능하며 장중한 흐름과 박자를 더욱 중시했음도 간과할 수 없다.

이성계가 고려 왕조를 전복시키고 새 왕조를 세우자 추종자들은 환희에 넘쳐 춤을 췄다. 유신들은 고려의 적폐였던 불교사회를 벗어나 유교사회가 돌아왔음을 자축했다. 폭정으로 시달리고 신음하던 서민들도 새로운 군왕을 향해 만세를 불렀다. 고려 말의 풍조는 사라지고 신흥 기풍이 일어 비로소 안도의 길을 얻어 새 생활을 꾀하게 되었다.

왕조 또한 국기확립과 국민 민복의 대계를 세우는 데 여념이 없었으니 태평세월이 바야흐로 도래한 듯했으나 실은 조선조 초기는 그렇지 못했다. 그랬기에 세종 때는 송축을 집대성한 작품이 나온 것은 지극히 시대적인 요청이라고 할 수 있다.

그것이 바로 『용비어천가』라는 장편 서사시다.

이 작품은 종래의 시가에서는 볼 수 없는 특이한 형식이다.

그런데 초기의 시가는 창업의 위대함을 송축하고 국가의 융성과 국왕의 만수를 송축하는 작품이 대부분이다.

그러면 『용비어천가』의 1장부터 아래에 인용해 보기로 한다.

海東(해동) 六龍(육룡)이 ᄂᆞᄅᆞ샤 일마다 天福(천복)이시니
古聖(고성)이 同符(동부)ᄒᆞ시니

(해동에 여섯 마리 용이 태어나시니 일마다 하늘의 복이신 데다 또한 옛 중국의 성인마저 함께 하셨도다.)

海東六龍飛 莫非天所扶
古聖同符

1장은 강령綱領으로 대서사시의 서장에 해당된다. 반정의 정당성을 밝혔으며 근왕사상勤王思想을 고취하고 있다.

해동 육룡은 곧 하늘의 명복冥福을 전제로 천명관天命觀을 나타낸 것이며 중국 성인들의 고사와 함께 했음도 밝혔다.

이 정도의 미사여구는 애교 정도로 받아들일 수 있지 않을까.

2장을 인용해 보기로 하겠다.

불휘 기픈 남ᄀᆫ ᄇᆞᄅᆞ매 아니 뮐씨 곶 됴코 여름 하ᄂᆞ니
시미 기픈 므른 ᄀᆞᄆᆞ래 아니 그츨씨 내히 이러 바ᄅᆞ래 가ᄂᆞ니.

(뿌리가 단단히 박힌 나무는 바람에 아니 흔들리기 때문에 꽃이 화려하고 열매도 많이 달리며, 샘이 깊은 물은 가물에 아니 마르기 때문에 내를 이뤄 바다에까지 이른다.)

根深之木 風亦不扤 有灼其華 有蕡其實
源遠之水 旱亦不竭 流斯爲川 于海必達

억만세를 누릴 나라임을 천명하고 거룩한 국가임도 밝혔다.

이 정도면 미사여구도 점입가경漸入佳境이라고 하겠다.

125장은 1연 3절로 결사에 해당된다.

千歳 우희 미리 定ㅎ샨 漢水 北에 累仁開國ㅎ샤 卜年이 Z 업스시니
聖神이 니ㅿ샤도 敬天勤民ㅎ샤사 더욱 구드시리이다. 님금하 아ᄅ쇼셔
洛水(낙수)예 山行 가 이셔 하나빌 미드니잇가.

(천 년 전부터 정한 한강 북쪽에 덕을 쌓아 나라를 열었으니 왕조의
지속은 끝이 없다고 하더라도 성신이 뒷받침하고 하늘을 공경하며 백
성들을 위해 부지런히 힘 써야 나라가 더욱 굳건해 질 것이니. 임금이시
여 아르소서, 낙수에 산행 가 있으면서 할아버지를 믿었단 말입니까?)

千歳黙定 漢水陽 累仁開國 卜年無彊 子子孫孫 聖神雖繼 敬天勤民 迺
盆永世 嗚呼 嗣王監此 洛表遊畋 皇祖其恃

계고戒告, 경천권민敬天勤民, 덕치德治가 핵심이다.
125장에 이르러 조선조 개국을 찬양하기 위한 신하들의 배려는 극치
에 이뤘으며 그것도 미사여구로 절정을 이뤘다.
『용비어천가』는 신하들이 조선 왕조를 찬양하되 세종의 뜻을 최대
한 배려하고 존중해서 지은 극히 드문 악장이라 하겠다.

엎질러진 물은

여상呂尙 강태공에 대한 기록은 알려진 것이 거의 없다. 그런 탓인지 모르겠으나 전설적인 기록은 더러 남아 있다.

냉철하기로 이름난 사마천도 『사기(史記)』를 저술하면서 이 문제로 고민한 흔적이 보인다. 사마천은 『사기』의 「제태공세가」 편에 여상에 대해 그럴 듯한 사건 몇 가지를 기록했다.

'여상은 동해 근처 사람이다. 그는 여상이라는 이름보다 강태공姜太公으로 널리 알려진 인물, 여상에게는 다른 이름이나 별명이 많다.

별명이 많다는 것은 전설적인 인물임을 짐작케 한다.

그는 여상이나 여아呂牙라는 이름과 태공망太公望이나 사상보와 같은 존칭으로 불리어지기도 했다.'

그런 여상에 관계되는 일화를 하나 소개한다.

여상은 나이 70에 이르렀는데도 자기를 알아주는 사람을 만나지 못해 오직 학문과 사색에만 매진했다.

부인은 남편이 경제적으로 무능하기 짝이 없는 데다 책에만 파묻혀 생활했기 때문에 그를 뒷바라지하느라 고생은 말이 아니었다.

하루는 부인이 들일을 하러 가면서 애원하듯 당부했다.

"여보, 오늘은 소나기가 올 것 같습니다. 만약 비가 오면 마당 멍석에 늘어놓은 보리가 빗물에 떠내려 갈 수도 있으니 보리를 거두어 봉당으로 옮겨놓으셔요. 제발 잊지 마시고요, 네에."

그러나 여상은 사랑에 처박혀, 책 읽는 데만 푹 빠져 부인의 당부에도 건성으로 들으며 고개만 끄덕였다.

한낮쯤 되자 사방이 갑자기 어둑어둑해지더니 천둥 번개를 동반한 폭우가 쏟아지기 시작했다. 마당은 삽시간에 물바다가 되었고 멍석에 늘어놓은 보리는 빗물에 둥둥 떠돌다가 떠내려갔다.

그런데도 여상은 번개가 치는지, 폭우가 쏟아지는지 전혀 아랑 곳 하지 않은 채 책 읽는 데만 푹 빠져 있었다.

부인은 비를 쫄딱 맞고 집으로 돌아오니 기가 막혔다.

늘어놓은 보리는 다 떠내려가고 남은 것이라곤 하나도 없었으니.

"저런 영감탱이를 믿고 내가 부탁한 것이 잘못이지."

부인은 남편에게 부탁한 자신을 오히려 탓했던 것이다.

그런데도 여상은 일언반구 반응이 없었다.

'멍석을 펴 보리를 말리지 말았으며 화낼 일도 없었을 것을. 지금 와 후회한들 무슨 소용이 있을까.'

그 길로 부인은 방문을 박차고 어디론지 사라져 버렸다.

아내가 사라지자 여상이 탄식해 마지않았다.

"조금만 참으면 될 것을, 그것을 못 참다니 안타깝도다. 이제 80세가 되면 운이 티여 행복하게 살 수도 있을 텐데."

부인이 도망을 쳐 혼자가 된 여상은 위수渭水로 가 반계磻溪라는 곳에서 낚시를 했다. 미끼는 준비하지 않았으니 끼울 생각이 없었기 때문이다. 곧은 바늘을 물에 드리우곤 사색에 잠기곤 했다.

여상은 고기를 낚는 데 관심을 두기보다는 시종여일하게 자기를 진정으로 알아주는 주군이 찾아오기를 기다렸던 것이다.

여상은 80년 동안이나 세월에 목을 매고 현인을 기다렸으니 이보다 세월을 배려해줄 수는 없었을 것이다. 그랬으니 세월을 배려한 인간은 누구도 아닌 여상이라고 할 수 있지 않을까.

당시는 수명이 짧았는데도 여상은 참으로 오래 살았으며 비록 80이란 나이에 뒤늦은 출사를 했는데도 많은 업적을 쌓았다.

그 공으로 제나라 왕으로 책봉을 받아 부임해서 선정까지 베풀었으니 세월을 전제로 한 기이한 배려를 여상에게서 볼 수 있다.

어느 날 주周 문왕文王이 꿈을 꿨다.

잠에서 깨어나 꿈을 생각해 보니 매우 이상했다. 왕은 점복을 관장하는 태사를 불러 꿈 이야기를 하고 해몽을 부탁했다.

태사는 별점을 쳐 꿈을 풀이했다.

"사냥한 것은 용도 이무기도 아니며 호랑이나 곰도 아닙니다. 오직 대왕을 보필할 사람을 얻을 꿈을 꾸셨습니다."

태사는 꿈보다 더 좋은 해몽을 했다.

하루는 주 문왕이 간소한 차림으로 사냥을 나갔다.

왕은 위수 북쪽으로 갔다가 반계에서 낚시를 하고 있는 여상을 만났다. 꿈을 꾼 지도 얼마 되지 않았기 때문에 꿈처럼 귀인을 만나는 것은 아닐까 하는 기대를 하면서 여상에게 천하대세에 대해 몇 마디 물어 보았다. 그러자 여상의 대답은 전혀 거침이 없었다.

그 무렵이었다. 문왕은 상商을 멸망시키고 주周를 부흥시키기 위해 인재를 널리 구하고 있었다. 여상 또한 정치적 포부를 실현시키기 위해 주군을 기다리고 있었다.

해서 세월의 배려가 만들어준 타이밍이 희한하게도 일치했던 것이다.

문왕은 생각하던 현인을 만났다고 크게 기뻐했다.

그는 여상을 수레에 태워 왕성으로 돌아왔다.

왕성으로 돌아온 왕은 여상을 국사에 책봉했다.

여상에 대한 기록은 사실로 전해지는 것이 거의 없다.

그런 탓인지 그에 대한 평판은 사람마다 다르다.

그런데 중요한 사실에 대해서는 분명한 면도 있다. 여상의 선조가 우 임금을 도와서 황하의 치수에 공을 세운 탓으로 여呂 지방의 제후로 책봉된 인연으로 성은 여呂, 이름을 상尙이라 한 것.

여상은 어려서부터 가난한 생활을 했다. 한때는 도축장에서 일도 했으며 밥장사까지 했다고 전해지기도 한다.

그는 견문을 넓히려고 여러 곳을 여행하면서 발길은 전국 구석구석까지 찾아다녔으니 여행 범위가 넓었으며 발길이 미치지 않은 곳이 없을 지경이었다. 나이 들어서는 '강태공 세월 낚듯이'라는 말을 남겼을 정도로 위수에 은거하며 낚시를 즐겼다.

훗날 그가 문왕을 도와 맹진에서 제후의 군대를 열병하고 목야에 이르러 결전을 치렀다. 이 전투에서 대승할 수 있었던 것은 그의 이런 답사와도 관련이 깊다. 그 지방의 지세에 매우 밝았기 때문이다.

사마천의 『사기』에도 그에 관한 기록이 보인다.

여상은 박학다식博學多識했으며 한때 상의 마지막 임금 주를 모신 적도 있었으나 주 임금이 포악한 정치를 하자 그를 떠났다고 기록하고 있다. 또한 제후들을 찾아다니며 자신의 뜻을 펴기도 했으나 마음에 맞는 주군을 만나지 못해 천하를 주류했다는 기록도 보인다.

이처럼 여상은 남들에 비해 천하 주류를 보다 많이 했기 때문에 누구보다도 살아 있는 지식을 풍부하게 축적할 수 있었던 것이다.

여상과 주 문왕의 만남은 필연이라고 할 수 있다.

『여씨춘추』에 '여상은 한 시대를 다스리고자 하는 큰 뜻을 지녔으나 주군을 만나지 못해 불우하게 지내다가 문왕이 어질다는 소문을 듣고 일부러 위수에서 낚시를 드리우고 그를 기다렸다.'는 기록도 있다.

『사기』에 의하면, '여상은 늙은 나이에도 낚시를 하면서 주의 서백(西伯 — 뒤에 문왕)에게 접근하려고 했다.'고 기록하고 있다.

이외 설도 사마천의 『사기』에 기록되어 있다.

일찍이 주나라 서백이 유리성에 갇혀 있을 당시, 여상은 동해 바닷가 한적한 어촌에 숨어 지내고 있었다.

하루는 산의생散宜生과 굉요閎夭가 찾아왔다.

서로 인사를 나눈 뒤, 먼저 신의생이 물었다.

"오래 전부터 서백이야말로 어질다고 소문이 자자한데 공께서는 이를 어떻게 생각하십니까? 고견을 한 번 듣고 싶습니다."

질문을 받은 여상이 되레 반문했다.

"내가 듣기로는 서백은 어질 뿐만 아니라 현자들을 잘 모신다고 들었으니 두 분께서는 왜 그분을 찾아가지 않습니까?"

여상은 주의 사師란 직책을 맡자 서주의 건국 이후의 국가사업에 진력해서 남다른 공을 남겼다. 문왕에 이어 무왕이 집권할 때도 여상의 직책은 여전히 사의 직을 유지하고 있었다.

사는 왕을 최측근에서 보필하는 주요한 자리로 군사적으로는 군사軍師 또는 군사령관에 해당된다.

건국 초기부터 문왕을 도와 상의 정권을 무너뜨리는데 있어 용병술과 기묘한 계책을 마련했으며 제후들과 회맹會盟해 목야 전투를 진두지 휘해서 마침내 상을 멸망시키기에 이른다.

전쟁이 끝난 뒤, 논공행상을 논의했다.

많은 공을 세운 신하들 중에서도 여상이 단연 으뜸이었다. 왕은 그런 공을 인정해서 여상을 제의 왕으로 책봉했다.

여상이 제의 왕이 되어 제로 가는 부임길에 일화 하나가 전한다.

여상이 부임 차 위수 강가에 이르러 강을 건너기 위해 일단 강가 모 래밭에서 행차를 잠시 멈추었다.

행차를 멈추고 쉬고 있는 그때에 남루한 차림새의 노파가 제 왕의 수 레에 접근하려고 막무가내로 떼를 써댔다.

죽기 살기로 접근하려는 노파에게 호위병 몇이서 막아서며 그네를 제지하는 장면을 여상이 멀리서 물끄러미 지켜보고 있었다.

"저 분은 내 전 남편이니 만나게 해 주셔요."

그러나 누구도 너무나 초라하고 남루한 데다 늙은 노파가 여상의 전 부인이라고 믿어주지 않아 만날 수 없었다.

여상은 이런 실랑이를 지켜보다가 노파를 가까이 오게 했다. 가까이 왔을 때, 얼굴을 뜯어보니 세월이 흘렀다고 하지만 그 옛날 멍석의 보 리를 거두지 않았다고 화가 나 사라진 마누라가 분명했다.

"그땐 제가 잘못했어요. 저 좀 데려가주셔요."

노파는 모래바닥에 주저앉아 발버둥쳤다.

"……"

이에 여상은 호위병에게 지시했다.

"가서 항아리를 구해 물을 길러오게. 또 깨진 독도 하나 가져오고."

조금 뒤, 물을 담은 항아리와 깨진 독이 준비되었다.

그제야 여상이 노파에게 말을 건넸다.

"내 전 부인이라고 했으니 좋소. 이 항아리의 물을 깨진 독에 부어 깨진 독에 물을 가득 채운다면 함께 데려가겠소. 어디 물을 부어 깨진 독을 가득 채워 보시오."

"……?"

그러자 노파는 너무나 어이없고 기가 찼던지 말도 잇지 못했다.

'깨진 독에 물을 부어 채우라니.'

그 누구도 할 수 있는 일이 아니었던 것이다.

"저 영감탱이 하는 짓거리가 그때나 지금이나…"

비로소 노파는 여상의 속마음을 알아 차렸다. 여상이 조강지처였다 할지라도 도망친 전처를 데려가지 않으려고 쇼를 한 것임을.

노파는 더 이상 실랑이를 하지 않고 어디론지 사라졌다.

이때 생긴 속담이 '깨진 독에 물 붓기'였다.

제에 도착한 여상은 정치를 바르게 폈고 풍속에 따라 의례를 간소화했으며 상공업과 어업을 장려했다.

그러자 사람들이 제로 몰려들었으며 자연스럽게 넓은 지역을 관할하는 왕이 되었으며 이어 나라마저 부강해졌다.

이런 기록으로 보면, 여상은 특별히 모략謀略에 능했다는 것을 한눈에 알아볼 수 있다. 그의 모략사상謀略思想은 소박한 유물론과 변증법적 관점에 근거를 두고 있음은 물론이다.

여상은 인간의 능동성을 강조했으며 전쟁에 있어서는 정치투쟁과 외교투쟁을 결합시키는데 보다 큰 관심을 뒀다.

자연 모략을 잘 운용해서 싸우지 않고 완벽하게 이기기 위해 노력할 것을 강조한 것이 그의 모략전술의 핵심이라고 할 수 있다.

인간 뇌물

중국의 4대 미녀 하면, 흔히 네 사람을 드는데 세 사람은 실존인물이고 나머지 한 사람은 소설 속의 인물이다. 소설 속의 인물이 4대 미녀로 칭송되는 것은 그만큼 소설의 영향력이 컸기 때문일 것이다

왕소군의 이름은 장嬙, 牆, 檣, 자는 소군昭君이다. 일설에는 소군이 자이고 장이 이름이라고 한 기록도 보인다.

왕소군은 남군지방의 양가 고명딸로 태어났다. 태어날 때부터 너무나 예쁘고 고와 자라면 경국지색이 되고도 남을 것이라고 칭송했다.

왕소군은 원제와의 일화는 그만 두고라도 진나라 때는 문제 사마소司馬昭와 같은 소昭의 이름을 피하기 위해 왕명군王明君이라 했으며 명비明妃로 기록되기도 했다.

후대에 와서는 두보나 이백 등 뭇 시인들의 숱한 시제詩題로 왕소군이 등장한다. 또한 희곡으로도 각색되었는데 그 중에서도 마치원馬致遠의 한궁추漢宮秋가 널리 알려졌다.

서시西施는 월나라의 미녀다.

그네는 범려와 함께 오 왕 부차에게 접근해 오나라를 망하게 했다.

서시는 나무꾼의 딸로 저리산苧羅山에서 출생했다고 전한다. 그네는 미모가 매우 빼어나 뭇 남성들의 사모의 대상이 되었다.

뿐만 아니라 뭇 여인들도 서시를 흉내 내면 미녀가 된다고 해서 한때 그네의 행동을 따라 하는 유행마저 퍼졌다고 한다. 심지어 그네가 심장병의 통증으로 찡그리는 얼굴까지 흉내를 냈는데 이를 두고 서시효빈西施效嚬, 서시빈목西施嚬目이라고 했다. 또한 가슴앓이를 했다고 해서 서시봉심西施奉心이라는 고사까지 생기기도 했다.

이런 서시의 종말에 대해 두 가지 설이 전해진다.

오나라가 허망하게 망하고 난 뒤였다.

구천의 부인이 서시의 미모를 보고 남편이 그네를 좋아하게 될까 두려워한 나머지 오나라 사람들에게 서시가 오나라를 멸망케 한 요부라고 떠들어대면서 자루에 넣어 강물에 빠뜨려 죽게 했다.

오랜 뒤에야 강가에서 조개 하나가 발견되었다.

이를 두고 사람들이 '이것이 바로 서시의 혀다.'고 했으며 그로 인해 조개가 서시의 혀라는 말이 생겼을 정도다.

다른 하나는 오나라가 망한 뒤, 서시와 범려가 사랑에 빠지자 범려는 월 왕의 봉직을 포기하고 서시를 데리고 사라졌으며 타이호에서 여생을 보냈다는 전설이 있다. 사오싱 제기 시에는 서시전西施殿이란 유적과 월국고도성문 등의 유물이 남아 있으며 죽은 뒤는 그네의 이름을 따 서시호로 명명했다. 북송의 시인인 동파東坡 소식蘇軾은 칠언절구로 호수와 서시에 대한 사詞를 남기기도 했다.

양경요의 본명은 양옥환楊玉環, 시가에서는 양태진楊太眞이라 일컬었으며 산시성에서 출생했으나 스촨성에서 성장했다.

어려서 부모를 여의어 양씨의 양녀가 된다.

17세 때는 현종의 18 왕자 중 이모李瑁의 비가 되었으나 왕후 무혜비가 죽자 현종의 총애를 받아 경요로 일컫는 비가 되었다.

755년, 양국충과 안녹산이 반목질시 끝에 안녹산이 반란을 일으키자 이를 피해 황제를 따라 장인 서쪽으로 피란 갔다.

피란의 와중에 호위하던 군사들이 양씨 일문에 대한 쌓인 불만으로 양국충을 죽이고 현종에게 경요까지 내놓으라고 강요했다.

현종은 어쩔 수 없이 경요를 내어주자 분을 이기지 못한 군사들은 우르르 달려들어 그네를 도륙해 숨통을 끊어 놓았다.

정사正史는 그네에 대해, 자질염풍資質豊艶이라는 단어로 압축해서 기록했으며 경국지색인 데다 가무까지 겸해 군주의 마음을 빼앗을 만큼 총명함까지 지녔다고 두둔하기도 했다.

이백은 활짝 핀 모란에 비유했으며 백거이는 「장한가(長恨歌)」까지 지어 기렸다. 후대로 내려올수록 희곡의 소재가 되기도 했다.

이들에 비해 초선貂蟬에 대해서는 정사나 야사며 전설 그 어디에도 기록이 남아 있거나 민담 하나 전해지지 않는다. 그렇기 때문에 소설 속의 인물이 분명하다 하겠다.

『삼국지연의』를 쓴 나관중羅貫中을 예로 들어보자.

나관중이『삼국지연의』를 쓰게 된 의도는 어디에 있었을까?『삼국지연의(三國志演義)』의 지는 志가 아닌 誌라고 해야 한다. 志는 역사에 가까운 글을 말하며 誌는 허구에 가까운 글을 구별해 쓰기 때문이다.

진수가 찬한『삼국지(三國志)』는 분명히 志다.

그런데 나관중이 쓴 소설『삼국지연의(三國志演義)』마저도 志라고 했으니 이는 역사기록이라는 것과도 부합된다.

그만큼 소설이긴 하지만 사실에 근거했다는 점을 강조한 셈일 아니겠는가. 그렇다고 해도『삼국지연의』는 어디까지나 픽션이다.

허구인 소설에서 미인을 동원해 연환계로 초선을 등장시켰는데 그녀를 두고 실재 인물인 것처럼 4대 미녀로 대접해 준 것은 그 당시 소설의 힘이 어떠했는지를 단적으로 보여준 것이 된다.

그런 여인이 바로 초선貂蟬이다. 그네는 인간 뇌물의 화신이 되어 목적 달성을 위한 희생의 상징으로 설정된 인물이다.

어디 소설 속의 인물만이 인간 뇌물이겠는가.

지금도 세상에는 상상을 초월한 인간 뇌물이 알게 모르게 자행되고 있음은 알 만한 사람은 다 알고 있다.

아첨의 최상급에 속하는 것이 상납이 아닐까 싶다.

상납이라는 것은 자기의 목적을 상식 이하나 불법적으로 달성하기 위해 뇌물이나 현금을 바치는 것을 말한다.

상납 중에서도 인권으로서는 가히 상상도 할 수 없는, 성 매매보다 악랄한 것이 바로 미인을 뇌물로 바치는 것이 아니었을까.

연환계連環計는 미인을 동원해 목적을 달성하려는 것을 말한다.

미인을 동원한다는 것은 아첨의 또 다른 절정이겠다.

이런 미인을 동원한 것을 두고 「삼국지연의」에서는 연환계라는 단어를 사용했다. 연환계는 바로 막강한 권력을 쥐고 있는 동탁과 그의 권력을 지탱해 주는 무기인 양아들 여포와의 이간질을 전제로 하고 있다.

이런 연환계는 애시 당초에 있어 다름 아닌 위계僞計로부터 시작되었음은 상기해 봄 직하지 않은가.

벌써부터 승상 동탁董卓은 세상의 민심을 등진 지 오래였다. 그는 신하로서 천자를 무시했으며 황제가 타고 다니는 마차보다 화려한 6윤六輪 마차를 만들어 타고 다니며 세를 과시했다.

사람들은 동탁이 타고 다니는 마차를 두고, 권력이 천자에 버금가거나 압도하고도 남는다는 뜻으로 하늘 마차라고 히죽대며 비웃었다.

하루는 동탁이 조정의 백관들을 초대해 주연을 베풀었다.

이유가 있었다. 백관들을 협박하고 공포심을 심어주기 위해 마련한 자리, 그 자리에서 반란을 일으켰다가 투항한 수많은 포로들을 끌어내어 중인환시에 혓바닥을 베거나 팔다리를 자르거나 눈알을 도려내거나 산채로 끓는 솥에 던져 죽이는 잔혹성을 보여주었다.

이런 잔혹성은 스스로 무덤을 판 것과 같았다.

이를 보고 백관들이 벌벌 떨고 있었으나 사도 왕윤王允만은 달랐다. 그는 동탁의 폭정을 보고 머잖아 세상이 뒤집힐 것을 예상했다.

한때 그도 동탁의 주요 인물의 한 사람이었으나 이제는 자신의 안정과 후일을 생각하지 않을 수 없는 처지가 되었다.

몸의 안정을 꾀하는 유일한 방책은 오직 하나. 상대방으로부터 뒤집힘을 당하기 전에 스스로 나서서 뒤집어야 하는 것뿐.

왕윤王胤은 태원太原 사람으로 자는 자사子師다. 환관 몰살 소동 때는 동탁 편에 가담해서 싸웠다. 그래서 살아남아 조정의 주요 인물로 등장하면서 출세의 길이 열렸던 것이다.

그랬으니 이번에도 싸워서 이겨야 살아남을 수 있을 것 같았다.

왕윤은 백관들 사이에서 동탁을 증오하는 분위기를 감지한 지 오래였다. 이런 분위기에 편승해 한바탕 크게 싸워야 할 것 같았다.

'싸운다면 무엇에 의지해서 싸운단 말인가. 하루라도 빨리 싸우는 것이 절대 유리할 텐데.'

싸우려면 믿을 만한 동지가 필요하다.

동지라면 서예교위 황완黃琬, 상서 정태鄭泰, 집금오 사손서士孫瑞, 그리고 이 밖에도 흉금을 터놓을 정도의 동지들이 있으나 오직 동탁이 군권을 틀어쥐고 있어 도움을 청할 수도 없었다.

이상하게도 욕심이 많기로 둘째가라면 서러워할 태사 동탁이 욕심이라곤 전혀 없는 채옹蔡邕에게 반해 혹한 것은 아이러니했다.

동탁은 실권을 움켜잡자 맨 먼저 채옹부터 불렀으나 그는 병을 핑계 삼아 응하지 않았다. 그런다고 그를 그냥 둘 리 없었다.

"나는 삼족을 멸하는 권력을 쥐고 있다. 끝까지 오만하게 굴어 내 청에 응하지 않는다면 채옹이라고 해도 용서치 않으리."

채옹은 어쩔 수 없이 제주의 지위를 수락했다.

또 동탁은 승상부에 주연을 마련해 놓고 문무백관을 불렀다.

술잔이 몇 순배 돌자 여포가 동탁에게 속삭였다. 동탁이 잠시 생각하더니 고개를 끄덕였다.

그러자 여포가 자리에 앉아 있는 장온張溫을 끌고 나갔는가 했더니 이내 시종이 소반 하나를 들고 들어왔다.

소반 위에는 피가 철철 흐르는 장온의 머리가 놓여 있었다.

동탁이 좌중을 둘러보며 음흉스럽게 말했다.

"자, 다들 똑똑히 보시오. 이 머리는 장온의 것인데 원술과 내통해서 나를 제거하려다 발각된 죄 값이오."

왕윤은 장온이 그런 일을 한 것으로 믿어지지 않았다.

달포 전, 동탁이 장온의 집에 들른 일이 있었다. 이유는 미모로 소문난 그의 부인 때문이었다. 그때 동탁은 무슨 물건이라도 달라는 뜻이 그의 부인을 대놓고 요구했었는데 장온은 일언지하에 거절했었다.

이를 핑계로 동탁이 보복한 것이 분명했다.

나날이 동탁의 교만과 횡포는 더해 갔다. 사람들은 입이 더러워질까 동탁이란 이름을 입에 담기조차 꺼려했다.

왕윤이 승상부에서 돌아온 그 밤이다. 밤이 깊은데도 잠이 오지 않아 후원으로 나갔다. 그는 비장한 결의를 다지기 위해 연못 주위를 배회했

으나 승상부에서 잔인한 장면, 장온의 참수된 머리를 목격한 뒤로부터
는 그 장면만 머리에서 맴을 돌아 쉽사리 사라지지 않았다.

그때 정자 가까이 사람의 그림자가 얼른거렸다.

왕윤은 '이 시각에 도대체 누굴까?'생각하며 다가갔다. 그 누구는 바
로 사도 부중의 가기歌妓 초선이었다.

초선의 나이는 열여덟이다.

지난 해 봄 왕윤은 곱고 어린 초선 때문에 사나이로 깨어난 적도 있
었으나 그 뒤로부터 지금껏 그네를 품어준 적이 없었다.

"게서 얼른거리는 자가 누구냐?"

"……"

초선은 너무 놀란 나머지 대답조차 못한 채 멍하니 서 있기만 했다.

"누군가 했더니 바로 초선이구나. 나 좀 따라 오너라."

"네, 사도님. 그렇게 하겠습니다."

왕윤은 은밀한 장소인 별당으로 초선을 데려갔다.

그는 촛불을 밝히고 시녀를 나가게 한 다음, 불 가까이 초선을 오게
해서 그네의 얼굴을 다시금 뜯어보았다.

그네의 아름다움에 왕윤은 새삼 감탄이 솟아났다.

경국지색의 미녀란 초선을 두고 한 말이 분명하지 않는가. 초승달 같
은 아미하며, 어여쁘기만 한 두 눈, 앵두보다 붉은 입술은 상냥한 마음
씨와 부드러운 성격을 대변해 주면서 한편으로는 잔인한 면도 숨기고
있었다. 그리고 수양버들처럼 가는 허리며 눈보다 흰 살결은 사나이의
애간장을 태우고도 남음이 있었다.

욕심이 없는지 아니면 늙은 탓인지 왕윤은 이 아름답고 고운 여인을
잊고 지낸 것이 새삼 후회가 되었다. 후회가 되는 순간, 초선의 미모에
취하자 이상하게도 늙은 나이긴 했으나 욕정을 느꼈다기보다는, 이 미

인을 한 번 이용해야겠다는 마음이 발동했다.

명분은 한실漢室을 위해서라고 자위하면서 초선을 인간 뇌물로 이용하고 싶다는, 군자로서 참으로 부끄러우며 입에 담기조차도 치욕스러운 생각이 문득 떠오른 것이 아닌가.

다름 아닌 연환계連環計로 이용하겠다는 것이 그것이다.

아첨도 좋고 아부도 좋다. 배려라면 더 좋고.

미녀를 뇌물로 바친다면, 누구에게 바칠 것인가. 미녀를 뇌물로 삼아 연환계를 써 보면 어떨까. 바람 앞의 촛불 같은 한 나라가 아니던가. 한실을 지키고 천자를 그 자리에 계속 앉아 있게 할 수만 있다면 어떤 아첨이나 뇌물인들 못 주랴.

내 비록 대를 이어 뼈대 있는 선비의 집안이긴 하지만 한실을 위해서 아첨의 절정인 미인을 뇌물로 준다고 한들 선비의 체통을 더럽히는 것은 결코 아닐 터이지. 아마 그럴 터이지. 맞아. 분명 그럴 게야.

"사도께서는 무엇을 그리 골똘히 생각하시옵니까?"

"별 것도 아니다. 혼자 중얼거린 것밖에는. …넌 어찌 생각하느냐? 내가 널 귀부인으로 만들어준다면…"

초선은 "네?"하는데 놀라 눈이 휘둥그레졌다.

"내 집에 있으면 가기노릇뿐. 시키는 대로만 하면, 귀부인이 되고도 남을 터. 내 뜻에 적극 따르기 바란다."

이튿날 왕윤은 진주를 금관에 끼워 여포에게 보냈다.

물욕이 많은 여포는 금관을 보고 흡족해 했다. 그런 심리를 이용, 왕윤은 여포를 집으로 초대해 진수성찬으로 분에 넘치게 대접했다.

왕윤은 분위기가 무르녹자 시녀에게 눈길을 보냈다.

"양딸을 불러 장군께 술을 따르게 하겠네."

조금 뒤, 아름답게 꾸민 초선이 사뿐사뿐 걸어 나왔다.

초선을 보는 순간, 여포는 눈동자를 마구 굴리며 "아."하고 탄성을 자아냈다. 그네는 천하절색인 데다 걷는 걸음걸이며 몸에서 풍기는 요염함으로 말할 것 같으면 세상 여인으로는 보이지 않았다.

전설에 의하면 주나라 소왕 때, 동구에서 바친 미인은 눈 위를 걸어도 발자국이 나지 않았고 밝은 대낮에 길을 걸으면 그림자가 보이지 않았을 정도로 빼어난 자태를 지녔다고 전해지고 있다.

초선의 청초한 기품은 바로 그런 동구 여인의 생김새를 압도하고도 남을 만큼 아름다운 모습이 아닐 수 없었다.

비록 천상의 선녀가 내려왔대도 초선보다 예쁠 수 없을 것이다.

그네의 생글생글 웃는 모습마저 천하일품이었다. 그 웃음은 티 하나 져도 그대로 흠이 질 것 같은 웃음이었다. 잘 익은 산딸기 같다고 할까. 아니었다. 아름답고 예쁘다는 수식어가 필요 없었다. 얼굴과 마음 자체가 다름 아닌 수식어였으니까. 그네가 가만히 서 있기만 하는데도 자태가 빼어나 사람이 아니었다. 달 속의 항아姮娥가 내려와 목욕을 하고 비단 수건으로 물기를 훔치기 위해 서 있는 모습과 흡사했다.

게다가 밝은 촛불이 빚어내는 은은함으로 초선은 한껏 눈부시게 빛났다. 눈부신 불빛이 그네의 목을 타고 내려오다가 불룩한 앞가슴에 머물자 부드럽고 고운 살결에 동양화의 여백까지 그려냈다. 그네의 가슴 밑은 그늘이 졌으나 여체를 환히 드러냈다. 가슴과 그 밑으로 흐르는 엉덩이며 각선미는 봄이면 싹을 틔우는 새 순, 만지면 톡 하고 터질 것 같은 여리고 앳된 새 순을 압도했다.

여포는 그네의 몸에서 미래의 싹, 아니 자기와의 삶을 읽었다. 황초 불빛이 빚어내는 태깔하며 미끄럼을 타는 빛의 생명, 그것도 미래의 빛이 흐르고 있음을 분명히 읽을 수 있었다. 한없이 흡입시키는 신비의 빛, 그 빛은 영롱한 보석과도 같았다.

아니, 그네의 몸 자체가 보석이었다. 초선을 소유하는 자체만으로도 가치는 배로 상승하며 자연의 생명력을 영원히 갖춘 보석이 된다.

영웅 치고 여색을 탐하는데 둘째가라면 역중을 벌컥 내는 여포로서는 마음을 발칵 뒤집어놓을 정도로 반하지 않을 수 없었다.

여포는 초선을 눈여겨보다가 뒤늦게 그네와 눈길이 마주치자 눈동자가 팽이 돌 듯 팽 하고 돌았다. 세상에 예쁘다고 해도 그렇게 예쁠 수 없는, 아니 이 세상의 아름다움이란 아름다움은 다 모아놓은 듯한 그네의 미모에 순간적으로 눈동자가 팽 하고 돈 것이었다.

그랬었구나. 이 아가씨는 전에 본 가희가 분명하구나.

그때는 맹추처럼 왜 알아보지 못했던고.

여포는 목소리마저 마구 떨어대면서 대장군답지 않게 초선을 가슴에 숨겨 두고 갈고 닦아야 하겠다고 몇 번이나 다짐했다.

왕윤은 잔을 채우라고 초선에게 짐짓 말했으나 초선은 여포의 애간장을 태우려는지 다소곳한 모습으로 부끄럽다는 듯 앉아 있기만 하다가 말없이 일어서더니 안으로 들어가는 것이 아닌가.

그랬으니 여포의 심장이 타다 못해 녹아났던 것이다.

왕윤은 초선이 사라진 쪽을 향해 넋을 잃은 듯 바라보고 있는 여포의 태도를 보고 속으로 회심의 미소를 지었다.

"장군, 내 양녀인 가희가 마음에 드셨는지요?"

"마음에 들다마다요. 청초하고 아름다운 여인은 내 보지를 못했소."

"그렇습니까. 마음에 드셨다니 참으로 다행입니다. 그렇다면 장군을 모시게 해도 좋겠소? 초선을 보낸다면 받아 주시겠는지요?"

"저로서는 고소원일 수밖에요."

여포가 이렇게 겸손해지다니, 마음을 빼앗긴 것만은 분명했다.

"아, 그렇소이까. 이제야 마음이 놓입니다."

이틀이 지난 뒤, 왕윤은 일없이 미오성으로 동탁을 찾아갔다.

"태사께서 초라한 왕윤의 집일망정 한 번 들렀으면 합니다. 실은 집에 예쁜 가희가 있어 태사께 보여드리고 싶습니다."

여자라면 사족을 못 쓰는 동탁이 이를 마다 할 리 없었다.

왕윤은 태사 동탁이 방문하자 극찬을 아끼지 않았다.

"바야흐로 태사께서는 권세나 위력으로 보아 이윤이나 주공에 버금가고도 남음이 있다고 모두들 회자膾炙한답니다."

"허 허, 허참. 모두 그렇다고들 하긴 하지."

동탁은 내심으로 좋아서 헛기침까지 토해냈으나 그에게는 왕윤의 찬사가 귀에 들어오지 않았다. 그는 어서 절세미녀를 봤으면 하고 학수고대했으나 왕윤은 이래저래 시간을 끌며 애간장을 태웠다.

왕윤은 동탁의 마음을 한껏 달아오르게 한 다음에야 풍악을 울리게 했다. 풍악에 맞춰 백사白紗를 드리운 발이 올라가면서 한 여인이 춤을 추듯 사뿐사뿐 걸어 나오는 것이 아닌가.

동탁은 여인을 보는 순간, "음!"하고 신음소리를 냈다.

계절은 늦은 봄으로 산들바람이 살랑살랑 불어오는 데다 피리의 신비한 가락이 넘쳐흐르는 분위기 탓만이 아니었다.

이미 동탁은 술에 취해 몽롱해져 있었다. 그렇지 않아도 동탁에게는 몽롱한 상태라서 경국지색이 무색한 눈앞의 미녀가 춤을 추듯이 사뿐사뿐 걸어 나온 여인이야말로 푸른 눈썹, 맑디 맑은 눈동자, 눈같이 하얀 살결, 앵두 같은 붉은 입술, 수양버들 같은 가는 허리, 어느 것 하나 흠 잡을 데 하나 없는 미녀로 비칠 수밖에.

여인이 춤을 추자 죽순 같이 곱고 매끄러운 손가락, 기러기가 하늘을 가벼운 몸짓으로 날아가는 것 같은 허리하며 붉은 치맛자락이 펄럭일 때마다 드러나는 전족은 동탁의 마음에 화인을 찍었다.

동탁은 술잔을 잡고 넋을 빼앗긴 채 멍하니 지켜보기만 하는데 춤을 끝낸 그녀는 술을 따라 미소를 함초롬히 머금으며 잔을 올렸다.

"춤도 춤이거니와 곱기는 선녀도 무색하리. 사도, 이 가희를 당장 승상부로 보내줄 수 있겠는가? 내 후사할 터이니."

"태사님께 바치려고 초대했었는데, 여부가 있겠습니까."

왕윤은 쇠는 단김에 두들기라는 말이 있듯이, 그날로 초선을 꽃수레에 태워 쥐도 새도 모르게 승상부로 보냈다.

왕윤이 승상부 앞에서 초선을 배웅하고 돌아서서 중앙 네거리를 지나오는데 난데없는 일대의 군마가 급히 몰려 왔다.

적토마를 탄 여포는 험악한 표정을 지으며 왕윤에게 다짜고짜 하고 방천극을 들이대는 것이 아닌가.

"기다리고 있었다, 왕윤! 당장 네 목을 내가 취하리라."

왕윤은 조금도 당황하지 않고 차분하게 대했다.

"장군은 어떻게 이리 역정을 내시오?"

"당신의 속내를 모를 줄 알았소. 태사가 초선을 데리고 갔다는 소식을 듣자마자 내가 급히 달려왔단 말이오."

"그렇지 않아도 만나 보려던 차에 잘 만났소, 장군. 그 일이라면 내가 직접 장군을 찾아가 그 까닭을 말리던 참이었소."

왕윤은 여포를 집으로 데리고 갔다.

자리에 앉으며 왕윤은 주안상을 차려오게 했다.

주안상이 나오기를 기다리며 왕윤은 흥분을 가라앉히지 못해 들떠 있는 여포에게 들으라는 듯 엉뚱한 말로 달랬다.

"태사께서는 장군을 친아들처럼 생각하고 있더이다."

"무슨 허튼 소리를 개처럼 짖어대는 것이오?"

"태사께서는 초선을 온후에게 바치기로 약속했다는 소문을 들으시고 내 딸을 보기 위해 어제 이곳으로 일부러 왕림하셨답니다."

"나로서는 금시초문이오. 사도, 사실이란 말이오?"

"태사께서는 초선을 승상부로 데려갔다가 좋은 날을 잡아서 당신 손으로 여포를 불러 주겠다며 굳게 약속하고 가셨소."

"사도, 태사께서 그렇게 말씀하셨단 말이오?"

그런 면에서 여포는 단순하다고 할까, 맹한 편이었다.

이튿날 이유는 한낮이 지나도록 태사가 등청하지 아니하자 이상하게 여기고 직접 태사의 침소를 찾았다.

때맞춰 여포도 험악한 인상을 지으면서 나타났다.

이유는 여포가 매우 들떠 있는 모습을 지켜보다 물었다.

"장군, 마음이 붕 뜬 것 같소. 무슨 일이라도 있었소?"

"괜스런 말이라도 그렇지. 붕 뜨기는 뭐가 떴단 말이오?"

여포는 고개를 절레절레 흔들면서 사라졌다.

오랜 뒤에야 동탁은 육중한 체구를 드러냈다.

그제야 이유가 눈치를 살피며 물었다.

"사도 댁에서 예쁜 여인을 데려왔다는 소문이 자자합니다."

"난생 처음으로 경국지색을 만났지."

다음날 아침 여포가 별당의 동탁 처소를 찾아가 시녀에게 태사가 여태껏 승상부에 나타나지 않은 연유에 대해 물었다.

"어제 데려온 초선이라는 미녀와 주무시면서 밤새 깨를 볶는 사랑을 나누느라고 밤을 하얗게 샌 것 같사옵니다."

"뭣이! 어쩌고 어째. 내 이를… 천하에 몹쓸 인간 같으니."

밤새 우려했던 예감이 들어맞은 것 같았다.

여포는 더는 참지 못해 동탁의 침실로 들어갔다. 욕실 쪽에서 구슬을 굴리는 것 같은 여인의 목소리가 들렸다.

여포는 정신없이 소리 나는 곳으로 뛰다시피 다가갔다. 다가가 몰래 보물을 훔치듯 장막을 들추었다.

그러자 낙수에 빠져 죽어 신이 되었다는 순 임금의 딸 복비宓妃가 안개 속에 가리어졌다가 요염한 모습을 드러내듯이 여인의 아름다운 살덩이가 훤히 드러났다. 티 하나 져도 흠이 질 것 같은 살덩이 아래에는 징그럽기 짝이 없는 거구의 몸뚱이 동탁이 웅크리고 앉아 한 줌도 안 되는 여인의 가는 허리를 두 손아귀에 넣은 데다 커다란 얼굴은 여자의 은밀한 곳에 들이밀고 있는 광경이 그대로 눈에 들어왔다.

순간, 여포의 눈알이 팽 하고 돌았다.

여포는 "에잇!"하면서 그대로 뛰어들려고 했다.

목덜미에 차가운 칼날이 와 닿았다.

등 뒤에는 이유의 차디 찬 얼굴이 째려보고 있었다.

동탁은 간밤에 색을 너무 탐한 나머지 심한 열에 들떠 정신이 몽롱했다. 그럴 때 여포가 와 침실을 엿봤다.

초선은 여포를 보자 눈물을 글썽이며 가슴을 두드리면서 안타까운 심정을 호소했다. 슬픈 듯이 동탁을 가리키며 고개를 흔들기도, 내 가슴 속에는 당신뿐이라는 듯 애타는 몸짓을 짓기도 했다.

그러다가 그네는 그 자리에 그대로 주저앉으려고 했다.

그러자 여포의 눈에 불길이 활활 타올랐다. 그는 두 손을 내밀어 초선의 가냘픈 몸을 넓은 가슴으로 받아 안았다.

바로 그때, 돌아눕던 동탁이 이를 목격하고 소리쳤다.

"여포 이놈! 무슨 짓이냐. 이 방자한 놈 같으니."

순간, 여포는 분노와 당황함 끝에 두어 걸음 물러났다.

"세상에 두고두고 오냐, 오냐 했더니 버릇이 없어져 내 계집까지 훔치려 들어. 지금부터 승상부 출입을 금한다. 당자 꺼져라."

여포가 물러가자 잠시 짬을 두고 이유가 들어왔다.

"안색이 좋지 않습니다. 무슨 일이라도 있었습니까?"

"여포란 놈이 내 계집을 훔치려 들었다. 해서 지금부터 그놈의 출입을 금했으니 너도 그런 줄 알고 앞으로 각별히 조심하라."

이유는 이맛살을 찌푸렸다가 이를 감추고 직언했다.

"여포가 변심이라도 하면 어떻게 감당하시렵니까?"

"변심한다고 해도 난 일 없을 터."

여포는 초선을 본 뒤로 태어나 처음으로 여인을 그리워하게 되었다. 초선에게서 소년 소녀의 첫사랑 같은 설렘에 푹 빠졌으며 그네를 꿈에서도 잊을 수 없어 소리쳐 부르며 안달했다.

이제 여포는 옛날처럼 동탁의 양아들도 아니었고 충성스런 부하도 아니었다. 오직 간부가 되기만을 열망했다.

'기회가 되면 동탁이 없는 틈을 타 간부가 되리.'

그랬으니 여포로서는 눈에 뵈는 것이 있을 수 있었겠는가.

그는 후원으로 잠입해 시녀에게 일렀다.

"초선에게 전해 주게. 여포가 정자에서 기다린다고."

한 시각이나 기다렸을까. 그림자가 나타났다. 그야말로 걷는데 땅에 닿는 것 같지도 않았고 걸음을 옮기는 모습마저 가을 하늘에 기러기 떼가 나는 것보다 가벼워 보였다.

초선을 본 순간, 여포는 숨이 멎는 것 같았다.

"달 속의 항아라 해도 그대만큼 아름다울 수 없을 터."

"저는 사도의 친딸이 아닌 양딸이옵니다."

"지금 와서 그게 무슨 상관이란 말이오?"

"제가 장군님을 뵌 뒤에 아버지로부터 장군님을 모시라기에 저는 이를 흔쾌히 수락했습니다. 그런데 태사가 와서 강제로 겁탈하는데도 저는 죽음으로 항거하지 못했던 것입니다. 제발 저를 잊어 주셔요. 이미 저는 태사에게 찢기어져 더럽혀진 몸입니다. 부디 잊어 주셔요."

여포는 무슨 말을 해야 할지 생각이 떠오르지도 않는데 그네가 갑자기 여포의 가슴에 얼굴을 묻고 속삭이지 않는가.

"장군님, 전 죽음만 오로지 생각하고 있습니다. 그런데 장군님을 한 번 뵙고 이런 저의 심정을 말씀 드린 다음에야 죽어도 죽겠다고, 지금껏 욕된 것을 참으며 견뎌왔습니다."

"여포가 시퍼렇게 살아있는데 이 무슨 바보 같은 소리!"

여포는 찢어지는 듯한 마음을 진정시킬 수 없었다.

"내가 그대를 죽게 내 버려둘 것 같은가. 이 여포가 있는 한 그대를 세상에서 가장 행복한 여인으로 만들어줄 테니."

"아니어요, 장군님. 이미 찢어질 대로 찢기어진 몸…"

초선은 여포에게서 몸을 빼어 연못으로 뛰어들려고 했다.

"초선, 내 앞에서 이 무슨 망측한 행동이냐!"

여포는 넋이 나간 채 초선을 끌어안았다. 그러자 초선의 불룩하게 솟아나온 젖가슴이 넓은 가슴 안으로 쏙 들어오지 않는가.

순간 여포는 뭐라고 말하기 어려운 쾌감이 온몸을 휘어 감았다.

"장군님, 이 몸은 장군님의 부인이 될 수 없답니다. 다음 세상에 만나 함께 부부로 살았으면 소원이 없겠습니다."

"초선, 내 당장 그대를 정부인으로 삼지 못한다면 세상 사람들이 이 여포를 영웅이라 부른들 무슨 소용이 있겠는가."

"그렇다면, 장군께서 절 구해 주시겠어요?"

초선이 갖은 애교를 떨며 매달리자 여포는 신음했다.

"기다려라. 기어코 널 내 정처로 삼을 것이니…"

"기다리라니, 장군님은 지금도 태사가 두렵고 무서운가 보지요?"

그때 난간에 기대두었던 방천극이 툭 하고 떨어졌다.

"네 이놈, 감히 누구 앞에서 내 총희를 훔치려 들어."

말이 끝나기도 무섭게 방천극이 횡 하고 날아왔다.

순간, 여포는 난간을 뛰어넘어 달아났다. 그는 달아나면서도 날아오는 방천극을 되받아 쥐고 어디론가 사라졌다.

동탁은 별당으로 들어가자마자 초선을 불러 마주 앉았다.

"넌 그래, 언제부터 여포와 정을 통했느냐?"

"정을 통하다니, 당치도 않습니다, 태사님. 연못으로 뛰어들려고 했는데 온후가 나타나 저를 우악스레 끌어안고 포옹했습니다."

"내가 널 여포에게 준다면 어찌하겠느냐?"

초선은 눈물을 주룩 흘리면서 벽 쪽으로 몇 걸음 걸어갔다. 이어 벽에 걸어뒀던 보검을 빼들고 목에 갖다 대고 말했다.

"지금 태사께서는 저를 여포에게 주려는 것이 분명합니다. 전 여포에게 가기 전에 아예 죽어 버리겠습니다."

"아니다. 내 너의 마음을 떠 보려고 한 것임을."

며칠 뒤, 동탁은 초선을 데리고 행렬을 지어 장안을 나와 미오성으로 들어갔다. 여포는 동탁의 행차를 나무 아래에다 적토마를 세어놓고 지켜보다가 행렬이 사라지자 언덕에서 내려왔다.

그때 수레 하나가 다가와 여포 앞에서 멎었다. 수레 안에서 "장군이 아닌가." 하는데 보니 사도 왕윤이 아닌가.

"장군은 내 사위가 아니오. 그런데 장인을 앞에 두고도 못 본 체하고 그냥 가 버릴 수가 있소. 그건 사람의 도리가 아니지요."

왕윤의 빈정거리는 말에 여포는 발끈 화를 내며 대들다시피 했다.

"뭐가 사위란 말이오. 초선은 승상의 총애가 되었는데."

"그렇다면 지금 초선이가 장군의 집에 없단 말이오?"

"사도가 그것도 몰랐다니. 세상에, 사기꾼보다 더한 놈 같으니."

왕윤은 여포를 겨우 달래어 데리고 집으로 왔다.

자리에 앉자마자 여포는 하소연하듯이 그저께 일을 이야기했다.

왕윤은 때는 이때다 하고 여포를 한껏 부추겼다.

"나 같은 사람이야 아무려면 어떤가. 능력도 없는데다 이미 늙은 몸이네. 그러나 세상에 으뜸가는 영웅, 세상 사람들이 우러러뵈는 장군이 그런 모욕을 당한 채 팔짱만 끼고 있어서는 웃음거리밖에 더 되겠소. 장군, 참으로 안타까운 일이 아닐 수 없소."

"사도, 내가 천하의 웃음거리가 된다, 그 말이오?"

"늙은 것이 쓸데없는 소리를 했네. 못 들은 것으로 하시오."

여포는 왕윤의 말을 들으니 어금니가 갈렸다.

"돼지 같은 놈과 부자의 의를 맺은 것이 지금에 와서는 원수만 같이 여겨지다니. 사도, 이를 어찌하면 좋겠소?"

"장군의 성은 여 씨, 태사의 성은 동 씨니 세상은 양부자라는 것을 전혀 모르고 있을 겁니다. 게다가 그저께 태사가 장군에게 방천극까지 던져서 죽이려 했다면, 어찌 그를 의부라 할 수 있겠소?"

"그렇구나. 이제야 그것을 깨닫다니."

"죽이겠소, 아니면 힘으로 누르겠소? 태사를 힘으로 누르게 되면 한 나라의 충신으로 이름이 남을 뿐만 아니라 장군의 훌륭한 업적이 될 것이나 만약 일이 실패할 때는 화가 일족 모두에게 미칩니다."

"그 점은 각오한 지 이미 오래 되었소."

"그렇다면, 이 왕윤이야 오직 장군만을 믿겠소."

"사도, 두고 보시오. 여포가 어떻게 하는지…"

동탁은 이각, 곽사, 장제, 번주 등 장수에게 명하여 성을 지키게 하고 도성으로 가기 위해 미오성을 나섰다.

승상부에 이르렀다. 여포가 알현을 청하고 축하 인사를 올렸다.

"내 천자에 오르면 그대에게 천하 병권을 맡기겠노라."

이튿날 승상부를 나온 행차는 대궐로 곧장 향했다. 호위하던 수천 군사는 액문 밖에서 멈췄다. 동탁은 30여 명의 군사만을 데리고 대궐 안으로 들어갔다. 이런 출입은 평소와 다름이 없었다.

문안으로 들어서자 방금 들어온 액문이 쾅 하고 닫혔다.

그 소리에 놀란 동탁은 고개를 팩 돌렸다.

"이게 어찌 된 일이냐? 당장 그 이유를 아뢰지 못할꼬!"

그러자 왕윤이 동탁을 가리키며 냅다 소리쳤다.

"방금 역적이 들어왔다. 정의의 칼을 뽑아라."

그제야 동탁은 삼백여 근 큰 덩치에 어울리지 않게 울부짖었다.

"내 아들 여포는 어디 있느냐. 날 좀 살려다오."

그러자 뒤에서 급히 접근하는 사람이 하나 있었다. 동탁은 여포가 왔음을 보고 지푸라기라도 잡는 심정으로 애걸했다.

"여포, 네가 있으면, 난 백만 군사보다 든든하지."

그러나 여포의 입에서 나온 말은 청천벽력보다 더한 것이었다.

"여포 봉선이야말로 어명을 받들어 역적 동탁을 친다."

여포는 방천극을 들어 동탁 앞으로 내밀었다. 내밀었는가 싶었는데 어느 새 방천극이 동탁의 목을 콱 꿰뚫었다.

마침내 여포를 배려하지 못한 동탁은 두 눈을 부릅뜬 채 무슨 소리를 질러댔으나 말 대신 피를 뿌리며 쓰러졌다. 그의 나이 쉰셋이었다.

미녀와 환쟁이

전한의 고종 효원 황제 유석劉奭, 곧 원제元帝는 전한의 11대 황제로 선제宣帝의 장남이며 허평군의 소생이다.

원제는 제위에 오르자 선제와는 달리 현실주의자로 유교를 중히 여기는 정책을 시행했다. 그는 황태자 시절에 죽은 애첩인 사마司馬를 그리워해서 늘 한탄하고 슬퍼했으며 이상주의적 유교에 심취하는 등 너무나 서정적인 성격 탓으로 통치능력에 의구심을 받아 한때 황태자의 지위마저 위태로워지기도 했었다.

그러나 조강지처인 허 황후와의 사이에 태어난 왕자라는 선제의 배려, 생모의 사촌 동생인 중상시 허가許嘉와 계모인 왕 황후 왕씨(왕황후—왕정군)와의 사이에 태어난 왕자라는 이유로 폐위만은 면했다

원제는 기원전 49년 즉위하면서 황태자 시절의 학사인 소망지簫望之 등 유생을 중용해서 국가를 경영케 했다.

그는 북벌을 앞두고 세금을 경감했으며 악법을 개정하는 등 새로운 정책을 채택해서 민심과 신민의 생활 안전을 도모했다. 뿐만 아니라 재

정 손실을 이유로 대규모 연회를 금지했다. 또한 수렵용 별장이나 황실 소유의 경지를 줄이기 위해 종묘 등 제사에 드는 경비도 삭감했다.

원제는 재정의 건전화를 모도하려고 노력했으나 워낙 골이 깊게 파이고 곪을 대로 곪은 재정문제만은 끝내 해결하지 못했다.

한편 원제는 유교에 지나치게 심취한 나머지 현실과 너무 동떨어진 이상론에 집착한 정책을 시행하기도 했다.

원제는 전매제도를 폐지함으로써 재정을 악화시키는 등 국정을 혼란에 빠뜨리기도 했기 때문에 선제 때 중흥된 국력은 재차 약화되어 원제의 황후 왕씨 일족으로부터 찬탈의 원인을 제공하기도 했다.

원제는 선제 때부터 측근으로 중용되었던 환관인 홍공弘恭과 석현石顯 등과 대립하다가 그들에게 실권을 넘겨주게 되면서 환관들에 의해 국가 경영이 좌지우지하게 된다.

이를 두고 후한의 사가 반표班彪는 원제의 치세를 '우유부단해서 선제의 업적을 약화시켰다'고 기록했다.

이런 무능한 원제이긴 하지만 역사에 남을 일화 하나를 남겨 인구에 회자되고 있음은 아이러니가 아닐 수 없다.

그것은 바로 왕소군王昭君 때문이다.

그네는 열다섯 살이 되기도 전에 미모로 소문이 파다했다. 연꽃이 아침 이슬을 머금은 데다 때맞춰 돌아 오른 아침 햇살을 받아 화사하게 빛나는 것과도 같은 절세미녀, 세상 그 어디에 내놓는다고 해도 그만한 미녀는 결코 찾을 수 없을 것이었다.

그네의 미모 또한 안에서 배어나온 아름다움이기 때문에 흠 하나, 티 하나 잡을 수 없을 만큼 완벽한 미까지 지녔다.

또한 마음은 얼마나 곱고 착한지 모른다.

맑은 눈매, 빚어 만든 것만 같은 결곡한 콧등, 물새알을 세워놓은 듯

한 갸름한 얼굴, 방긋 웃을 때마다 하얗게 드러나는 치아하며 어느 곳 하나 흠잡을 데라곤 없는 중국 제일의 미녀만이 가진 독특한 아름다움까지 지니고 있었다. 게다가 반듯한 이마, 초승달 같은 아미, 호수와도 같은 맑은 눈매며 호락호락 범접할 수 없는 우아함까지 풍겼다.

그네에게는 아름답고 고우면 음하거나 독기를 품는 그런 천박한 미와는 거리가 먼, 부드러운 데다 귀품이 있고 어여쁘면서도 결곡해서 하늘나라 선녀에게서만 볼 수 있는 신앙심 같은 아름다움마저 지녔다.

그네를 본 사람들은 하늘에서 갓 내려온 선녀마저 압도하고 남는 미모라고 칭송했다. 보지도 않은 사람들조차 덩달아 선녀마저 그네의 미모에 놀라 달아났다고 엄살을 떨어대곤 했다.

흔히 중국의 삼대 미녀라고 하면 한나라 때 왕소군, 월나라의 서시, 당나라 현종 때 양 경요를 친다. 여기에 『삼국지연의』에 등장하는 초선을 더해 4대 미녀라고 일컫는다.

그런데 초선은 산서성 흔주忻州, 또는 하북성의 한단邯鄲 출신으로 알려지긴 했으나 실제 인물이기보다는 전설 속의 인물, 소설 속의 인물이기 때문에 초선을 대신해서 항우의 연인 우미인虞美人을 넣어 4대 미녀로 일컫기도 한다.

5천년 중국 역사에서 첫 손 꼽히는 미녀가 왕소군이었으니 그네의 미모를 묘사하기란 거의 불가능한 일이다.

그네의 미모는 발 없는 소문처럼 고을과 고을로 번지면서 전국적으로 퍼져나가 선제가 기거하는 왕도까지 닿기에 이른다.

채홍사가 소문을 확인하기 위해 남군으로 직접 출행했다.

그는 왕소군을 보자 한눈에 원제의 눈에 들어 빈이 되고도 남을 것을 예상하고 비가 된다면, 그 덕에 출세라도 할까 해서 빈으로 추천하겠다면서 어명을 빙자해 그네를 데려갔다.

그런데 왕소군은 궁중의 생리나 암투를 알지 못했다.

그네는 그런 생리나 암투를 알거나 알려고 하지 않았다. 아니, 안다고 해도 초연했을지도 모른다.

드넓은 대궐에는 3천 궁녀가 기거하고 있었다. 해서 원제의 눈에 띄기란 하늘의 별 따기나 다름없었다. 오직 행실을 바르게 하면서 생활했으니 원제의 눈에 띄어 수청을 들 기회를 좀체 가지지 못했다.

원제마저도 그 많은 궁녀들을 일일이 알현하고 나서 그 중 마음에 드는 궁녀를 뽑아 하룻밤 수청을 들라고 하기에는 너무 번거롭고 귀찮기만 했다. 그래서 원제는 도화서 화공 중에서 인물화에 능한 화공에게 일러 궁녀의 얼굴을 그려 바치게 했고 바친 인물화 중에서 마음에 드는 궁녀를 골라 수청을 들게 했던 것이다.

빼어난 인물화의 화공으로는 모연수毛延壽가 있었다. 그는 인물화로는 타의 추종을 불허했으나 아첨 받는 것을 좋아했고 생김 자체가 탐욕스럽게 생겨 뇌물을 밝혔다. 세상없이 잘 생긴 궁녀라도 아첨을 하지 않거나 뇌물을 바치지 않으면 추녀로 그리거나, 얼굴에 흉한 점을 그려 넣어 황제의 눈 밖에 나도록 해서 수청을 들 수 없게 했다.

아니었다. 어떤 화가라고 해도 왕소군의 내면의 아름다움을 그림으로 표현할 그런 재주가 없었기 때문이다. 그랬으니 모연수인들 그네의 아름다움을 표현할 수 있겠는가.

세상에 화가치고 그림을 잘 그리기보다는 못 그리기가 보다 수월하다. 그림을 잘 그리기보다는 망치기가 얼마나 쉬운 노릇인가.

궁중 화가인 모연수라고 예외일 리 없었다. 그는 핑계 삼아 '넌 왜 아첨을 하지 않느냐. 어째서 내게 뇌물을 바치지 않느냐.'면서 공연히 생트집을 잡아 왕소군을 괴롭히기 일쑤였다.

그런 그가 천성이 착하고 착해 아첨을 모르고 뇌물이라는 것이 뭔지도 알지 못하는 왕소군을 예쁘게 그려줄 리 없었다.

그도 아니었다. 내면의 아름다움을 그리고 싶어도 모연수로서는 그릴 수가 없었다. 내면의 아름다움을 그린다는 것은 신의 경지에 이르지 않으면 불가능한 일이기 때문이다.

모연수는 왕소군을 두고 가끔 엉뚱한 푸념을 했다.

"고년, 뇌물은 고사하고 아첨이라도 좀 떨지."

그런 귀띔을 모연수는 그네에게 암시하기를 여러 번 했다.

그런데도 그네는 일체 반응을 보이지 않았다.

모연수는 왕소군의 미모에 대해 최대한 솜씨를 발휘해서 미녀도의 걸작으로 그려보고 싶은 욕심이 생기기는 했으나 그는 그렇게 하지 못했다. 그림을 그리는 동안 미녀를 마음껏 감상하면서 온갖 탐욕스런 짓을 상상할 수 있는 것이 더 없이 즐거운 일이기는 했으면서도.

그러나 그보다도 모연수는 왕소군이 찾아와 아첨한 적도, 그렇다고 값진 뇌물을 가지고 와서 예쁘게 그려 달라고 부탁한 적도 없기 때문에 그것이 괘씸해서 그러고 싶어도 의도적으로 외면하지 않았던가.

왕소군도 궁중의 돌아가는 사정을 알고 모연수에게 아첨을 떨거나, 고향을 떠나올 때 부모가 준 패물이 있어 일부라도 줘서 곱게 그려 달라고 부탁하고 싶었으나 한 나라 제일 미녀의 자존심이 허락하지 않았다. 그랬으니 늘 독수공방 신세일 수밖에.

중국 변방에는 네 오랑캐가 있다. 흔히 이들을 두고 일컫기를 동이東夷, 서적西賊, 남만南蠻, 북흉北匈이라고 한다.

원제에게는 가장 골치 아픈 민족이 하나 있다.

바로 북방 오랑캐인 흉노족이었다. 흉노는 기동성이 민첩하고 날래어서 번개처럼 국경을 넘어와 백성들을 도륙하고 재물을 약탈한 뒤, 바람처럼 달아났기 때문에 예측할 수도 없는 무서운 적이었다.

한 이전인 은나라 때부터 북방에 나타나기 시작한 흉노는 2천년 동안 역대 왕조나 백성들에게 공포의 대상이었다.

흉노는 황무지나 다름없는 초원을 활동무대로 유목생활을 했는데 저들의 강점은 말에 의한 기동력이었다. 따라서 기병이 강했으며 말을 이용한 기동력을 십분 발휘해서 번개같이 국경을 넘어 들어와 북방 일대를 휘저으며 약탈을 자행하고 바람처럼 퇴각하곤 했다.

역대 제왕들은 흉노의 침입을 효과적으로 대처하는 것이 외치의 가장 큰 과제의 하나로 자리매김했다.

춘추전국시대 곧 연, 진, 조는 북방에 성을 쌓아 이를 경계했다. 진시황도 중국을 통일하자 맨 먼저 국책사업으로 거대한 토목공사를 시작한 것이 바로 역사상 최대의 역사役事, 만리장성 축성이었다.

만리장성을 축성해 방어를 한다고 해도 성이 길고 인적이 드물어 관리와 활용도 면에서 문제가 많았으며 기동성이 민첩한 기마민족인 흉노를 막기에는 역부족이었다.

흉노족 또한 천박한 초원에서 방목과 수렵을 하는 것이 생활의 전부였으니 모든 면에서 민첩한 것이 지당했다. 게다가 겨울이 되면 초원이 온통 얼어붙기 때문에 두렵고 걱정스러운 계절이 아닐 수 없었다.

그런 겨울을 무사히 넘기기 위해 식량조달은 보다 따뜻한 남쪽, 농경을 주로 하는 중국인들을 대상으로 약탈했다.

상대적으로 중국인의 입장에서 보면 귀신이 곡할 노릇이며 귀신보다 더 무서운 존재가 바로 북쪽 오랑캐 흉노였던 것이다.

이런 이유로 천고마비란 성어까지 생겼다.

여름내 가물었던 드넓은 초원은 가을이 되면서 비가 내려 말라붙었던 대지에 풀이 살아나고 이를 말들이 뜯어먹어 살이 통통하게 찌면서 말에게는 힘이 부쩍 붙는다. 힘이 붙을 대로 붙은 말을 타고 흉노족들은 기동력을 최대한 살려 중국 변방을 수시로 침입해서 약탈과 살인을 자행하고 쥐도 새도 모르게 북쪽으로 사라지곤 했다.

원래 천고마비天高馬肥는 등화가친燈火可親처럼 좋은 계절이라는 뜻보다는 흉노에게는 말이 살찌는 좋은 계절이 돌아왔으며 살찌고 힘이 붙은 말을 타고 언제 어느 때 침입할 지 알 수 없으니 경계를 해야 한다는 뜻, 곧 유비무환有備無患으로 인식한 단어였다.

그런 침탈의 역사가 있었기 때문에 원제 또한 북방 민족인 흉노와의 외교를 소홀히 할 수 없었다. 외교라면 쌍방이 대등하게 교섭해야 하는데 힘이 약한 전한의 원제는 일방적으로 양보하거나 당할 수밖에.

선제 때는 곽광 등 대신들이 보필해 한나라는 점차 강력해진 반면, 흉노는 동족간의 권력쟁탈로 국력이 점차 약해져 갔다.

그들은 다섯 선우로 분열되어 싸움을 그만둘 줄 몰랐다.

그 중 호한야呼韓邪 선우單于가 있었다.

그는 자기 형인 질지郅支에게 싸움을 걸었다가 크게 패하는 바람에 많은 병력을 잃었다. 그러자 족장 호한야는 따르는 무리들과 상의 끝에 한 나라와 화의할 것을 결의했다.

호한야는 회의의 결정에 따라 직접 부하들을 대동하고 선제를 배알하려 장안으로 달려가 중국 황제를 배알한 최초의 선우가 된다.

선제는 그들을 귀한 손님으로 대접하기 위해 장안 교외까지 나가 일행을 영접했고 성대한 환영식까지 열었다. 후한 대접을 받은 호한야는 장안을 떠날 때, 한나라와 흉노는 한 집안 식구처럼 대대손손에 걸쳐 침략하지 않겠다는 우호맹약까지 체결했다.

선제가 죽고 원제가 즉위하자 세 번째 장안에 온 선우는 한나라의 사위가 되어 친선관계를 공고히 하겠다는 뜻을 비쳤다.

1백여 년 동안 흉노와의 싸움으로 피폐할 대로 피폐해진 한나라로서도 평화와 안정이 그 어느 때보다도 절실했다.

선제는 어쩔 수 없이 후궁 중에서 한 번도 수청을 들지 않은 궁녀를 선우에게 시집보내기로 결심한다.

궁녀를 찾다보니 다섯 궁녀를 선발했는데 왕소군도 포함되었다. 왕소군은 미모도 미모거니와 마음이 곱고 착해 북방 흉노족의 추장 선우에게 시집을 보낸다고 해도 이를 거역하지 않고 순종할 것 같았다. 게다가 총명함까지 갖춘 데다 앞을 내다보는 안목까지 있었다. 그리고 평화를 위해서라면 자진해서라도 선우에게 시집가겠다고 자청할 정도로 세상 물정에 어두웠다. 남들에게 주목을 받거나 이목을 끈 적도 없었고 있으나 마나 해 그네를 애석히 여기는 사람도 없었다.

그런데 실은 그런 것이 아니었다.

왕소군이 호한야에게 시집가기 위해 한껏 치장을 하고 보니 세상에 그런 미녀는 있을 것 같지 않았다. 그야말로 절세미녀, 지하의 악귀마저 혹하고 탐낼 만한 미녀였던 것이다.

호한야마저 다섯 궁녀 중에서 그네를 가장 마음에 들어 했다.

원제는 북방으로 떠나기 전에 왕소군을 불러 알현했다.

한껏 치장한 채 사뿐사뿐 걸어오는 그네를 보자 원제는 정신이 어질어질해지면서 몸을 가눌 수조차 없었다.

'이런 세상에, 저런 천상 선녀마저 압도하는 미녀를 궁녀로 가까이 두고도 수청 한 번 들게 해서 정분을 쏟지 못했다니.'

원제는 분하고 원통해서 옥좌에서 떨어지기까지 했다. 화들짝 놀란 시신들이 원제를 부축해 옥좌에 앉혔다.

원제는 이미 선우에게 왕소군을 보내 주겠다고 통보했기 때문에 지금 시점에서 이를 어기게 되면 외교적 마찰이 생길 뿐 아니라 이를 빙자해 흉노가 침입할지도 모르기 때문에 이러지도 저러지도 못하고 화를 속으로 꾹꾹 눌러 앉히며 참을 수밖에 없었다.

'저런 미녀인 왕소군을 흉노에게 보내다니…'

예부의 대신들이 들어 길일을 택해 호한야와 왕소군의 결혼식을 성대히 치러줬다. 예쁘고 착한 미녀를 부인으로 얻은 호한야는 너무나 좋아 하늘을 날고도 남음이 있을 것 같았다.

그네는 눈물바다가 되어 한나라 병사와 흉노 관원들의 호위를 받으며 장안을 떠나 흉노의 영지인 북쪽 험지로 갔다.

왕소군 일행이 장안을 떠나 멀리 갔다는 보고를 받자마자 원제는 맑은 대낮에 날벼락 같은 어명을 내렸다.

"모연수를 당장 잡아다 내 앞에 대령시켜라, 당장에."

원제의 명을 받은 궁중 수비병들이 도화서로 달려가 화첩을 보고 있는 모연수를 묶어 원제 앞에 무릎을 꿇리었다.

모연수는 흐린 눈만 멀뚱댔다.

"네 이놈, 황제를 기만한 죄, 목이 열 개라도 모자랄 터."

모연수는 영문도 모른 채 말을 더듬었다.

"폐, 폐하, 무슨 뜻이신지, 소 소신으로서는…"

"그래도 죄를 실토하지 않겠다고? 능지처사를 해도… 너는 도대체 어떻게 생겨 먹은 놈이기에 짐이 그렇게 후히 대해 줬건만 배신하다 못해 짐을 기만까지 해. 넌 짐에게 무슨 한이 그리 많아 하늘이 내린 미녀인 왕소군을 추녀로만 그려 짐에게 바쳤더란 말인고?"

모연수는 비로소 아차 했다.

모연수가 들통이 나고 말았다고 후회하기도 전에 원제의 추상같은 어명이 떨어졌다.

"저놈의 사지를 찢어 장안 거리에 기시(棄市)토록 하라."

화쟁이 모연수는 달콤한 아첨으로 잔뼈가 굵으면서 인물화의 대가가 되었으며 아첨으로 부족해서 온갖 뇌물이란 뇌물은 다 챙겨 곡간을 가득 채운 탐욕의 기재였으나 이를 한 푼도 써 보지도 못한 채 갈기갈기 찢기어진 시체가 되어 거리에 버려졌다.

후대에 와 왕소군은 두보나 이백 등 뭇 시인들의 시제詩題로 등장했다. 또한 그네를 주인공으로 희곡을 각색했는데 그 중에서도 마치원馬致遠의 한궁추漢宮秋가 가장 유명하다.

왕소군을 소재로 해서 쓴 시 한 수를 다음에 소개한다.

소군불옥안 昭君拂玉鞍 왕소군이 옥안장을 떨치고
상마제홍안 上馬啼紅顏 말에 오르니, 고운 얼굴 울음바다
금일한궁인 今日漢宮人 오늘은 한궁의 여인
명조호지첩 明朝胡地妾 내일이면 오랑캐의 첩

며칠에 걸쳐 북지로 귀향한 호한야는 왕소군을 영호寧胡 알씨閼氏로 정하고 비로 책봉했다. 이렇게 책봉을 서둔 의도는 그네가 흉노에게 시집와 평화와 안정을 가져다주었다는 의미 이상을 지녔기 때문이다. 호한야는 그네를 부인으로 얻어 매우 흡족해 했다.

호한야는 한나라를 위해 변경을 지키면서 천자와 중국 백성들과 함께 오래오래 평화롭게 살겠다는 상주서까지 원제에게 올렸다.

왕소군은 북지로 갈 때 많은 선물을 가지고 갔다. 그리고 그네는 흉노의 백성들과 화목하게 지내며 그들을 아끼고 사랑했다.

그네는 천 짜는 것이나 옷 만드는 것하며 농사짓는 방법까지 가르쳐 줘서 백성들의 사랑을 독차지했다.

이런 것이 계기가 되어 한나라와 흉노 사이는 60여 년간 전쟁 없이 화목하게 지낼 수 있었다.

왕소군이 한의 궁중에 있었으면 별 볼 일 없는 궁녀에 지나지 않았을 것이나 호한야의 비가 되어 아들 딸 낳고 행복하게 살았으니 그녀를 두고 전화위복轉禍爲福이라고 하지 않을 수 없다.

그네는 호한야 선우 사이에서 아들 하나를 낳았다.

왕소군은 호한야가 죽은 뒤, 흉노의 관습에 따라 그의 본처 아들인 복주루復株累에게 재가해 두 딸을 낳았다.

복주루 또한 선우가 되자 한나라와 우의를 더욱 돈독히 했다.

왕소군은 아첨을 거부하고 뇌물을 바치지 않아 흉노에게 비록 시집가는 비운의 궁녀가 되었으나 절망하지 않고 슬기롭게 대처해 전화위복의 징표가 되었으며 중국 역사에 남을 공적을 남겼다.

그네는 진나라 때 문제 사마소司馬昭와 같은 소昭의 이름을 피해 왕명군王明君으로 일컫기도 했으며 명비明妃로 기록되기도 했다.

살아남아야 복수라도 하지

진나라는 필邲 전투에서 대패한 뒤로 내리막길을 걷기 시작한다. 반면에 초나라는 강성해지기 시작했다.

그런데도 진나라와 초나라와의 패권싸움은 한동안 지속되었다.

뒤늦게 송나라가 나서서 두 나라를 화해시켜서야 비로소 전쟁을 그만두게 되어 그로부터 중원의 정세는 잠시 잠잠해졌다.

그러자 남방에서 오와 월이 또 싸우기 시작했다.

오나라 왕 합려闔閭는 국군國君으로 일컬었는데 이름은 광光이며 오나라 왕인 제번諸樊의 아들이다.

요僚는 아버지 여매餘昧의 뒤를 이어 즉위했다.

이에 크게 불만을 품은 합려는 전저專諸의 도움을 받아 오나라 왕인 요를 살해하고 스스로 왕이 되었다.

합려는 초나라에서 망명해 온 오원伍員을 등용해 내정을 맡기고 손무孫武로 대장군으로 임명해 국력을 신장시켰다.

합려가 왕으로 즉위한 지 9년째 되는 해, 초나라를 정벌해서 대패시켰으며 그 승기를 타 초나라의 도읍인 영郢으로 진격했으나 진나라 군사가 구원병으로 출격해서 공격에 가담한 데다 국내에 내란의 징조까지 있어 부득이 병력을 물리지 않을 수 없었다.

합려는 오자서와 손무의 보필을 받아 국력을 크게 신장시킨 뒤, 구거柏擧로 출전해서 초나라를 또 대패시켰다. 월나라 군은 오나라 군이 초나라 도성 정도로 진격하는 틈을 노려 기다렸다는 듯이 오나라로 진격하자 부득이 합려는 군사를 되돌려 도성으로 돌아왔다.

합려는 군사를 재정비해서 월나라를 공격했다.

이로부터 오나라와 월나라는 부질없는 전쟁을 오랫동안 지속하면서 국력만 터무니없이 낭비하게 된다.

춘추전국시대 말기다.

월나라 왕 윤상이 병으로 죽고 아들 구천勾踐이 왕위를 이어받았다. 그는 월의 국군國君으로 있을 때, 아버지인 윤상允常이 오나라 왕 합려와 싸워 대패한 적이 있었다. 더욱이 오나라 합려는 월나라가 윤상의 국장을 치르는 틈을 타 대군을 동원해서 공격하기까지 했다.

오나라 군은 휴리擕李에서 접전했으나 오히려 대패하고 합려마저 화살에 맞아 중상을 입었다.

합려는 왕위에 오른 지 19년, 월나라 구천과의 취리 싸움에서 패할 때 당한 부상으로 생을 마감한다. 임종 시, 아들 부차에게 월나라에 대한 원수를 절대 잊지 말고 갚으라는 유언을 남긴다.

부차는 부친 합려가 월나라 구천에게 패해서 돌아가자 뒤를 이어 오나라 왕으로 등극하게 된다. 그는 아버지의 원수를 갚기 위해 하루도 빠지지 않고 섶나무 위에 자고 <臥薪> 생활하면서 부르짖었다.

"부차, 어찌 벌써부터 치욕을 잊었느냐. 휴리 싸움의 처절한 치욕을! 그 싸움을 잊는다면 너는 인간도 아니다."

부차는 주야를 가리지 않고 절치부심切齒腐心, 마음을 다잡았다. 그야말로 자나 깨나 부왕에 대한 복수심을 불태웠으며 월나라를 패망시켜 아버지의 원수를 반드시 갚겠다고 결심을 다진다.

그러면 여기서 일단 시계를 과거로 되돌려보자.

장왕이 죽고 그의 손자가 즉위하니 이 분이 곧 평왕이다.

평왕은 태자 건을 폐하려고 갖은 꾀를 부렸다.

그 무렵, 태자 건과 스승인 오사伍奢가 성부를 지키고 있었다.

평왕은 오사가 자신의 계획을 반대할 것을 지레 짐작하고 위계를 써 오사를 옥에 가두고 태자를 죽이라는 명을 내린다.

또한 그의 아들까지 죽이기 위해 오상伍尙과 오자서伍子胥를 협박해서 도성으로 돌아오라는 편지까지 쓰게 했다.

그런 사정을 모르는 오상은 아버지의 편지를 받고 영도郢都로 갔다가 아버지와 함께 살해당했으나 이를 사전에 안 태자 건은 아들 승을 데리고 송나라로 도망쳤다. 오사의 아들 오자서는 일단 초나라로 도망을 쳤다가 뒤에 송나라로 가서 태자 건과 상봉한다.

그로부터 얼마 뒤, 송나라에 내란이 일어나자 오자서는 태자 건과 공자 승을 데리고 정나라로 도피한다.

그들은 정나라로 가서 왕에게 군대를 동원해서 초나라로 진격해 줄 것을 요청했으나 왕은 이를 받아들이지 않았다.

다급해진 태자 건은 정나라의 일부 대신들을 모아 왕을 제거하고 권권을 차지하려다 도리어 살해당한다.

그러자 오자서는 공자 승과 함께 도망쳐 오나라로 향했다.

평왕은 오자서를 잡으려고 방방곡곡마다 초상화를 그려 붙이고 거액의 현상금까지 내걸었다.

그들은 정나라를 간신히 빠져나올 수 있었으나 이제는 초나라 사람들에게 발각될 것이 두려워 낮에는 숨어 지내고 밤이 되면 걸어 드디어 국경인 소관昭關에 이르렀다.

소관은 생각했던 것보다 훨씬 검문이 철저했다.

오자서가 소관을 넘으려고 얼마나 머리를 짜냈던지 하룻밤 사이에 머리가 하얗게 세어버릴 정도였다고 한다.

소관에서 오자서는 친구 동고東皐를 만난다.

동고는 오자서를 동정해 두 사람을 자기 집으로 데려갔다.

동고에게는 오자서와 비슷하게 생긴 친구가 있었다. 그는 친구를 오자서로 위장시켜 국경을 지키는 병사들에게 일부러 잡히게 해서 그들을 안심시켰다. 오자서는 머리가 백발인 데다 수비병들은 이미 오자서가 잡힌 탓으로 들고 나는 사람들을 살피지 않고 대충 통과시키는 바람에 소관을 무사히 빠져나올 수 있었다.

오자서가 오나라로 왔을 때, 오나라 공자 광은 왕위를 찬탈하려고 별렀다. 그는 공자 광을 도와 오나라 왕 요僚를 죽이고 광이 왕위에 오르도록 도왔다. 이 분이 바로 합려闔閭다.

합려는 오자서를 대부로 책봉하고 국정을 맡겼다.

오자서의 수하에는 손무孫武라는 장수가 있었는데 걸출한 병법가였다. 그는 오자서와 손무의 보필을 받아 군사를 철저히 훈련시켜 인근의 소국을 하나 둘씩 합병해 나갔다.

합려는 복수에 불타는 오자서의 거듭되는 요청에 의해 손무를 대장군으로, 오자서를 부장으로 삼아 직접 대군을 이끌고 초나라로 진격해 들어갔다. 오나라 군사가 파죽지세로 초나라로 진격해 오자 초나라 군사들은 추상낙엽처럼 무너지기 시작했다.

합려는 승세를 타고 지속적으로 공격해서 오나라군은 며칠이 되기도 전에 초나라의 도성 성도까지 짓밟아 버렸던 것이다.

이 싸움으로 평왕은 죽고 그의 아들이 왕위를 계승했으나 오나라 군이 정도에 이르기도 전에 그는 도망쳐 버렸다.

오자서는 원한으로 이를 바짝바짝 갈며 평왕의 무덤을 파헤치고 시신을 꺼내어 사지를 찢어 거리에 거시케 했다.

오나라 군이 성도를 점령하자 초나라 사람 신포서申包胥가 진나라로 도망쳐 구원을 청했다. 신포서는 궁문 밖에서 일주일이나 대성통곡했다. 그러자 이에 감동한 애공哀公은 초나라에 구원병을 보내어 오나라 군사를 몰아내는데 도움을 줬다.

오나라 부차夫差는 전략가로 알려진 오자서를 책사로 삼아 국력을 더욱 신장시켜 나라를 강병부국으로 만들었다.

3년의 세월이 흘렀다. 부차는 오자서를 상국에 제수하고 백비를 태재로 임명해서 월나라로 진격할 만반의 준비를 갖췄다.

후환을 두려워한 월나라 구천勾踐은 부차가 복수를 위해 밤낮으로 군사를 조련한다는 소식을 듣고 그도 군사를 조련했다.

이듬해 구천은 선제공격을 위해 대초大椒라는 곳으로 병력을 몰래 진격시켜 승리를 쟁취하려고 했으나 부차가 오히려 반격해 구천을 대패시켰으며 회계산으로 몰아넣고 포위한 채 항복을 강요했다.

살 가망이 전혀 없다고 판단한 구천은 부인을 죽이고 최후로 결사항전을 벌이려고 몸과 마음을 다해 벼르고 별렀다.

이때 범려范蠡가 들어 구천을 극구 말렸다. 책사 범려의 자는 소백少伯, 초나라 완宛의 태생이다.

문종마저 맹목적인 결전은 죽음뿐이라면서 그럴 바에야 오나라 태상 백비에게 미녀와 뇌물을 바쳐서라도 살 길을 도모토록 설득했다.

구천은 회계산會稽山을 탈출하자 패잔병 5천을 문종에게 맡기고 범려로 하여금 오나라 태재 백비에게 미녀와 금은보화를 바리바리 실어 보내어 구명과 화의를 동시에 요청케 했다.

백비伯嚭는 초나라 백극원의 아들이다. 그는 간신인 비무극의 흉계에 의해 부친이 억울하게 처형되자 그 길로 오나라로 도망쳐 동병상린의 처지인 오자서에게 몸을 의탁했다. 의탁하면서 있는 쓸개, 없는 쓸개 다 빼놓고 아첨을 떨어대며 오자서에게 빌붙어 지내다가 그의 천거로 오나라 왕 합려와 장자인 부차를 섬기게 된다.

그런데 관직에 나아간 백비는 천성적으로 감언이설과 아첨에 능해 은인인 충성심이 강한 오자서와 끊임없이 대립한다.

백비는 입이 가볍고 무게가 없는데다 월나라 왕 구천의 책사인 범려의 꾀에 빠져 오나라 왕 부차를 오도誤導하고 나라를 기울게 했다. 또한 부차가 월나라를 대파한 공으로 자아 도취한 기회를 타 왕을 안일과 환락의 구렁텅이로 빠져들도록 유도한 장본인이었다.

탐욕의 극치인 백비는 범려가 가져온 뇌물을 받고 매우 흡족해 했다. 그리고 부차에게 구천을 살려주라고 감언이설로 설득했다. 부차는 오자서의 반대에도 불구하고 구천을 살려주기로 한다.

그런데 부차는 구천을 살려주기는 하되 조건을 달았다.

구천 스스로 왕 앞에 나와서 항복을 할 뿐 아니라 도성으로 압송해 오는 대로 노예가 될 것이며 죽을 때까지 속죄해야 한다는 조건이었다. 구천은 살기 위해 요구를 들어주지 않을 수 없었다.

범려가 데리고 가 부차에게 바친 서시西施는 원제 때의 왕소군, 당나라 현종 때 양 경요와 함께 3대 미인으로 칭송되는 미녀다.

서시는 기원전 5세기 춘추 말기, 저장성 회계會稽 출신으로 본명은 시이광施夷光, 서자西子라 불렀다.

당시 영라산 아래에는 두 마을이 동서로 나눠 있었는데, 시 씨 시이

광이 서촌에 살았기 때문에 지명에 따라 서시로 부르게 되었던 것이다.

오나라에 패한 월나라 왕 구천이 회계의 치욕을 씻으려고 대부 종種의 진언에 따라 두 명의 미인인 서시西施와 정단鄭旦을 데려와 악사로 하여금 서시에게 가무와 몸가짐이며 수청을 들 때, 사내를 능숙하게 다루는 요령 등을 가르치게 했다.

그로부터 3년 뒤, 서시를 치장시키고 재상 범려를 사신으로 삼아 오나라 왕 부차에게 바치려 간다.

길을 가는 연변에는 수많은 사람들이 모여들어 서시의 빼어난 미모를 보고 싶어 했으며 역관으로 들어서서 모습을 감췄는데도 그네를 보려는 인파로 사람 울타리를 둘러치기도 했다.

서시에 대한 일화 하나를 소개한다.

서시를 데려간 월의 대부 범려는 서시를 보려는 사람들에게 돈을 내야 한다고 해서 묵는 역관마다 돈궤를 마련해 뒀는데 얼마 되지 않아 상자가 넘쳤으며 3일간 거둬들인 돈을 월나라로 가져가 국가재정에 보태 쓰도록 했다는 것이다.

범려는 오나라 왕 부차 앞에 무릎을 꿇고 간청했다.

"동해의 적신 구천이 대왕의 깊디깊은 은덕에 감복하여 나라 구석까지 뒤져서 미인에다 가무에 능한 처녀를 구해 대왕께 바치오니 마음에 차지 않으시면 하녀라도 쓰시기 바랍니다."

옆에서 듣고 있던 오자서가 거들었다.

"신이 알기로는 하 나라는 말희妹喜로 말미암아 망했고 은殷 나라는 달기妲己로 인해 망했습니다. 또 주周 나라가 망한 것은 포사襃姒가 있었으니, 미인이야말로 나라를 망하게 하는 요인입니다. 청컨대 대왕께서는 서시를 결코 받으시면 아니 됩니다."

오나라 왕은 오자서의 말을 묵살하고 서시를 받아들였다.

뒤늦게 부차는 서시를 보고 그만 정신이 아찔했고 정신을 차릴 수 없었을 뿐 아니라 몸조차 가눌 수 없었다.

경국지색傾國之色이란 말은 바로 서시를 두고 한 말이었다.

부차는 서시와의 첫날밤을 두고두고 잊을 수 없었다.

처음 그네를 대면하는 순간, 정신이 아찔해져서 제 정신이 아니었다고 언급한 것은 다 부질없는 짓이었다.

다음 찰나, 도저히 믿기지 않는 일이 눈앞에서 벌어졌다.

서시는 처음 대하는 오나라 왕의 인기척을 느꼈음직도 한데 단정한 자태 그대로 앞섶을 풀어 헤쳤다. 이어 허리띠까지 풀었다. 치마가 흘러 내렸다. 세상에 여인의 옷 벗는 모습보다 아름다운 것이 또 있을까.

그것은 살아 있는 예술품을 감상하는 흥분 이상이었다.

서시는 왕이 지켜보는 데도 유방을 드러낸 채 모시 수건으로 젖가슴의 땀을 다독이듯이 훔치지 않는가.

이를 지켜보는 오나라 왕은 숨소리마저 죽이고 침을 삼켰다.

오나라 왕은 서시의 희디 흰 얼굴의 부조浮彫에 혼이 달아났으며 여인의 것일 수 없는 세계의 갑작스런 노출, 아름다움이란 아름다운 무늬만을 골라 수놓은 얼굴, 유혹하기 위해 사바세계로 드러낸 듯한 유방은 신이 만든 최고의 걸작. 그에 압도당해 시간의 흐름마저 아예 멈춰서 미래로 향할 수도 과거로 되돌아갈 수도 없었다.

그네는 침상의 이불을 스스럼없이 폈다.

이불을 펴는 그네의 짓거리가 아무래도 이상했다.

어쩌면 정신은 온전한 채 미칠 것만 같은 쾌락을 기대하고 격렬한 짓거리를 재촉하고 있는 것은 아닌가 하는 의아심마저 들게 했다.

이불을 편 서시는 옷을 벗기 시작했다.

오나라 왕은 눈을 감았다. 눈을 감아도 서시의 허리띠가 풀어지고 치맛자락이 흘러내리는 소리가 들렸다.

스르르 옷 흘러내리는 소리는 전신을 마비시키고도 남았다.

부차는 참을 수가 없어 감았던 눈을 번쩍 떴다. 그 순간, 서시의 앞섶이 눈에 들어왔다. 그네는 하얀 젖이 살짝 내보일 만큼 왼손을 들어 오른쪽 유방을 꺼내는 것이었다.

이런 경우 남자에게, 더구나 왕으로서 온갖 영화를 누리는 오나라 왕이라 할지라도 현기증이 일지 않았다면 거짓말일 것이다.

오나라 왕은 눈앞이 아찔했으나 그런데도 보았다. 그것도 자세히 보고 또 보았다. 평생 잊지 않겠다는 아니, 확인이라도 하려는 듯.

촛불 위의 한 점 신비한 선으로만 보이던 실체가 눈앞에 다가왔다. 그러자 미와 관능의 일부분인 유방은 전체와의 상관을 되찾아 오나라 왕의 뇌리에 꽉 박혀 버리는 것이 아닌가.

그 밤 이후 서시는 오나라 왕의 사랑을 독차지했을 뿐 아니라 부차를 환락과 성의 탐닉에만 빠져들게 해서 정사를 까맣게 잊게 했으며 오로지 정사는 간신 백비가 좌지우지했다.

그랬으니 시간이 지날수록 국가 재정은 피폐해질 수밖에.

서시를 사랑한 오나라 왕은 고소대에 춘소궁春宵宮을 짓고 영암산 위에 관왜궁館娃宮까지 지었다. 그리고 땅을 파서 인공 연못을 만들어 서시로 하여금 늘 가무를 즐기며 놀게 했다.

부차가 서시를 매우 총애해서 밤낮으로 푹 빠지는 바람에 국사는 날이 갈수록 피폐해질 수밖에 없었다.

서시를 보내고 뒤늦게 구천은 나라 대사를 오로지 문종에게 맡긴 다음, 부인과 법려를 데리고 오나라로 갔다.

부차는 아버지 합려의 능묘 옆에 돌집을 지어 구천 부부와 그의 대신들을 몰아넣고 살게 했다. 구천은 쓸개란 쓸개는 다 빼놓고 아첨과 아부로 할 수 있는 온갖 짓을 하며 복수의 칼날을 갈았다.

부차는 구천에게 수의를 입혀 노예가 맡아 하는 말 먹이는 노역을 맡겼다. 또한 외출할 때마다 구천에게 엎드리게 해서 등을 밟고 말을 탔으며 말고삐를 잡고 앞서 가게 했다.

그런데도 구천은 쓸개가 있는지 없는지 오나라 왕이 시키는 대로 "네, 네에."하면서 말똥을 먹으라고 하면 주워 먹으면서까지 헤헤댔다.

구천은 그렇게 2년 동안 오나라에서 간과 쓸개까지 빼놓고 갖은 아첨과 아부를 떨어대며 별의별 고생을 감수했다.

오직 복수를 위해 곰의 쓸개까지 씹으며 부차에게 서시를 바치는 등 거짓 충성을 보여줘서라도 월나라로 귀환할 기회만 노렸던 것이다.

오자서는 구천을 죽여야 한다고 틈만 나면 직언했다.

그러나 부차는 이를 받아들이지 않았다. 오히려 구천을 회계산에 가둬 근신토록 하고 북방정책에 주력했다.

문종은 미녀와 금은보화를 백비에게 보내고 구천을 월나라로 돌려보내도록 부차를 설득해 달라고 부탁했다. 백비의 말이라면 믿지 않는 것이 없는 부차였으니 최대한 그를 이용했던 것이다.

2년 동안 진심으로 속죄했다고 믿은 부차는 백비의 말만 믿고 구천을 조건 없이 월나라로 돌려보냈다.

월로 복귀한 구천은 범려 등의 보좌를 받아 국력을 신장시키는데도 부차는 월을 공격하기보다 제나라를 공격했다.

구천은 원수를 갚겠다고 거듭 맹세했다. 그는 고기를 먹지 않았으며 무명옷을 입고 잡곡으로 끼니를 때었다. 또 초가에서 거처했는데 돗자리 대신 섶나무로 깐 위에서 잠을 자며 생활했다. 식탁 위에는 쓰디 쓴 곰의 쓸개를 매달아놓고 음식을 먹을 때마다 매단 쓸개를 빨며 <嘗膽> "구천아, 회계의 치욕을 잊었느냐."며 외치곤 했다.

이렇게 해서라도 쓸개까지 배놓은 치욕을 잊지 않으려고 했으며 분투노력하자고 자신을 독려했다.

이것이 와신상담臥薪嘗膽의 유래다.

구천은 오나라에서의 치욕을 되새기며 20년 동안이나 곰의 쓸개를 매달아놓고 시도 때도 없이 핥고 빨아대면서 가지가지 방책을 써서 나라를 부국강병으로 키워나갔다.

그는 범려와 문종의 방책을 채택했으며 10년 동안 물자를 비축했다. 또 10년 동안 인재를 양성하고 국력을 신장시켰다.

국력을 키울 대로 키운 재위 25년.

구천은 오나라 왕 부차가 북상해서 진나라와 싸우는 틈을 타 오나라 도읍을 공격해 왕의 항복을 강요했다.

이어 북쪽으로 가 회淮를 건넜으며 서주에서 제후들을 소집해 주나라에 조공을 바쳤으며 방백의 명을 받아 패주가 되었다.

구천은 시간을 최대한으로 활용했다.

오나라를 칠 준비를 위해 몇 년 치 군량미마저 쌓아놓고 결정적인 시기가 오기를 기다렸던 것이다.

월나라가 강해지는 것을 본 오자서는 근심이 컸다.

그는 "지금 구천이 쓸개를 핥으며 복수를 벼르고 있습니다. 이에 철저히 대비해야 합니다."하고 거듭 부차에게 간했으나 왕은 듣지 아니하고 오자서를 오히려 멀리 했다.

2년 뒤였다. 부차는 군대를 출동시켜 제를 쳐 승리했다.

이 승리를 두고 조정 대신들이 경하했으나 오자서만이 걱정했다.

"대왕마마, 이번에 제나라를 친 것은 작은 승리에 불과합니다. 하루라도 빨리 월나라를 쳐서 멸망시키지 않으면 철천지 한이 될지도 모른다는 것을 대왕께서는 어찌 모르십니까?"

백비는 왕에게 직간하는 오자서를 지속적으로 참소했다.

그렇지 않아도 오자서의 말에 화가 난 부차는 그에게 내 눈앞에서 자결하라며 보검 한 자루를 던져 주었다.

오자서는 목을 찔러 자결했다.

오자서가 자결한 것을 안 구천은 문종에게 조정을 돌보게 하고 스스로는 범려와 함께 정예군 5만을 이끌고 오나라를 기습했다.

오나라 군은 크게 패한 데다 태자마저 전사했다.

구천은 재차 오나라로 진격해서 부차를 고소산姑蘇山으로 몰아넣은 뒤, 오나라를 멸망시켰다. 구천은 사로잡힌 부차에게 회계 동쪽에 있는 조그마한 섬인 용동甬東을 봉으로 주어 기거케 했다.

부차는 오직 백비의 말만 듣고 오자서의 충언을 듣지 않은 것을 두고두고 후회하다가 참을 수 없었던지 천으로 얼굴을 가리고 목매어 자결한다. 그가 자결하자 구천은 국왕의 예로 장례를 치러주었으며 백비는 죽여 시신을 도륙해 거리에 버리도록 했다.

범려는 구천을 도와 월을 부흥시켜 20년 뒤 오를 멸망시켰으나 지금은 섬길 군주가 아니라고 생각해서 가족과 함께 월을 떠나면서 친구에게 토사구팽兎死狗烹이라는 글을 남겼다는 설도 있다.

월을 떠난 범려의 행적은 여러 가지 전설이 전한다.

범려는 가족과 함께 제나라로 갔다. 제나라에서는 그의 현명함을 알고 재상으로 임명했으나 곧 사임하고 가진 재물은 친지와 향당에게 나눠주었다. 그리고 이름을 치이자피鴟夷子皮라고 개명한 뒤, 두 아들과 함께 해변을 일궈 농사를 지으며 여생을 마쳤다.

오나라 부차에게 미인을 보내 주색에 빠지게 했던 절세미인 서시와 범려의 사랑 이야기도 유명한 일화로 남아 전한다.

구천은 32년 동안 나라를 통치했다.

오나라와 월나라의 전쟁은 춘추시대 말기에 일어난 역사의 한 페이지에 지나지 않는다. 기원전 475년에 이르러 중국은 전국시대로 진입하게 되며 봉건시대로 접어든다.

특급품

사람이 사회생활을 하다 보면 누구를 막론하고 본의 아니게도 잘못을 저지르거나 과실을 범할 수 있다. 그렇기 때문에 타인의 과실에 대해 지나치게 왈가왈부하거나 개입할 것이 못된다. 이유는 자기도 잘못을 저지르거나 과실을 범할 수도 있기 때문이다.

그렇다고 남의 과실에 대해 지나치게 관용할 것까지야 없다.

과실에 대해 김소운 선생의 수필집, 『붓 한 루』(범우사, 1976)에 수록되어 있는 「특급품(特級品)」의 내용을 참조해 아래에 싣는다.

특급품의 바둑판이라면 어떤 나무를 사용해서 만드는 걸까.

내(소운 선생)가 알기로는 일본어로 가야라는 나무, 자전에서는 비榧라고 했으니 우리말로는 비자나무가 아닐까 싶다.

이 가야라는 나무로 두께 여섯 치, 연륜(나이테)이 고르기만 하면 바둑판으로는 제격이 아닐 수 없다. 오동나무 가지로 사방을 짠 안에다 판을 만들어 바둑돌을 놓을 때마다 떵떵 하고 소리를 내는 우리의 바둑판이 아니라 일본식 가야의 바둑판을 두고 하는 이야기다.

가야로 만든 바둑판은 연하고 탄력이 있어 2, 3국을 두고 나면 바둑돌을 놓은 반면이 곰보처럼 군데군데 들어간다.

그랬다가도 얼마 동안만 그대로 두면 곰보처럼 들어갔던 반면이 본래의 제자리로 돌아오는 유연성을 발휘한다.

이것이 가야반—비반榧盤—의 특징이라고 할 수 있다.

가야를 바둑판 재료로 중히 여기는 이유가 바로 여기에 있는 것이다. 오로지 유연성을 취함에 있다 할까.

반면에 돌이 닿을 때마다 연한 감촉은 그야말로 진국이다.

가야반이면 바둑을 오래 두더라도 그 어떤 바둑판보다도 어깨가 마치지 않는다고 한다. 아무리 흑단이나 자단이 귀한 나무라고 해도 이런 나무로 바둑판을 만들지 않는다.

바둑판에 대해 이야기를 하니까 내가 숫제 바둑이나 둘 줄 아는 사람 같다. 실토하거니와 내 바둑 솜씨는 7, 8급 정도, 바둑이라기보다는 꼰놀이에 지나지 않는다.

내 바둑 실력이 비록 7, 8급 정도라고 하더라도 바둑판이며 바둑돌에 대한 식견만은 그렇게 호락호락하지 않다.

흰 돌을 손으로 만져 보아 그 산지와 등급을 맞출 수 있을 정도라면 그 수준을 알 만한 사람은 알고 있다.

멕시코의 1급품이라고 하더라도 휴우가의 2급 품보다 값이 눅다는 것까지 알고 있으니까 하는 말이다.

이런 재주나 기능을 습득하게 된 것을 두고 책을 읽어서나 뭇 사람들로부터 들은 지식 정도로 여긴다면 매우 섭섭하다.

가야반 1급품이 한 급 올라가면 특급품特級品이라는 것이 있다.

용재며 치수며 연륜이며 어느 점으로 따져 보이도 1급품과 다른 것이 하나도 없는데 특급품으로 대접받는 것이 희한하다고 하겠다.

단지 머리카락만한 가는 흉터가 있는 것에 지나지 않는데도 이를 특급품으로 치부하니 하는 말이다.

보다 알기 쉽게 값으로 따지자면, 태평양전쟁 전의 시세로 따져 1급품이 8, 9백 원에서 천원(이때 바둑돌은 제외한다) 정도 나간다면, 특급품은 천2, 3백 원 이상이나 나간다.

상처가 있어 값이 내려가는 것이 아니라 되레 상처 때문에 값이 올라간다니 흥미로운 일이 아닐 수 없다.

사고라 하는 것은 언제 어디서나 환영할 것이 못된다.

가야반의 예만 들더라도 그렇다.

반면盤面이 갈라진다는 것은 전혀 예측불허의 사고, 곧 사람으로 치면 과실이라고 할 수 있다. 갈라진 성질 여하에 따라서는 특급품의 바둑판이 되기도 하고 목침으로 전락해 버릴 수도 있으니까.

그러나 그렇게 큰 균열이 아니고 회생할 여지가 보일 정도라면 갈라진 균열 사이에 먼지나 이물질이 들어가지 못하게끔 단속하기 위해 헝겊으로 싸고 뚜껑으로 덮어 잘 보관해 둔다.

1년이나 이태, 때로는 3년까지, 아니 그 이상도 그냥 내버려둔다. 내버려둔 채 계절이 바뀌고 더위와 추위가 여러 번 바뀐다.

그러면 그 사이 상처 났던 바둑판은 제 힘으로 제 상처를 추슬러 본래 모습으로 유착해 버리고 나면, 균열된 자리에는 머리카락 같은 아주 가는 흔적만이 남게 된다.

가야반의 생명은 바로 이 유연성柔軟性이란 특질에 있다.

한 번 균열이 생겼다가 스스로의 힘으로 유착되어 원래 모습대로 결합되었다는 것은 유연성이란 특질을 실제로 증명해 보인 셈이다.

말하자면 졸업증서라고 해야 할까. 자칫 잘못했다가는 목침으로 전락할 수도 있었고 그보다 못한 부엌 아궁이의 땔감이 되어 순간의 재로 변할 수도 있었는데도.

그런데도 이 가야반은 불구라는, 아니 병신이라는 치명적인 시련을 이겨낸 탓으로 한 급이 올라 특급품이 되었으니.

나는 이 특급품을 인생의 과실過失과 결부시켜 생각해 본다.

사람은 언제 어디서나 과실을 저지를 수 있다는 잠재성, 그런 잠재성을 꽁무니에 달고 다니는 것이 인간사 아니겠는가.

과실에 대해 관대해야 할 아무런 까닭은 없다. 과실에 대해 예찬하거나 장려할 것도 아니다. 그렇다고 어느 누가 '나는 절대로 과실을 범하지 않는다.'고 큰소리치며 장담할 수 있을까.

공인된 어느 인격, 어떤 학식, 지위 여하를 막론하고 그 어디에 있어서도 이를 보장할 어떤 근거도 찾을 수 없다.

인간의 일생을 두고 생각해 보면, 인생살이는 과실의 연속이라고 볼 수 있을 것이다. 이 세상에는 접시 하나, 화분 하나를 깨뜨리는 작은 실수로부터 일생을 진흙탕에 파묻혀 버리는 돌이킬 수 없는 큰 과실에 이르기까지 이루 헤일 수 없이 과실은 존재한다.

과실에도 천차만별千差萬別의 구별이 있을 수 있다.

직책상 어쩔 수 없이 저지르는 과실도 있다.

명리와 관련된 과실은 보상할 방법이나 기회가 있을 수 있겠으나 세상에는 그렇지 못한 과실이 너무나도 많다.

교통사고로 인해 육체를 절단하거나, 잘못으로 사람을 죽이거나 할 수도 있는 경우는 어떤 보상으로도 해결이 불가능하다.

내 이야기는 그런 과실을 두고 하는 말이 아니다.

그런데 애정 윤리의 일탈逸脫은 물론이고 애정의 불규칙 동사하며 애정이 저지른 과실로 말미암아 뉘우침과 쓰라림의 십자가를 일생 동안 짊어지고 살아가는 이가 우리 주변에는 한둘이 아니다.

어느 생활, 어느 환경 속에서도 카추샤가 있기 마련이고 나다니엘 호손의 소설 『주홍글씨』의 주인공이 있을 수 있다.

다만 다른 것은 그들 하나하나의 인품과 교양, 기질에 따라 십자가의 경중에 차이가 있음은 상기해 볼 일이 아니겠는가.

구체적으로 들추지 않으려 하는데도 예를 하나 더 들겠다.

오래 전 일이다. 통영에서 있었던 실화다.

남편은 밤이 늦도록 사랑에서 친구들과 바둑을 두며 노는 버릇이 있었다. 사랑에는 늘 남편의 친구들이 어울려 놀았다.

밤이 깊어지자 그들 중 한 친구가 슬쩍 자리를 피해 친구 부인이 잠들어 있는 내실로 들어간 사실을 아무도 아는 사람이 없었다.

부인은 모기장을 들고 들어온 사내가 남편인 줄로만 알았다. 그랬던 것이 남편이 아닌 줄 안 순간부터 부인은 식음을 전폐하고 남편의 근접을 허락하지 않으면서 10여 일을 버티다가 굶어 죽었다.

입을 다문 채 말 한 마디 없이 부인이 죽었다는데도 어느 경로로 해서 이런 사실이 세상에 알려진 것인지는 나도 잘 모른다.

경로에 대해 구체적으로 알지 못하지만 이렇게 준엄하게, 이렇게 극단의 방법을 택해서 하나의 과실을 목숨과 맞바꾸어 즉결처분해야 했던 과단성, 추상과도 같은 절의에 대해 무조건 나는 경의를 표한다.

여기에는 따로 이론이나 주석이 필요치 않다.

어느 범부가 이 용기를 따르랴. 더욱이 요즘 세태에 있어 이런 이야기는 옷깃을 가다듬게 하는 청량수요 방부제는 될 수 없을 것이다.

비록 백번 그렇다 하더라도 하나의 여백만은 남겨두고 싶다.

세상에는 과실을 범하고도 일없다는 듯이 살아가는 사람들이 수 없이 많다. 그것을 탓하고 나무랄 사람은 과연 누가 있겠는가?

여기도 나누어야 할 두 가지 구별이 있다.

하나는 제 과실을 제 스스로 미봉하고 변호해 가면서 후안무치厚顔無恥의 삶을 누리는 부류가 있을 수 있다.

다른 하나는 과실의 생채기에 피를 흘리면서 뉘우침의 험하디 험한 가시밭길을 걸어가는 부류들이 있을 수 있겠다.

전자를 두고는 문제 삼을 것은 없다.

나는 어디까지나 후자만을 두고 이야기를 하려고 한다.

죽음이란 절대적이라고 할 수 있다.

이 죽음 앞에서 해결 못할 죄과는 없겠으나 또 하나의 여백餘白, 곧 1급품 위에 특급품이란 예외를 나는 인정해 주고 싶다.

영국이라는 나라에서는 채털리즘 같은 이야기는 화제꺼리가 되지 않은 지 이미 오래 전의 일이 되어 버렸다.

그에 비해 우리네는 로렌스나 스탕달과는 인연이 멀어도 한참이나 먼 데다 오백년, 이백년 전의 윤리관을 벗어나지 못한 채 새 것과 낡은 것 사이를 뚜렷한 목표도 없이 방황하고 있는 현실이다.

내가 하는 말은 어느 한 쪽의 편을 들고자 하는 가부론可否論이 아니다. 우리는 공백시대인 데도 애정이나 윤리에 대한 관객적인 비판만은 언제나 추상같이 날카롭고 가혹했으니 말이다.

전쟁이 빚어낸 비극 중에서도 호소할 길이 없는 비극은 바로 죽음으로써 혹은 납치로 말미암아 사랑하고 의지했던 남편, 아들, 형제를 잃은 슬픔은 그 무엇으로도 대변할 수 없을 것이다.

전쟁은 왜 하는지? 내 국토와 내 자유를 지키기 위해서. 내 국토는 왜 지키는 거냐? 왜 자유는 있어야 하느냐?

그것은 아내와 아버지가 서로 의지하고 자식과 부모가 서로 사랑을 나누면서 떳떳하고 보람 있게 살기 위해서라고.

그 보람, 그 사랑의 밑뿌리를 잃은 전화戰禍의 희생자들, 극단적으로 말할 것 같으면, 전쟁에 이겼다고 해서 그 희생이 바로 당사자들에게 보상되는 것은 결코 아닐 것이다.

그들의 죽은 남편이, 죽은 아버지가, 죽은 형제가 다시 살아서 돌아오는 것은 아니니까 하는 말이다.

전쟁미망인이나 포로미망인, 납치 미망인들의 윤락을 운위하는 이들의 표준으로 하는 도의의 내용은 언제나 청교도적이다.

그러나 그러한 채찍과 냉소, 이를 예비하기 전에 그들의 굶주림, 그들의 쓰라림과 눈물, 그들의 뼈를 삭이는 아픔을 미리 헤아려 계량해 줄 저울대라도 마련했으면 좋겠다는 기대감에서 하는 말이다.

신산辛酸과 고난을 무릅쓰고 올바른 길을 걸어가는 이들의 절조와 용기는 백번 고개 숙여 절할 만하다.

그렇다고 하더라도 그 공식, 그 동의가 유일무이唯一無二의 표준이 될 수는 없겠기에 하는 말이다.

언젠가 거리에서 잘 아는 친구의 부인을 만난 적이 있다. 부인은 남의 눈에 뜰 정도로 배가 불렀다.

차 한 잔을 나누는데 부인이 "선생님도 절 경멸하겠지요. 못된 년이라고…"하고 고개를 들지 못하는 그녀 앞에서다.

내가 들려준 것이 이 바둑판의 예화例話다.

과실은 뭐 그리 요란스럽게 예찬할 것이 아니다. 장려할 것도 못된다. 그렇다고 인생의 올 마이너스일 까닭은 조금도 없다.

과실로 인해서 더 커 가고 보다 깊어지는 인생이 있다.

과실로 인해 정화되고 굳세어진 사랑이 있을 수 있다.

은근과 끈기의 삶도 있으니 하는 말이다.

누구나 할 수 있는 일은 아니다. 그렇다고 해서 어느 과실에나 다 적용되는 것도 아니라고 생각된다.

제 과실을, 제 상처를 제 힘으로 다스릴 수 있는 가야반의 탄력, 그런 탄력만이 과실을 수용할 수 있지 않을까 싶어 하는 말이다.

이런 때일수록 특급품의 과실만은 인정해 줘야 할 것 같다. 그것은 배려에서 우러나온 진정성이 아니라면 인정하기가 매우 어려운 것이 우리의 현실이기는 하지만.

'인생이 바둑판만도 못해서야 어디 쓰겠어.'

관심을 끌려던 짓이

토요토미 히데요시(豊臣秀吉) 하면, 먼저 떠오르는 것이 임진왜란이다. 그는 광狂 중에서 전쟁광이라 해도 지나침이 없다.

그가 살았던 시대는 다이묘 아래 수많은 무사계급이 존재했고 평민, 난민, 낭인들이 즐비했던 전국시대였다. 그런 험난한 시대에 최하층 신분에서 태어나 최상의 신분인 일본 지도자가 되기까지 그의 처세는 전쟁광이었다. 그런 토요토미가 일본 청소년 사이에서 가장 존경받는 위인이 되었다는 데는 그리 놀라운 일도 아니다.

그것은 현대를 살아가는 일본인들에게 가장 절망적이며 최악의 상황에서도 최고가 될 수 있다는 희망의 메시지를 그가 전해 주고 있기 때문에 존경의 대상이 되었을 것이다.

토요토미는 가난한 농민의 아들로 태어났다. 그의 어릴 적 이름은 히요시 마루(日吉丸)였다. 히요시는 자라면서 망나니짓만 했다. 일곱 살이 되기도 전부터 탐스럽게 익은 남의 벼를 짓밟아 버려 망치거나 잘 자란 채소밭을 짓이겨서 쑥대밭을 만들기 일쑤였다.

아비는 아들의 망나니짓을 보다 못해 일곱 살이 되자 절에 맡겼다.

그는 절에서도 전쟁놀이로 날 가는 줄 몰랐다.

'농민은 애써 농사를 지어 봐야 장마나 전쟁이 일어나면 하루아침에 거지가 돼 버린다. 그래서 이런 농민이 되는 것이 싫다. 나는 훌륭한 주군을 모시는 무사가 되리라.'

이런 결심을 한 히요시는 15살 때 아버지가 죽으면서 남긴 동전을 가지고 절을 나와 바늘장사를 하며 주로 오와리, 미카와, 토오토오미 등으로 전전한다. 그러다가 무사인 이마가와 요시모토의 가신인 마츠시다 카헤에(松下加兵衡)의 눈에 들어 잡급직 사환으로 채용되면서 이름도 토오 키치로오(藤吉郎)로 개명한다.

마츠시다는 토오에게 학문뿐 아니라 무예도 가르쳤다.

토오는 승진을 할수록 주변의 시샘을 받았다.

토오는 새로 생산된 갑옷과 투구를 사오라는 주인의 명령을 받고 길을 떠나 기름집을 운영하는 이코마에 머물게 된다.

그곳은 미래의 정보가 넘치는 살롱과 같았다.

오다 노부나가는 수행 무사 5, 6명을 데리고 그곳을 가끔 들리곤 했었기 때문에 토오로서도 한창 명성을 날리는 오다의 소문을 자연스레 들을 수 있었다.

하루는 토오가 오다를 만나 간청했다.

"저는 토오 카치로오라고 합니다. 오다 노부나가 나리께서 천하통일을 하는데 저도 일조가 되게 기회를 주셨으면 합니다."

"오, 그래. 좋아. 내 그 기회를 주지."

토오는 오다의 신발을 정리하는 사환으로 발탁되어 키요스성에서 먹고 자며 생활하게 되었다.

이렇게 토오가 관심을 끌려다 전쟁광이 된 사연은 그리 흔치 않은 역사적 사례가 되고도 남음이 있을 것이다.

추운 겨울이 되자 토오는 매일 새벽 오다보다 한두 시간 일찍 일어났다. 일찍 일어나서 하는 일이란 오다가 신고 갈 신발을 품속에 품고 있다가 그가 나가는 낌새를 느끼면 섬돌 위에 신발을 갖다 놓는 일을 계속했다. 때로는 주인인 오다가 외출이나 사냥을 갈 때를 대비해 말을 대기시켜 놓기도 했으니 철저한 눈치 보기 기회주의였다.

눈보라가 휘몰아치는 몹시 추운 겨울날이었다.

그날따라 토오는 주인이 신고 나갈 신발을 초저녁부터 밤새 품속에 품어 따뜻하게 해 뒀다가 이른 새벽에 출타하는 주인의 낌새를 느끼면 신발을 섬돌 위에 갖다 놓았다.

오다가 무심코 신발을 신다가 신발 안이 매우 따뜻한 것을 느꼈다. 그리고 그 이유를 안 오다는 비록 일본 열도를 호령하는 영웅이었으나 사소한 일에 크게 감동을 받는 위인이기도 했다.

주인에게 관심을 끌려던 이 짓거리, 이 하찮은 아첨으로 말미암아 토오는 오다의 눈에 들었으며 일생을 전쟁의 광으로 살게 되는 계기가 될 줄은 신이라도 짐작했을까.

이런 계산된 것을 두고 아첨으로 볼 것인지, 아니면 충성으로 볼 것인지 자못 의아심이 들 수 있을 것이다.

분명히 말하거니와 잘 보이거나 눈에 들기 위해서 한 짓이기 때문에 충성이라기보다는 아첨이다.

오다는 토오를 측근으로 삼아 자주 출전한다.

출전할 때마다 토오는 승승장구했기 때문에 오다의 신임뿐 아니라 능력까지 인정받아 그의 측근이 되었다.

지진이 나 키요스 성벽 100여 미터가 허물어졌다.

오다는 즉시 무너진 성벽을 보수하라고 부하에게 지시했으나 20여

일이 지나도록 그들은 성벽 하나 제때 보수하지 못했다.

그러자 오다는 토오에게 성벽을 보수하라고 지시했다.

토오는 인원을 일단 두 배로 늘렸다. 그리고 그들에게 식사와 술을 충분히 준비해서 나눠준 다음, 두 패로 나누어 상금까지 걸고 경쟁을 시켜 3일 만에 성벽을 원형대로 보수하는 수완을 발휘했다.

오다는 이를 보고 매우 감탄했다.

오다는 3천 병력으로 오케하지마 전투에서 이마가와 요시묘토가 이끄는 3만 대군과 싸우게 되었는데 누가 봐도 승산이 없었다.

오다는 적의 측면을 기습해 이마가와의 목을 노리는 전법을 구사했다. 그는 이마가와의 병사들이 접근해 오는 요소에 닌자들을 숨겨두고 그들로 하여금 동태를 파악해서 보고하라고 지시했다.

토오는 억수같이 쏟아지는 폭우에도 불구하고 뎅가쿠하자마 지역에서 이마가와의 본진이 휴식 중이라는 첩보를 입수한다.

토오는 입수한 첩보에 따라 폭우가 쏟아지는 속에서 적의 본진을 기습해 이마가와의 목부터 베고 싸워 완승을 거뒀다.

이 전투에서 실력을 인정받은 토오는 이시가루(足輕)로 발탁되는 행운까지 누렸다. 이어 나가카츠(淺野長勝)의 양녀 네네와 결혼하면서 키노시타 토오 키치로오 히데요시(木下藤吉郎秀吉)로 개명했으며 요코야마성의 책임자가 되자 하시바 히데요시로 개명한다.

하시바는 1573년, 오다성을 공격해 승리했다.

이 전투에서 하시바는 아자이 가문의 영지를 대부분 차지했을 뿐만 아니라 나가하마성의 성주까지 되었다.

하시바는 37세에 이르러 비로소 성주가 된 것이다.

오다의 최측근인 도쿠가와 이에야스(德川家康)와 뒤에 개명한 토요토미 히데요시의 성격을 보여 주는 일화 하나가 전한다.

하루는 오다가 두 사람을 불러 물었다.

"둘에게 묻겠다. 만약 울지 않는 새가 있다면, 어떻게 하겠는가?"

그러자 성격이 급하고 다혈질인 토요토미가 먼저 대답했다.

"새로 하여금 스스로 울게 만들겠습니다."

성격이 차분하고 침착한 도쿠가와는 이를 한참 동안 생각했다. 그러는 그의 태도는 매우 진지하고 신중해 보였다.

"저는 새가 울 때까지 기다리겠습니다."

도쿠가와 이에야스는 40년을 기다린 끝에 일본을 통치하게 되는데, 그의 성격은 이런 기다림과도 무관하지 않았을 것이다.

두 사람의 대답을 들은 오다는 웃으며 말했다.

"너희가 그렇다면 난 새를 당장 죽이겠어."

1582년 6월 3일이다. 아케치 마즈히데가 모반을 했다.

궁지에 몰린 오다는 적에게 잡히기 직전에 자결했다.

오다가 자결했다는 소식을 들은 히데요시는 군대를 끌고 가서 아케치가 진을 치고 있는 성을 공략해 함락시켰다.

성이 함락되자 모반한 아케치는 성을 빠져 나가긴 했으나 멀리 가지 못하고 농부의 죽창에 찔려 죽임을 당했다.

히데요시는 오다의 장례를 치른 뒤, 후계자가 되었다. 후계자가 되자 맨 먼저 시바티 카츠이에를 공격해 굴복시켰다.

히데요시는 전쟁으로 말미암아 아즈치 성이 불탄 것도 있지만 스스로의 힘을 과시하기 위해 오오사카성을 축성했다.

이어 시코루를 정복하고 일본 최고의 지위에 오른다.

히데요시는 전쟁을 위해 태어난 사람처럼 숱한 전쟁에서 기발한 아이디어와 탁월한 전략으로 연전연승했다. 그에게는 전투야말로 삶의 의미고 보람이며 생의 전부였을 정도로 전쟁광이었다.

일본 전토를 장악한 토요토미 히데요시는 내전에 종지부를 찍자 새로운 탈출구를 모색했다. 히데요시가 새로운 탈출구를 모색한 것이 정명가도를 빙자한 1592년 조선 침략의 만행이었다.

히데요시는 이 전쟁으로 자신의 종말을 앞당기게 되는데 이런 아이러니는 조선 침략에서 극명하게 드러난다.

1598년 히데요시는 키타노 만도코로와 요도도노를 데리고 쿄오토의 다이고지에서 꽃 잔치를 성대하게 거행했다.

그날을 위해 준비한 8칸짜리 차야를 들고 아들 히데요리의 손을 잡고 걷다가 그만 돌에 걸려 휘청대다가 넘어졌다.

히데요시는 그 길로 일어나지 못하고 8월 18일, 범부보다 못한 허무한 죽음을 맞았으니 그의 나이 62세였다.

임진왜란이 발발하기 이태 전, 조선 조정에서는 왜에 통신사를 파견해 왜의 조선 침략의 진위 여부를 파악하려고 했다.

정사 황윤길은 돌아와 선조에게 보고했다.

"풍신수길의 키는 비록 150도 안되어 몸은 비록 왜소하기 그지없으나 풍채가 매우 남다릅니다. 왜는 반드시 침입해 올 것이니 전쟁에 대한 대비책을 마련하는 것이 지당한 줄로 아룁니다."

부사인 김성일은 엇갈린 보고를 했다.

"풍신수길은 체구가 작고 생김새는 생쥐와 같은 꼴입니다. 전하, 저는 왜에서 전쟁준비의 정황을 보지 못했으니 걱정할 일이 못됩니다. 정사가 과장되게 아뢰어 민심을 동요시킬까 되레 걱정입니다."

지금의 나라꼴과 왜 그리 닮았는지.

조정은 정사의 보고보다는 부사의 말만 믿고 흥청만청 즐기다가 전무후무한 치욕을 당한다.

임진왜란이란 7년 전쟁, 전쟁이 발발한 지 이듬해다.
다음에 『선조수정실록』 26년 2월조의 기록을 인용한다.

경기지방의 사민들은 몹시 굶주려 굶어죽은 시체가 길에 늘려 있으며 길을 가다가 보면 숨이 끊어진 어미의 시체에 어린 아기가 매달려 젖을 빠는 모습이 비일비재하다.

굶주림이 극도에 이르자 심지어 죽은 사람의 시체까지 먹었으나 조금도 이상하지 않았다. 비단 길거리에 늘려 있는 죽은 시체는 칼로 도려서 먹은 탓인지 팔 다리 하나 온전한 것이 없을 뿐 아니라 생사람을 잡았을 때는 내장이나 뼈까지 먹어치웠다.
유만은 날로 늘어만 가고 곡물은 점점 동이 나는 데다 날씨마저 추워지니 병들어 죽거나 굶어 죽은 사람들이 뒤엉켜 쌓인 시체로 동산을 이루다시피 했다.

이러한 『조선왕조실록』의 기록은 온몸을 오싹하게 하는 바로 송연悚然 그것이 아닐 수 없다.

하룻밤은 큰 비가 내렸다. 굶주린 백성들이 좌우에 널브러져 있었다. 먼 데서도 그들이 내는 신음소리는 도저히 들을 수 없었다.
아침에 일어나서 주위를 살펴보니 굶어죽은 시체가 너무 많았다.

이제 집마저 잃고 고향을 떠나온 유민들은 날로 늘어만 가는데 곡물은 점점 동이 나는 데다 날씨마저 추워지니, 병들어 죽거나 굶어 죽은 사람들이 서로 뒤엉켜 쌓인 시체가 동산을 이루다시피 했다.

조경남趙慶男도 『난중잡록』에 다음과 기록했다.

각도 백성들은 서로 헤어져 살 곳을 잃었으며 굶주린 사람들은 서로 의지해 가면서 구걸하는 행렬이 길마다 비일비재했다.

굶주리다 못해 마침내 사람끼리 서로 잡아먹는 지경에 이르고 보니 아이 잃은 사람들이 너무나 많았다.

들에는 풀이나 나물, 쑥 뿌리까지 캐어 먹어 동이 났음에야.

류성룡柳成龍도 『징비록(懲毖錄)』에 기술했다.

피난을 가지 못해서 성안에 남은 백성들은 왜적의 칼에 백에 하나도 살아남지 못했다. 혹 생존자가 있다고 하더라도 굶주림에 지친 모습은 귀신과 다를 바 없었다. 게다가 찌는 듯한 폭염의 날씨 탓으로 곳곳에 늘어져 있는 시체가 썩으면서 풍기는 악취가 성안에 가득 차 행인들은 코를 막고도 지나갈 수 없을 지경이다.

토요토미 히데요시의 광기는 날이 갈수록 절정에 달했다.

마침내 전황이 불리해지자 조선 병사들의 귀를 베어 일본으로 보내 도록 했다. 그러나 귀는 사람마다 두 개가 있으니 오른쪽 왼쪽을 분간 하기조차 귀찮아했다. 해서 사람에게는 코가 하나니 코를 베어 보내라 해서 이를 헤아려 전과를 일일이 확인했다.

강항姜沆은 『간양록(看羊錄)』에 다음과 기록했다.

사람에게는 두 개의 귀가 있는데 코는 하나뿐이다. 마땅히 조선인의 코를 베어 이로서 수급을 대신하라. 그래서 병사 한 명당 코를 베어 한 되씩이나 소금에 절였다가 적괴에게 보내졌다.

이수광李睟光도 『지봉유설(芝峯類說)』에 기록해 놓았다.

왜병은 조선인을 만날 때마다 죽이고 코를 베어 소금에 절였다가 항아리에 넣어 풍신수길에게 보내졌다. 수길은 이를 보고 대불사 북쪽 교외에 묻고 무덤을 만들어 위엄을 보였다.

왜병은 조선 병사를 죽이면 코부터 베었다. 전과가 여의치 않을 때는 민간인이든 아녀자든 눈에 띄는 대로 죽여서는 코를 베어 항아리에 담아 소금에 절였다가 왜로 보냈다. 그렇게 해서 강도에 보내진 것이 큰 항아리로 열다섯 독이나 되었다고 한다. 지금도 이를 묻은 무덤을 이총 耳塚 또는 비총鼻塚이라고 해서 경도 외곽에 남아 있다.

초유사는 격문을 내어 걸기를 '싸워도 죽고 싸우지 않아도 죽기 마련이다. 그런데 싸우면 혹 사는 수가 있어도 싸우지 않으면 반드시 죽는다.'는 각오로 싸워 7백 의총으로 빛난다.

이렇게 의병들은 적개심을 불태웠다.

그런가 하면, 더욱 한심한 짓거리, 조정에서는 전쟁을 유리하게 이끌기 위해 참수급제제를 급조해서 실시했다. 참수급제제斬首及第制란 왜적을 죽여 그 머리를 베어오면 머리수가 많고 적음에 따라 벼슬의 높고 낮은 관직을 하사하는 급조된 과거제라고 할 수 있다.

이성령李星齡은 『춘파당일월록』에 기록했다.

참수급제제가 실시된 후부터 힘이 없거나 굶주린 백성들은 더욱이

나 목숨을 보존할 수조차 없었다. 조선인 끼리 약한 자를 죽여 왜병의 머리로 만들었으니까. 비록 진짜 왜병의 머리를 베어 바친다고 해도 다른 사람으로부터 수급을 사들여 바쳤다.

그로 인해 값을 흥정하느라고 송사까지 벌어지는 일이 흔했다.

조선인끼리도 힘없고 굶주린 산 사람을 만나게 되면 머리를 베어 왜병의 머리처럼 만들어서 관아에 바치기까지 했으니, 우리 민족의 인간 됨됨이를 이보다 적나라하게 보여주는 예가 어디 또 있을까.

임진왜란이 종식되자 조선인들은 왜에 대한 적개심이 심화되어 왜놈, 왜놈 하면서 어금니를 갈아대며 살았다.

이긍익李肯翊은 『연여실기술』에 다음과 같이 기록했다.

왜적의 흉악함이 하늘에까지 미쳤으며 망국하기가 그지없다.

급기야 왜적의 화는 위로는 능을 침탈했으며 아래로는 백성들을 모조리 도륙했다. 그런데 지금에 와서 저들과 함께 공생한다는 것은 신 등의 죄로 보아 만 번 죽어도 오히려 가볍다고.

또 강항은 『간양록』에다 다음과 같이 기록했다.

생포된 사람들은 왜로 끌려와 9일 이상이나 굶김을 당했다. 혹 병이라도 나면 물속으로 던져 죽였으며 도망치다가 붙들릴 지경에 이르면 바다로 뛰어 들어 자결했는데도 그 시체를 건져내어 이미 죽인 사람과 함께 수레에 걸어 사지를 찢어서는 거리에 버려 개가 뜯어먹게 하거나 효시해서 저들의 백성들에게 위엄을 보였다.

이처럼 동족에게 못된 짓을 하며 갖은 악행을 저질렀던 우리 선인, 그래도 정신 못 차리고 40년 뒤 병자호란을, 400년 뒤에는 일제식민지 치하를 맞는다. 그리고 일제 36년 동안의 치욕은 민족자존이 송두리째 시궁창이 된 오욕의 시대였다고 해고 과언이 아니다.

그리고 현재는 독도를 자기네 영토라고 떼를 쓰는 날강도 짓을 서슴지 않으며 아베 정권의 아베는 위안부 문제를 들고 나오면서 일제의 만행이 지금도 재현되고 있지 않은가.

동경 중심가에는 혐한嫌韓 시위가 연일 지속되고 있다고 한다.

그리고 때로는 극우파가 한국을 개×으로 폄하시키려고 혈안이다. 심지어 위안부 문제는 그런 적이 없으며 사실이 아니라고 망발하며 독도마저 자기네 땅이라고 국제재판소에 제소한다고 한다.

그런데 우리의 대응은 어떠한가?

졸속 자체며 한 마디로 무개념의 민족, 개념 없는 민족이다.

세월호나 종북 관련 기사만 난무했지 일본에 대해 어떤 반대 데모를 했다는 기사는 한 줄도 보이지 않으니.

이 정도라면 메이드 인 저팬에 대한 암묵리에 불매운동이라도 해야 하는 것이 당연한 데도 말이다.

그런데도 한국 한복판 서울 시내는 부의 상징인 양, 나는 친일파인 양 과시하면서 메이드 인 저팬이 거리를 누비고 있는 현실을 어떻게 설명해야 할지. 어느 때보다도 우리는 남을 배려하지 않는 무개념, 쓸개를 빼놓은 민족은 아닌지 진지하게 생각해 볼 일이다.

흉악범일지라도

인간은 자기가 저지른 죄에 대해 얼마만큼 솔직하게 시인하거나 인정할까. 그렇게 시인하고 인정하는 사람이 있을까? 이런 질문을 받게 된다면 필자는 단 한 사람도 없다고 단언할 것이다.

내가 아는 지인으로 수사기관의 고위급 인사가 한 분 있다.

그 지인이 한 말은 지금도 잊혀 지지 않는다. 내게 있어 베테랑 수사관의 입에서 나온 말은 가히 수소폭탄이었다.

"만약 수사기관에 불려가 수사를 받을 때는 죄를 지었거나 비록 뇌물을 받아 인 마이 포켓 했더라도 끝까지 부인하며 딱 잡아떼는 것이 상수야. 심지어 뇌물을 받아 공공연하게 꿀떡 삼켰더라도 주머니 속에 넣었다가 즉시 되돌려줬다고 끝까지 발뺌하는 것이 최선이야. 자네에겐 그런 일이야 없겠지만 일이 생겼을 때는 내 말을 명심하게."

지인이 이렇게 말하는 데야 필자는 입이 열 개라도 할 말이 없다.

그런 병리 탓인지 정치인이나 고급 관리들이 부정부패 또는 뇌물 혐의로 검찰청에 들어설 때는 검찰청이 동네 수영장, 오리발을 몇 개씩이나 가지고 들어갔는데도 구속되는 일이 비리비재하다.

죄에 대한 시인 여부의 사례를 하나 들겠다.

데일 카네기 지음, 강성복외 옮김 『인간관계론』(르베르, 2007)에서 관련된 부분만을 참고해서 각색해 싣는다.

몇 주 동안 경찰의 추적을 피해 도망치던 일명 쌍권총의 사나이 크로울리가 웨스트 앤드 애버뉴에 있는 자기 애인의 아파트에 숨어 지내다가 경찰에 발각되어 체포되기 직전이었다.

그는 술도 마시지 않았으며 담배도 피우지 않는 사람이다.

그러나 총으로 사람을 죽인 살인범이다.

때는 1931년 5월 7일이다. 뉴욕 시가 생긴 이래 가장 관심을 모은 경찰작전이 벌어지고 있었다.

그것은 150여 명의 경찰과 형사들이 그가 숨어 있는 아파트 꼭대기 층을 이중 삼중으로 포위해서 작전을 수행하고 있었기 때문이다.

드디어 경찰은 지붕에 구멍을 내고 최루가스를 투입해 경찰 살해범인 크로울리를 집 밖으로 끌어내는 작전을 펼치고 있었다.

크로울리는 기관총까지 난사했으며 경찰은 이에 대응하기 위해 주변 빌딩에 기관총을 설치하고 대응사격을 했다.

뉴욕 시에서 가장 멋진 주거지역인 이 거리에는 권총과 기관총이 뿜어내는 시끄러운 소리가 한 시간 이상 지속되었다.

1만 여명의 시민들이 잔뜩 긴장된 표정으로 총격전을 지켜보고 있는 가운데 크로울리는 두툼한 의자를 방패로 삼아 끊임없이 경찰을 향해 기관총과 권총을 쏴대다가 끝내 체포되고 말았다.

권총과 기관총을 난사하는 흉악범 크로울리를 체포하는데 뉴욕 경찰청은 기껏해야 경찰 병력 150여 명을 동원했을 뿐이다.

그런데 작금의 사태, 민노총 한××이 조계사로 잠입해 20여 일이나 칩거했다. 관계 기관은 권총도 기관총도 가지지 않은 그를 체포하기 위해 전투경찰 10 몇 개 중대, 체포 형사 400명을 동원하고도 체포하지 못하고 스스로 걸어 나오는 모양새를 제공해 줬으니 대한민국의 공권력이 이렇게도 무력한 것인가 하는 의구심으로 치를 떨었다.

그런 보도를 보면서 새삼 경찰이 그렇게 무능한 지, 아니면 한××을 영웅으로 만들어주기 위해 의도적으로 공권력이 장난을 친 것인지, 국민의 한 사람으로서 분통이 터져 지켜볼 수 없었다.

뉴욕 경찰국장 멀루니는 이 쌍권총의 악당이 뉴욕 시 역사상 가장 위험한 범죄자에 속한다고 발표했다.

멀루니의 발표에 따르면 그는 '닥치는 대로 살인을 저지르는 흉악하기 짝이 없는 극악무도한 놈'이라고 표현했다.

그렇다면 흉악범 쌍권총의 크로울리는 스스로를 어떻게 생각했을까? 경찰이 그가 숨어 있는 아파트를 향해 사격을 하고 있을 때, 그는 '관계자 여러분께'로 시작하는 편지를 썼다.

크로울리가 편지를 쓰고 있는 동안에도 총에 맞은 상처에서는 피가 줄줄 흘러나와 편지지를 붉게 물들였다.

크로울리는 아래처럼 요약해 썼다.

'내 마음은 지치고 피곤하긴 하지만 언제나 착한 마음이다. 그 누구도 해치고 싶어 하지 않는 참 착한 마음이다.'라고.

애초에 이 사건의 발단은 이러했다.

총격전이 벌어지기 며칠 전이다.

크로울리는 롱아일랜드에 있는 한적한 시골길을 달리다가 길 가운데 차를 세워놓고 자동차 안에서 애인의 목을 애무하며 즐거운 시간을 보내고 있었다. 그때 경찰 한 명이 다가가 불시 검문했다.

"길에서 이 무슨 짓이오? 면허증 좀 보여주시겠습니까."

그러나 크로울리는 대답 대신 다짜고짜 권총을 뽑아들고 경찰을 향해 총알 세례를 퍼부었다.

검문 경찰은 중상을 입고 그 자리에 쓰러졌다.

그러자 크로울리는 차에서 내려 경찰이 차고 있던 권총까지 뽑아들고 경찰의 몸에 몇 발을 더 쏘아 확인사살까지 했다.

이런 흉악한 범죄를 저지른 살인범도 이렇게 말했다고 한다.

"내 마음은 지치고 피곤하긴 하지만, 착한 마음을 지녔다. 그 누구도 해치고 싶지 않은 아주 착한 마음을 지녔다."고.

재판의 결과, 크로울리는 사형선고를 받았다.

사형이 집행되던 날이다.

크로울리가 전기의자에 앉았을 때 '살인했으니 이렇게 되는 게 당연하지.'라고 여겼을까? 아니다. 대답은 빗나가 전혀 그렇지 않았다가 된다. 크로울리는 "나는 정당방위를 했을 뿐인데 어떻게 내게 이렇게까지 전기의자에 앉힐 수 있을까?"하고 되뇌었다고 한다.

이 사건에 대한 요점은 바로 이것이다.

쌍권총의 사나이, 이 극악무도極惡無道한 흉악범 크로울리는 자기가 잘못했다고 생각하지 않았다는 점이다.

이런 태도는 범죄자들에게 있어 그리 흔치 않은 사례일까? 만일 그렇게 생각한다면 다음 말에 귀 기울여보자.

흉악범의 전형 알 카포네는 이렇게 중얼거렸다고 한다.

"나는 다른 사람들에게 많은 즐거움을 주고 좋은 시간을 갖도록 도우면서 내 인생의 황금기를 보냈다. 그렇게 살아왔는데 결국 내게 돌아온 것은 비난과 전과자라는 낙인(烙印) 뿐이었다."고.

바로 그 사람, 미국 역사상 가장 악명 높은 공공의 적, 시카고의 암흑가를 주름잡았던 냉혹한 갱단 두목인 알 카포네가 한 말이다.

악의 전형 알 카포네(Alphonse Gabriel Capone — 1899년 뉴욕 빈민가에서 태어나 소년시절부터 갱단에 들어가 범죄를 생활화하다. 21세 때는 금주법이 발효 중인데도 밀주, 밀수, 매음, 도박 등으로 큰돈을 벌었으며 이탈리아계의 마피아 두목이 되다. 1929년 2월 발렌타인 데이의 대학살 등 폭력과 살인사건을 배후에서 지휘해 악명이 높았다. 1932년 투옥되기 전 당시로서는 불치병인 매독에 걸려 사망)는 자신이 잘못했다고 결코 생각하지 않았다. 오히려 자신이 자선사업을 하고 있다고 착각하며 생활했던 것이다.

단지 사람들이 그것을 인정해 주지 않았을 뿐이라고.

이 점은 뉴욕에서 벌어진 폭력조직 갱단의 총격전에서 목숨을 잃은 더치 슐츠의 경우도 예외가 아니다.

그는 뉴욕에서 가장 악명 높은 조직 폭력배의 두목이지만 언론과의 인터뷰에서 자신은 자선사업가라고 밝혔다. 그렇게 밝혔을 뿐 아니라 스스로도 굳게 믿고 있었다고 한다.

데일 카네기(Dale Canegie — 1888년 미주리주의 한 농장에서 태어나다. 주립 사범대학을 졸업하고 교사, 세일즈맨 등을 전전하며 수많은 실패를 경험하다. 1912년 뉴욕 YMCA에서 성인을 상대로 대화와 연설을 하면서 유명해지다. 1936년에 출간된 『카네기 인간관계론』은 세계적인 베스트가 됨)는 뉴욕에서도 악명 높은 죄인들을 수감하고 있는 싱싱 교도소의 소장으로 오랫동안 재직한 워드 로즈와 서신을 주고받으면서 이 주제에 대해 아주 흥미로운 대화를 나눌 수 있었다고 한다.

워드 로즈 소장은 이렇게 말했다고 한다.

"싱싱교도소에서 복역 중인 죄수들 중에 자신이 나쁜 사람이라고 여기는 죄수는 거의 없습니다. 그들도 당신이나 나처럼 인간이기는 마찬가지입니다. 그렇기 때문에 그들도 스스로를 합리화하고 변명꺼리를 만들어냅니다. 그들은 왜 자신이 금고를 털지 않으면 안 되었는지, 왜 총을 쏘지 않으면 안 되었는지 많은 이유를 둘러댑니다. 논리적이냐 아니냐를 떠나 그럴 듯한 이유로 스스로를 합리화시키고 자신들의 반사회적 행동이 정당했다고 여기며 그렇기 때문에 교도소에 갇힐 하등의 이유가 없다고 고집스런 생각을 끝까지 버리려고 하지 않는답니다."

이처럼 흉악범일수록 자기의 잘못을 시인하거나 인정하지 않으려 들었으며 오히려 더 강하게 반발했다.

알 카포네, 쌍권총 크로울리, 더치 슐츠, 그리고 교도소 담장 안의 대부분 범죄자들은 자신에게는 아무런 잘못이 없다고 믿는 것은 그렇다고 치부해 두기로 하자.

그것은 사람들 스스로는 비록 제 아무리 큰 잘못을 저질렀다고 하더라도 100명 중에서 99명은 자신의 잘못을 전혀 인정하려 들지 않는다는 점을 상기해 봄 직하지 않은가.

그런데 여러분이나 우리 주변에 있는 사람들의 경우는 어떤가?

보통 인간인 우리야 더 말할 필요조차 없다.

우리는 언제 어디서나 남의 잘못을 지적하거나 비난하기 좋아하지만 상대방이 이를 시인하거나 인정하는 것은 모래에서 바늘 찾기보다 어렵다는 것을 상기해 봄 직하지 않은가.

자신의 이름을 따 백화점을 설립할 정도로 성공한 사업가 존 워너 메이커(John Wanamaker — 1838년에 태어나 14세부터 서점 점원으로 출발했다. 1861년에는 남성 의류점을 필라델피아에서 운영, 1869년에는 필라델피아에서 자기 이름을 따 백화점을 경영해 가장 큰 백화점으로 성장시켰으며 1896년에는 뉴욕 브로드웨이에 백화점 건물을 신축해서 미국 최대의 의류 백화점으로 우뚝 서게 하다. 뒤에 우정장관을 지내기도 했음.)는 언젠가 이렇게 고백한 적이 있었다고 한다.

"나는 30년 전에 다른 사람을 비난하는 것은 어리석은 일이라는 사실을 깨달았다. 나는 왜 하느님이 지적한 능력을 공평하게 나누어주지 않았을까 하고 개탄하기보다는 나 자신의 부족함을 극복하기 위해 많은 노력을 기울였다. 그렇게 해 배려의 미덕을 깨달았던 것이다."

워너 메이커는 이런 교훈을 일찍 깨달았던 모양이다.

또한 『인간관계론』의 저자 데일 카네기도 다음과 같이 고백했다.

"30년 이상이나 미몽迷夢의 세계에서 헤어나지 못했으며 급기야 실수에 실수를 거듭하고 나서야 겨우 깨달을 수 있었다. 내 미명(未明)으로는 이를 깨닫는데 30년 이상이란 긴 세월을 보내야 했다."

여상呂尙 강태공마저도 현인賢人을 만나기 위해 80년이란 긴긴 세월을 기다리지 않았던가.

무슨 짓인들 못하랴

대원군의 성은 전주 이 씨, 이름은 하응昰應이다. 자는 시백時伯, 호는 석파石坡다. 영조의 5대 손으로 고종의 아버지다.

그는 1843년 흥선군, 1846년 대종관이 된 후로 종친부 도총관 등 한직으로 밀려났다. 대원군은 안동 김 씨의 세도정치로 오랜 동안 뒷전으로 밀려나 불우한 시기를 보냈다.

그런 탓으로 대원군만큼 근세사에서 파란만장한 젊은 시절을 보낸 인물도 찾아보기가 쉽지 않을 것이다.

때는 바야흐로 세도정치의 절정기, 그 중심에 안동 김 씨 김조순에 이어 김좌근이 있었다. 일족은 3정승 6판서를 독점했고, 항렬로 보면 순淳, 근根, 병炳 자가 주동이 되어 조정을 쥐고 흔들었다

왕족인 전주 이 씨는 영락해 내세울 인물이 없었다.

현종과 철종의 처가긴 안동 김 씨가 전권을 휘두르며 세도의 정점에서 호화의 극치를 누렸으니 왕족이라 할지라도 안동 김 씨의 눈 밖에 났다가는 살아남을 수 없었다.

그랬으니 희대의 풍운아 이하응이라 해도 그들의 눈 밖에 나지 않으려고 갖은 추태 짓을 하지 않을 수 없었다.

대원군은 깊은 속을 세상에 일체 드러내지 않고 꼭꼭 숨긴 채 시정의 무뢰배들과 어울려 난행을 일삼았다.

청계천의 거지들과 어울려 대가의 문전에서 "밥 한 술 줍쇼."하고 밥을 빌기도 했으며 저자에 나타나 싸움을 걸거나 구걸을 했다. 그러는 그에게서 자존심이라든가 체면 따위는 찾아 볼 수도 없었다. 있다고 한다면 오직 쓸개를 빼놓고 헤헤대는 것이나 하찮은 사람에게도 아첨하거나 아부하면서 반 미친 짓을 서슴지 않고 하는 짓거리밖에.

그렇게 해서 세상에 망나니로 소문이 나도록 처신해서 안동 김 씨들의 이목에서 벗어나려고 했던 것이다.

한때 안동 김 씨들은 대원군을 요주의 인물로 경계하기도 했으나 권력에 취한 안동 김 씨들이 미친 짓이나 하고 돌아다니는 대원군을 계속 감시하고 경계할 이유가 없어지게 되었다.

그런 면에서 보면 대원군은 무서운 사람이었으며 마음속에 비수를 품고 있는 사람임을 안동 김 씨만 모르고 있었다.

사람마다 대원군을 겉만 보고 막돼먹은 인간, 갈 데까지 간 사람이라고 무시하거나 업신여기기가 일쑤였으니 경계의 대상에서 벗어날 수 있었던 것은 당연지사였다.

한 번은 이런 일도 있었다. 무르익은 봄날이었다.

그런 날을 맞아 마포나루 부근 전망 좋은 정자에서 김좌근 일가가 기녀를 불러놓고 봄놀이를 즐기고 있었다.

한창 흥이 최고조에 이르렀을 때였다.

난데없는 거지 하나가 나타나 정자 위로 올라서는 것이 아닌가.

한창 날아가는 새도 떨어뜨린다는 세도가의 모임에 나타난 거지라면 그 거지의 배포 하나는 알아줄 만했다.

얼굴을 찌푸리며 경호원을 불러 쫓으려 했으나 거지는 아첨과 아양을 떨며 술이라도 한 잔 얻어먹지 않고는 가지 않겠다는 듯 버텼다.

이를 보다 못해 김병기가 불쾌해서 한 마디 했다.

"옛다! 깡 하나 세다. 이거나 먹고 꺼져라."

병기는 먹다 버린 닭다리 하나를 거지에게 던져 주었다.

"헤헤, 나리. 고맙고 고맙습니다요."

그러면서도 거지는 닭다리 하나 가지고는 성이 차지 않는다는 듯 가지 않고 계속 치근덕대면서 침을 질질 흘리는 것이 아닌가.

그런 좌중에서 누군가가 빈정댔다.

"저 놈, 미쳐도 그냥 미친 게 아냐. 되게 미쳤군."

좌중에서 맨 먼저 거지를 알아본 사람은 김병학이었다. 그는 안동 김씨 중에서도 사람을 알아볼 줄 아는 혜안을 지녔으며 권력을 쥐고 흔드는 세도가치고 점잖은 편에 속했다.

"이게 누구십니까. 대원위 대감이 아니시오?"

세상에 그런 알거지는 없는 듯 상거지로 나타났으니 웬만한 눈썰미 가지고는 대원군을 알아볼 수 없었던 것이다.

"대원위 대감, 어서 단상으로 오르시오."

다른 참석자들은 냄새 난다고 코를 틀어막으며 자리를 피했으나 김병학만은 싫은 내색을 하지 않은 채 옆자리에 앉혔다.

좌중에서는 누구보다도 김병기가 지독할 정도로 대원군을 싫어했다.

"대원위는 무슨 대원위야. 원위도 원위 나름이지."

이번에는 먹다 남긴 생선뼈를 던져 주었다.

그런 치욕을 당하면서 대원군은 며칠이나 굶은 듯 얼씨구나 하고 허겁지겁 입안에 집어넣는 것이 아닌가.

"김병기 대감, 이것만 해도 소인에게는 감지득지지요."

대원군은 쓸개가 있는지 없는지, 아첨이나 아부를 하지 못해 한 맺힌 사람처럼 침까지 질질 흘리며 헤헤대며 넉살을 떨었다.

그런 그를 보고 좌중은 사람이 맛이 가도 한참 갔거나, 아니 미쳐도 되게 미쳤다고 손가락질까지 해대면서 쑥덕거렸다.

김병학만은 잔을 새로 가져오게 해서 술을 손수 따라 권하며 안주까지 집어 입에 넣어 주기도 했으나 대원군은 이런 후한 대접에도 여전히 쓸개를 빼놓은 듯 여전히 헤헤대기만 했다.

대원군은 한 술 더 떠 망나니짓을 터놓고 했다.

"술도 한 잔 얻어먹었겠다. 그냥 갈 수야 없지. 술값으로 못 추는 춤이라도 한바탕 추고 갈 밖에. 그래야 얻어먹은 갚음이 될 터."

대원원은 바지춤을 벗어서 저고리 등속에 꾸겨 넣더니 그것이 장기인 양 곱사춤을 추는 것이 아닌가.

지켜보는 사람들은 눈살을 찌푸리면서도 웃어댔다.

곱사춤을 추는 대원위에게서는 왕손의 위엄이나 체통은 찾아볼 수 없었다. 게다가 이런 대원군을 두고 눈여겨보거나 후일에 국부가 되어 자기들에게 복수를 하리라고 생각한 사람은 더욱 없었다. 대원군을 극진히 대한 김병학마저 이를 예상치 못했던 것이다.

그로서는 이런 술자리에 나타난 것은 다 생각이 있어서였다. 날로 안동 김 씨의 세도가 하늘을 나는 새도 떨어뜨릴 기세로 왕성해 가고 있는데 그에 비례해 왕실의 권력은 인물 하나 없어 미약할 대로 미약해 가고 있었다. 대원군은 이러다가 이 씨 왕조는 김 씨 왕조가 되든가(易姓革命), 아니면 망하는 것이 아닌가 하는 걱정이 날로 더해 갔다.

그렇지 않아도 철종의 병세는 나날이 심해져 내일을 기약할 수도 없었다. 붕어라도 한다면 어느 후손이 왕위를 이을 것인지. 종친이라야 변변한 사람 하나 없었으니. 있다면 대원위 자신이 아니던가. 그랬으니 그들의 시선은 하나같이 대원군에게 쏠릴 수밖에.

대원군 자신도 저들의 시선을 다른 곳으로 돌리거나, 안심을 시키는 것이 신변의 안전을 도모할 수 있는 방편이라고 생각했다.

그래서 거짓으로 시정잡배와 어울려 다니면서 거지 노릇을 자청했고 무뢰한 짓을 함으로써 세상의 이목에서 사라지게 했다.

그렇게 처신했는데도 불안했던지 대원군은 안동 김 씨들의 봄놀이에 일부러 찾아가 미친 체하며 갖은 아첨과 아부를 떨어대면서 저들의 눈을 속일 뿐 아니라 안심시키려 했던 것이다.

그러면서 대원군은 속으로는 복수의 칼을 갈았다. 그는 복수는 두고두고 천천히 끈덕지게, 철저하게 하자는 앙금으로 세월을 보냈다.

세월이 흐르면서 저들의 감시나 경계도 소홀해졌다.

비로서 감시를 벗어나 어느 정도 자유로워졌다.

대원군은 그런 기회를 놓치지 않았다.

그는 알고 보면 참으로 무서운 사람이었다. 후사가 없는 철종의 유고 시에 대비해 조대비와 의도적으로 가까이 지냈다.

조 대비를 찾아갈 때는 목욕재계하고 의관을 정제했으며 왕족의 후예로서 품위를 한껏 세웠다.

찾아뵐 때도 빈손으로 찾아가는 것도 아니었다.

조대비가 무엇을 좋아하는가를 사전에 조사해서 마음에 드는 선물을 준비해 갔으니 조 대비인들 좋은 선물을 받고 대원군을 좋아하지 않을 리 없게 그는 처신했던 것이다. 안동 김 씨에게 아첨하고 아부한 근성으로 다져진 대원군의 처세로 보아 조 대비쯤이야 배고프던 차에 식은 죽 퍼 먹듯이 너무나 쉽게 다룰 수 있었던 것이다.

대원군으로 보면 15년이란 세월은 참으로 길었을 것이다. 길고도 길었던 긴 세월에 종지부를 찍는 사건이 일어났다.

1863년, 철종이 병으로 고생 끝에 승하했다.

후손 없이 승하한 철종의 뒤를 조대비가 들어 앞뒤 가리지 않은 채 대원군의 둘째 명복命福을 왕위에 떡 하니 올려놓았다.

이가 곧 26대 왕인 고종高宗 황제다.

그랬으니 대원군의 선견지명은 무서울 수밖에. 그는 10년 앞을 내다보고 행동과 처신을 했으니 말이다.

아들 명복이 어린 나이에 제위에 오르자 대원군 자신은 흥선 대원군으로 칭하면서 마침내 조대비의 섭정 대권을 이어받아 자기 의도대로 국정을 전횡專橫할 수 있는 섭정대신이 되었다.

안동 김 씨에 의해 왕족에 대한 감시가 심해지자 보신책의 수단으로 저자거리 잠배며 불량배와 어울려 파락호 행세를 하며 궁도령이라는 천덕꾸러기로 취급받던 대원군이 아니었던가. 그랬으니 안동 낌 씨부터 당장 숙청하는 사단이 벌어질 줄 알았는데 운현궁에서는 아무런 낌새도 없었다. 아니, 창덕궁의 용마루도 침묵, 운현궁의 주인도 침묵, 김 씨네도 침묵했으니 삼각함수의 침묵이 일단 지속되었다.

안동 김 씨도 여흥 민 씨도 생각했다. 당장이라도 사단이 벌어질 터인데, 이리도 조용하니, 어찌된 셈이냐고.

그럴수록 세도가들은 불안과 공포로 밤을 낮처럼 지새웠다.

대원군은 생각보다 무능하단 말인가.

대원군이 이렇게 나오자 실권을 하루아침에 내려놓은 조 대비마저 후회를 했다. 끝까지 수렴청정을 고집했어야 했는데, 대보를 치마폭에 숨긴 사람은 다른 사람 아닌 대왕대비 자신이 아니었던가.

그런데도 엄청난 권한을 어째서 송두리째 홍선 대원군에게 아무런 조건 없이 그냥 던져주고 말았는지 귀신이 씌인 것 같았다.

'대원군은 이미 저 김가 놈들을 틀어쥐었겠지.'

답답하기로 말하면 안동 김 씨나 대왕대비도 마찬가지였다.

안동 김 씨 주거지인 교동에서도 일족이 연일 모여 회합을 했는데 분위기가 매우 어둡고 심각했다.

김좌근은 아들 병기의 의중부터 떠보았다.

"두고 봐. 머잖아 일차로는 재물을 빼앗기겠지만 이차는 무엇을 빼앗길지. 어명을 빙자해서 사약을 내릴 테지."

김병기는 풀이 죽어 한 마디 말도 하지 못했다.

안동 김 씨들이 모여 오랜 동안 갑론을박 끝에 재물을 갹출해서 운현궁으로 보내자는 것으로 의견이 모아졌다.

모아진 의견에 따라 갹출한 금액을 간지에 적었다.

좌근 25만, 병기 12만, 홍근 13만, 병필 15만, 병학 15만, 병국 22만. 기타 12만. 모두 합해 114만 냥의 거금이었다.

김병기는 어떤 수모라도 달게 받으리라 단단히 각오까지 하고 운현궁으로 가 대원군에게 직접 갹출한 돈을 전했다.

김병기는 전하면서 "저하, 삼사일 사이에 한 30만 냥쯤은 더 전해 줄 수 있습니다."하고 사적으로 더 바칠 수 있음을 내 비쳤다.

대원군이 아예 기를 죽여 놓으려고 의도했는지 넘겨짚었다.

"대감, 새로 주조한 돈 같으니, 국고가 아니오?"

별로 호통을 친 것도 아닌데 김병기는 간이라도 덜컥 하고 떨어지는 듯 주눅이 들어 입도 뻥긋 못한 채 쩔쩔 매기만 했다.

"왜 그러고 있는가. 대감, 대답해 보세요."

"아, 네… 제가 대감이라니, 대원위께서야 대감이시지만….."

"갑자기 왜 대답이 없는 게요?"

돈을 갹출해 가져간 것이 되레 약점으로 잡힌 것은 아닐까.

김병기는 완전히 풀이 죽어 운현궁을 나섰다.

그로부터 사흘이 지난 뒤, 대원군은 창경궁으로 조 대비를 찾아뵙고 간지를 내밀었다. 그러자 조 대비는 펼쳐놓은 간지의 목록을 훑었다.

조두순이 들어 눈을 내려 깐 채 내민 간지를 읽었다.

읽기를 다하자 대원군이 말했다.

"제가 김병기에게 혼비백산토록 호통을 쳐 보내기는 했습니다. 그러나 마마, 신중히 생각하셔야 할 겁니다. 가렴주구를 했다 하더라도 이만큼의 돈을 갑자기 마련하자면 가산을 꽤 많이 처분했을 겁니다. 그리고 이 돈이라면 국모로서 예의범절을 차릴 수 있을 것입니다."

그런데 조대비의 발언은 엉뚱한 곳으로 비약했다.

"대감, 한 발 늦기 전에 대감의 큰 자제분은 상감의 바로 친형이니 그에 상응한 벼슬자리라도 마련해 줘야 하지 않겠소?"

이는 조성하의 등제登第에 대해 확답을 받으려는 것이었다.

"지금은 승후관 자리나 줄까 생각 중입니다만…"

"뭐라고? 대원위 입에서 기껏 그런 소리가 나오오?"

비서관 정도의 직책에 조 대비는 펄쩍 하고 뛰었다.

"기회를 봐서 승차시키도록 하겠습니다."

대원군은 대궐을 나와 운현궁으로 돌아왔다.

그로부터 대원군의 복수는 아주 천천히, 그것도 끈질기게 하나하나 실천으로 옮겨졌는데 그의 첫 정령은 이세보의 사면이었다.

그러자 안동 김 씨 일족은 눈앞이 캄캄해질 수밖에.

조정 대신들이 모인 자리에서 도승지는 정령을 읽기 시작했다.

"주상 전하의 어명을 받은 대원위께서는 새로운 조정 조신을 다음과 같이 결정해서 승정원에 통보했습니다."

도승지는 잠시 뜸을 드리다가 읽어 내려갔다.

"조두순 영의정, 김병학 좌의정, 유후조 우의정, 이조판서 이의익…에 그리고 또……"하더니 읽는 것을 잠시 중단하는 것이 아닌가.

이조에 남인을 앉히다니, 대원군인지 뭔지는 미쳐도 많이 미쳤어.

"호조판서 김병국, 병조판서 정기세, 예조판서는 미정이오."

예조판서는 미정이라는 말에 김병기는 입을 삐죽했다.

'세상에 아무리 인물이 없어도 그렇지, 예조판서 깜 되는 인물 하나 찾지 못해서 미정이라니, 세상에 나 참…'

"공조판서도 미정. 금위대장은…… 이장렴이오."

"어? 어?"하고 사람들은 잘못 들었는가 해서 귀를 의심했다.

술집에서 대원군한테 손찌검을 한 인간을 금위대장으로 임명했으니, 그를 아는 조정 대신은 하나도 없었다.

도승지가 발표 하는 중에 빈전 쪽에서는 철종의 죽음을 슬퍼하는 내곡반內哭班의 곡성이 이곳까지 들렸다.

곡성은 대원군을 사전에 배려하지 못한 안동 김 씨에게 서서히, 그리고 끈질기게 복수하겠다고 어명을 빙자해 사형을 내리거나 집행하기 위해 온 금부도사의 볼멘소리와 다름없었다.

충성과 아첨 그룹

기원 전 202년이다. 최후의 승자 유방이 마침내 제위에 올라 한 왕조를 세웠다. 그가 바로 한 고조 유방이다.

한 고조 유방은 다음과 같은 말을 했다고 전한다.

"나는 장량처럼 책략을 쓸 줄도 모른다. 그렇다고 해서 소하처럼 행정을 잘 살피고 군량을 제때 보급할 줄은 더구나 모른다. 더욱이 병사를 이끌고 나가 싸움에 이기는 일은 한신 장군을 따를 자가 없다. 그런데도 나는 단지 이 세 사람을 적시 적소에 쓸 줄은 알았다. 그에 비해 항우는 범증 한 사람초차 배려해서 제대로 쓰지 못했다. 이것이 내가 천하를 얻고 항우가 천하를 얻지 못한 이유라고 할 수 있지."

이제부터 그런 사람들의 행적을 추적해 보기로 한다.

세상이 난세일수록 영웅호걸은 등장한다. 그들의 등장이야말로 흥망성쇠의 산 역사가 아니던가.

한 사람이나 소수에게 아첨의 무리와 충성의 무리가 몰려들면서 주군을 섬기며 충성을 맹세하고 제왕을 만들어낸다.

이때의 충성은 충성인지 아닌지 판단이 좀체 서지 않는다.

그러다가 새로운 제국이 건설되고 논공행상을 거쳐야 주군을 섬겼던 사람들의 아첨과 충성이 자연스레 가려지게 마련이다.

이런 가림은 아주 간단하고도 명료하다.

논공행상에 불만을 품고 이탈해서 반란을 일으켜 역적이 된다면 아첨의 무리에 속할 것이며, 다소 불만이 있더라도 참고 견디어 낸다면 충성을 바쳤다고 보면 되니까.

이로 보면 끝에 가서 배신을 했느냐 배신을 하지 않았느냐의 기준에 따라서 아첨과 충성이 자연스레 가려지기 마련이다.

『초한지』에는 수많은 영웅호걸들이 등장한다.

그들은 한 사람을 주군으로 섬기며 아첨과 충성을 가리지 않고 최선을 다해 주군이 새 왕조를 건설하는데 일조를 보탠다.

중국 역사에서 난세에 속하는 시대라면 춘추전국시대, 진나라 말기, 한나라 말기 곧 삼국 시대가 될 것이다.

그 중에서도 진나라 말기, 항우와 유방이 등장하면서 주군을 섬기는 그룹이 두 진영으로 나눠 패권을 다퉜다.

권모술수를 동원해서 유방을 주군으로 섬기는 그룹의 무리가 그를 한 고조라는 제왕의 자리에 올려놓았다.

초기에는 승승장구하던 항우였으나 마지막 해하성의 전투에서 패해 도망치다 최후를 마침으로써 유방이 대권을 차지하고 한의 고조로 제왕의 반열에 올랐다.

유방이 한낱 농민의 아들로 제위에 오르는 데는 주군 그룹의 아첨과 충성이 있었기 때문에 가능했다.

옛날 호걸들은 보통 사람을 능가할 만한 절개와 지조가 있었다. 이는 인간의 성정으로는 도저히 참을 수 없을 정도의 치욕을 당했을 때를 보면 알게 된다. 보통 사람은 치욕을 당하면 칼을 뽑거나 몸을 날려 싸우는데 이것은 진정한 용기라고 할 수 없다. 천하에 큰 용기가 있는 자는 어떤 일이 닥치더라도 놀라지 않으며 낭패를 당해도 화를 내지 않는다.

이런 행동은 마음에 품은 것이 크고 원대하기 때문이다.

그러면 아첨과 충성의 주군 그룹에서 몇 사람을 들어보기로 한다. 먼저 지략의 달인 장량에 대해 기술하기로 한다.

장량은 이상노인圯上老人에게서 병서 한 권을 받았다.

하늘이 아주 은밀하게 성인께 뜻을 나타내는 것은 세상 사람들을 경계시키고자 하는 뜻에서 그런 것은 아닐까.

이런 일은 매우 이상한 일이기는 하지만 진나라 때 살던 은사가 나타나 장량을 시험해 본 것이 아닌가 싶다.

그러나 세상 사람들은 생각해 보지도 않고 이상노인이 한 일을 귀신의 행동으로만 여겼다. 이것이 잘못된 것이다.

이상노인의 의도는 단지 이런 책 한 권에 둔 것만은 아니었다.

이 무렵 한韓 나라가 망하고 진나라가 강성해졌다.

진나라는 칼이나 작두로 처형하거나 솥에 넣어 삶아 죽임으로써 천하의 선비들을 대우했으며 죄가 없는데도 삼족이 죽임을 당한 자가 수없이 많았다. 비록 명분이 뚜렷하거나 하육夏育 같은 현사가 있다고 하더라도 어쩔 수 없었을 것이다. 법을 지나치게 가혹하리만큼 집행하는 자의 창끝이 너무나 예리해서 거슬릴 수 없었으며 그 누구도 진나라의 막강한 세력을 당해 낼 수 없었던 것이다.

장량은 분한 마음을 참지 못해 필부의 힘으로 박랑사博浪沙에서 진의 시황始皇을 습격해 분을 풀려고 했으나 실패하고 간신히 죽음만을 모면해서 도망칠 수 있었다.

그랬으니 그의 행동은 매우 위험천만한 짓이었다.

부자 집 아들은 도적들에게 죽임을 당하는 일이 거의 없다시피 했다. 왜 그러했는지는 알 수 없다. 다만 부자 집 자식의 몸은 너무나 귀중해서 도적 따위를 상대하다가 죽을 수는 없겠기 때문일까.

비록 장량은 세상을 뒤덮을 만한 재주가 있으면서도 이윤伊尹이나 강태공姜太公 같은 방법은 쓰지 않았다.

오히려 형가荊軻나 섭정聶政과 같은 자객의 방법을 썼기 때문에 죽지 않고 살아남은 것을 다행으로 여겨야 했다.

이상노인은 이 점을 애석히 여겼다.

그래서 이상노인은 의도적으로 거만하고, 계획적으로 무례하게 굴어 장량의 하찮은 용기를 꺾었다. 그런 후, 장량이 참을 수 없을 정도가 된 후에야 진나라를 정복하는 큰일에 착수토록 했다.

초나라 장왕莊王이 정나라를 공격할 때였다.

정양鄭襄은 사죄의 표시로 웃통을 벗어 어깨를 드러내고 초나라 군사에게 대접할 양을 입에 물고 맞이했다.

이에 초나라 장왕이 말하기를 "임금이 다른 사람에게 겸손할 줄을 아니까, 따라서 백성들을 부릴 줄도 알 것이다."고 하면서 정양을 놓아주고 예전처럼 나라를 다스리도록 선처했다.

월나라 왕 구천은 회계에서 오나라 왕 부차에게 곤욕을 당한 뒤, 3년간 그를 섬기기를 게을리 하지 않았듯이, '남에게 보복하려는 뜻을 품고 있으면서도 자신을 감추지 못하고 드러낸다면 이는 지극히 평범한 사람에 지나지 않는다.'를 몸소 실천했던 것이다.

이상노인은 장량이 재간 하나는 충분하다고 여겼으나 도량이 부족한 것을 안타까워했다. 그는 장량을 초야에서 만났을 때 그가 젊은이의 처지도 아니었는데도 종이나 첩들이 하는 일부터 시켰다.

그런데도 장량은 이를 연연해하거나 괴이하게 여기지 않았다. 천하에 둘도 없는 폭군인 진시황이라도 그를 놀라게 할 수 없었으며 비록 천하의 항우라고 하더라도 그를 화나게 할 수 없었을 것이다.

유방이 격전 때마다 승리한 원인과 패배한 원인을 보면, 그것은 참을 수 있느냐 없느냐 하는 단순한 차이에 지나지 않음을 알 수 있다.

항우는 백전백승했으나 참지 못해 전력만 소모한 반면에 유방은 암암리에 전력을 키우며 항우가 지치기를 기다렸던 것이다.

장량은 이런 전술전략을 유방에게 가르쳤다.

한신이 제나라를 격파하고 스스로 왕이라고 자칭했을 때, 고조가 얼마나 분노했으면 그것이 말이나 안색에 그대로 나타났을까.

이로 보건대 고조는 참을 수 없는 성격이었는데 장량이 아니었다면 누가 그를 침착하게 할 수 있었겠는가.

태사공은 장량이 체격이 크고 훌륭하다고 생각했다.

사실은 장량의 모습이 부녀자 같아서 자기와 어울리지 않는 것을 오히려 이상하게 여겼던 것이다.

바로 이 점이 장량이 장량답게 될 수 있었던 것은 아니었을까.

다음으로 소하에 관한 기록을 살피기로 한다.

소하蕭何는 강소성 패군 풍현에서 출생했다. 그는 한신, 장량과 함께 한나라 고조의 개국공신이다. 소하는 진나라의 하급 관리로 있으면서 일찍부터 고조 유방이 무위 무관일 때부터 교류를 가졌다.

유방이 진나라 토벌의 군사를 일으키자 종족 수십 명을 거느리고 객원으로 따르면서 모사로 활약했다.

진나라 수도 함양에 입성하자 승상부의 도적문서圖籍文書를 입수해서 한나라 왕조경영의 기초를 다지기도 했다.

소하는 한나라 유방과 초나라 항우가 싸울 때는 언제나 관중에 머물고 있으면서 유방을 위해 군량미를 보급했으며 지원병을 모아 예비 병력을 보냈다. 고조가 즉위할 때는 논공행상에서 으뜸가는 공신이라고 해서 찬후鄭候에 봉해졌으며 식읍 7000호를 하사받았다.

또한 일족 수십 명도 각각 식읍을 하사받았다.

뒤에 소하는 한신 등이 반란을 일으키자 그를 제거한 공로로 최고의 지위인 상국에 제수되었다.

소하는 재상이 되어 정치를 펴면서 진나라 법률을 취사선택해서 구장률九章律이란 법전을 편찬하기도 했다.

소하는 한 번도 전투에 참가한 적이 없었다. 그런데도 그는 한 나라 제일의 개국공신이 되었으니 그 이유는 어디에 있을까?

소하가 한 일을 다 열거할 수는 없으나 대충 나열한다.

소하는 유방군의 기틀을 만들었으며 무려 3년이라는 긴 전쟁기간 동안 군수물자를 차질 없이 공급하고 병력을 재충전시켜 싸움에 임할 수 있도록 대비했다. 특히 장기전에서 유방이 이기도록 이끄는 데 있어서 1등 공은 두 말할 것도 없이 바로 소하 자신이다.

소하가 젊은이를 모아 군사를 조련시켰다.

이런 군사를 가지고 직접 전선에 나가 싸운 사람은 한신이다. 소하가 마련해 놓은 바탕 위에서 책략을 수립하고 싸움을 이기게 한 사람은 장량이다. 소하가 없었다고 한다면, 유방은 존재할 수도 없었으며 한신도 장량도 적재적소에 배치해서 활용할 수도 없었다.

이 모든 것은 유방을 배려한 소하의 책략이라고 할 수 있다.

전쟁을 수행할 때 주요한 것은 군량, 병사, 책략, 전술이다. 이 중에 하나라도 빠뜨려서는 이길 수 없다.

만약 책략이나 전술이 없거나 부족하다면 병사를 효율적으로 운용해서 싸움을 할 수도 없을 것이며 만약 병사가 부족하다면 중과부족으로 적을 막을 수도 없을 것이다. 군량미가 없다면 정예병이라고 해도 굶주림으로 인해 적과 싸울 수 없었음은 분명하지 않는가.

이런 모든 것을 책임지고 빈틈없이 해낸 사람이 바로 소하였으니 그의 훌륭함을 짐작하고도 남음이 있다.

항우군에서 뛰쳐나온 한신을 소하가 천거해서 대장군으로 추대했으며 전투무쌍戰鬪無雙이라는 단어가 무색할 정도로 한신을 가르쳐 전투의 신이 되도록 뒷받침하면서 자신은 관중에 남아 본진을 끝까지 지켜냈다. 또한 자신의 일가친척까지도 전투에 직접 참전케 했다.

이처럼 만세의 공을 가진 자가 바로 소하다.

소하는 천하통일 이후에도 승상으로서의 활약이 대단했다.

끝으로 전쟁의 신神, 한신韓信의 예를 들어 보기로 한다.

한신에 대한 출생 내력이나 가문에 대해서는 분명치 않다. 그는 진나라 말기 사람으로 회음현淮陰縣에서 태어났다.

사마천은『사기』「회음후열전」편에 기록하기를 '어려서 매우 가난했으며 항상 칼을 차고 다녔다.'고 기록했다. 그는 끼니조차 제때 먹을 수 있는 형편이 되지 못해 남창의 정장에게 밥을 얻어먹다 쫓겨났으며 강가에 사는 표 씨 여인에게서 주로 얻어먹었다고 한다.

사람들은 그를 거지며 무능하다고 무시했다.

한신은 진나라 말기, 진의 국운이 기울면서 세상이 온통 난세로 접어

들자 항우項羽가 그의 숙부인 항량項梁과 함께 군사를 일으켰을 때는 스스로 저들에게 가담하기도 했었다.

그러나 한신은 미천한 신분이라는 이유로 요직에 중용되지 못했으며 늘 한직으로만 밀려나 전전했다.

한신이 한때 방랑하며 불우했던 젊은 시절이다.

시정잡배들이 그에게 시비를 걸어오면, 한신은 잡배들의 요구에 따라 그들의 가랑이 사이를 태연히도 기어 다녔다는 소문이 널리 퍼졌기 때문에 그로 인해 가진 재능을 인정받지 못하고 무시당하기 일쑤였다.

이런 소문이 널리 퍼지면서 과하지욕誇下之辱이라 하는 고사가 생겼을 정도로 그와 관련된 일화로 굳어졌다.

한신은 이런 이유뿐만이 아니었다. 그로서는 항우의 성품이 지나치게 거만한 데다 자신의 재주를 알아주지 않자, 아니 배려에 불만을 품다 못해 항우를 배신하고 유방의 진영에 가담하게 된다.

이로써 본다면, 한신이 유방에게 진정으로 충성을 했는지 아니면 아첨을 했는지 분명히 드러난다.

일단의 무리들이 주군을 섬기는 데 있어 아첨 아닌 충성을 했다면 초야에 묻힐망정 항우를 배신하고 유방에게 가지는 않았을 것이다.

그러나 한신은 유방의 휘하에서도 인정을 받지 못한 데다 군법을 어긴 죄로 목숨이 경각에 달렸을 때다.

하우영이 한신의 탄식을 듣고 살려 주었다. 그리고 그만이 한신의 재능을 알아보고 승상 소하에게 추천했다. 그제야 소하가 한신의 재능을 인정해 주었다.

소하는 유방과 함께 군사를 일으킨 사람으로 유방에게 절대적인 신임을 받고 있는 사람이다. 소하는 한신이 한나라 진영에서 달아났다는 소문을 듣고 그를 찾아서 데리고 와 유방에게 천거하기도 했다.

유방은 혜안을 지녔던지 그의 재능을 알아보고 파격적으로 삼군 총 사령관인 대장군으로 임명했다.

한신은 해하성垓下城의 결전에 이르기까지 유방의 군사를 지휘하여 한, 위 등의 제국 군사를 연달아 격파했으며 조나라와의 싸움에서 그 재능을 유감없이 발휘했다. 그는 불과 2만의 군사로 배수진을 치고 그 10배가 넘는 20만의 조나라 군사를 제압하기도 했다.

한신은 조나라의 명장이자 전략가인 이좌거를 진정으로 항복케 해 서 휘하에 둔 것은 지략의 절정이라고 할만 했다.

이처럼 의외로 한신의 기세가 등등해지자 항우와 유방의 싸움에 새 로운 변수가 생겼다. 한신은 제나라 도읍을 공격하여 함락시켰다.

이때 한신은 외교적인 수완을 발휘해 전투 없이 공략하려는 유방의 의도와는 달리 무력으로 제나라를 굴복시켰던 것이다.

한신은 그렇게 해서 공을 세우자 기고만장하게도 유방에게 제나라 왕의 자리를 요구했다. 유방은 항우와의 싸움이 급박하게 돌아가고 있 었기 때문에 그의 요구대로 제나라 왕으로 책봉해 주긴 했으나 이 일로 유방과 한신이 등을 돌리는 원인이 된다.

마침내 유방이 항우와의 싸움에서 최후의 승리를 쟁취하고 한나라 황제로 등극해 한의 고조가 된다.

그는 등극하자마자 위험인물로 본 한신의 병권을 빼앗아 버리고 초 나라 왕으로 강등시켰다. 초나라 왕의 자리라는 것은 병권은 없고 왕이 라는 명분만 있고 실속이라곤 없는 허울뿐이었다.

한신은 고향인 초나라 왕으로 환향하면서 예전 불우했던 시절에 자 기에게 밥을 먹여줬던 표 씨 여인에게 천금을 주어 은혜를 갚았다.

이것이 일반천금一飯千金이란 고사의 유래가 되었다.

한신은 자기를 가랑이 사이로 기어 다니게 한 시정잡배들에게도 치안을 담당하는 중위로 임명했다.

이런 배려를 해 주었기 때문에 초나라에서는 덕망이 높고 고매한 인품을 가진 왕으로 칭송이 자자했다. 그렇게 되자 한漢 제국의 유방과 그의 참모들에게 집중 견제를 받을 수밖에 없었다.

황제가 된 유방이 제후국을 순행할 때 초나라부터 순행했다.

한신의 처지에서 보면 위협으로 여길 수밖에.

이때 한신은 유방을 안심시키려는 의도에서 자신에게 의탁해 온 종리매鐘離昧의 목을 베어 유방에게 바쳤다.

종리매는 항우 휘하에서 맹활약을 했던 유능한 장수였으며 유방의 진영을 몹시 괴롭혔던 인물이다.

그런 종리매는 해하성에서 항우가 패하자 한신을 찾아가 몸을 의탁했기 때문에 초나라에 머물고 있었다.

이 일은 한신에게 불리하게 작용해서 민심마저 잃게 된다. 뿐만 아니라 이 사건이 빌미가 되어 유방은 모반죄로 한신을 체포한다.

기원 전 201년, 한신은 장안으로 압송되었다.

압송되기에 이르자 한신은 자기가 한 짓은 생각지 않고 유방을 원망하면서 토사구팽兎死狗烹이란 말을 수없이 되풀이했다고 한다.

그런데 유방은 저 간의 공을 생각해서 한신에게 면죄부를 주면서 실권이 없는 회음후로 격하시켰다.

기원 전 196년, 자신의 처지를 비관한 한신은 진희陳豨가 반란을 일으키자 자기도 반란에 가담하겠다는 밀서를 보낸 것이 가신에게 발각되어 소하에게 고변하는 바람에 탄로가 났다.

그로 인해 한신은 유방의 부인 여후와 승상 소하에게 생포되어 죽임을 당해 최후의 생을 마감했다.

소설『초한지』에는 한신의 최후가 잘 묘사되어 있다.

조와 패라는 곳에서 파발마가 급보를 가지고 연달아 달려왔다.

오랑캐들이 쳐들어와 조와 연의 땅이 매우 위태롭다는 급보였다.

이에 한 고조는 40만의 대군을 동원한다.

그는 왕릉에게 20만 군을 먼저 주어 선봉으로 삼아 출전시켰다.

고조는 출전에 앞서 여후에게 단단히 일렀다.

"내 짐작컨대 한신은 몰래 흉계를 꾸미고 있는 것이 틀림없을 것이오. 그렇게 되면 나라의 큰 근심걱정이 아닐 수 없소. 혼자서 처리하지 말고 소하나 진평과 의논해 대처하도록 하시오."

여후는 여장부답게 유방에게 큰소리쳤다.

"한신이 비록 병법의 대가라고 하지만 지금은 병졸 하나 없는 보잘 것 없는 사람에 지나지 않습니다. 그를 사로잡아 목을 베는 것은 여자인 나도 할 수 있으니 걱정 놓으시고 출정이나 하셔요."

그런데도 고조는 여후를 믿지 못했다.

그는 소하와 진평을 따로 불러 한신을 감시케 하고 성문을 나섰다.

고조가 출정하자 조정 대신들이 다 나와 배웅했으나 한신의 모습만은 끝내 보이지 않았다. 들리는 풍문에 의하면 병으로 누워 있어 배웅을 할 수 없다는 핑계를 댔으나 실은 그렇지 않았다.

한신은 병을 빙자해 집에 박혀 있으면서 온통 머릿속은 반란을 일으킬 기회만을 호시탐탐 노리고 있었다.

그로부터 며칠이 지난 뒤, 보고가 들어왔다. 진희가 곡양曲陽에 진을 쳤다는 소식을 들은 한신은 하늘을 우러러 탄식했다.

'바보 맹추 같은 진희 이놈, 너는 그렇게도 어리석은 자였던가. 곡양에 진을 치다니. 유방이 한단에 진을 쳤다면 곡양에 진을 친 진희가 이길 가망은 백에 하나도 없을 터.'

그렇게 생각하면서도 지푸라기라도 잡는 심정으로 한신은 '병을 두 길로 나뉘어 진군하되 샛길을 택해 함양으로 곧장 올라오라. 이쪽에서도 병을 일으켜 합세하겠다.'는 밀서를 진희에게 보냈다.

밤늦게 한신의 집을 빠져나온 그림자 하나가 있었다.

소하가 한신을 동태를 알기 위해 심어놓은 간자 사공저謝公著였다. 사공저는 재상 소하의 집으로 급히 달려가 사실을 이실직고했다.

"승상께 아뢰옵니다. 한신이 반역을 꾀하고 있습니다."

사공저는 보고 들은 사실을 소하에게 빠짐없이 보고했다.

"그래 수고했다. 함께 궁으로 가서 태후를 만나자."

소하는 사공저를 데리고 급히 궁중으로 가 여후를 만나서 그가 염탐한 한신의 모반을 보고하고 대책을 논의하려 했다.

소하는 여후에게 신하의 예를 다해 아뢰었다.

"여후께서는 이 일만은 소신에게 맡겨 주셨으면 합니다."

소하는 날이 밝기도 전에 옥중의 사형수 중에서 진희를 빼닮은 사람을 찾아 몰래 목을 베었다. 그리고 벤 목을 성문 앞에 덩그렇게 효수하고 크게 방을 써 붙이기까지 했다.

'간밤에 천자께서 역적 진희의 목을 친히 베어 보내왔도다. 여기에 그의 목을 매달아 놓았으니 모두들 와서 보라.'

조정 백관들은 소하의 집에 모였다. 모여서 내일 아침 여후를 알현하고 축하 인사를 드리자고 결론을 내렸다.

끝으로 소하가 한 마디 덧붙였다.

"내일 인사를 드리러 갈 때, 한신도 참여토록 하지. 한신과 친분이 두터운 누군가가 가서 데려오게. 한신은 천하 평정의 대공신이시니 폐하께서 반란을 평정하고 돌아오시면 제후국의 왕으로 제수한다고 언질도 계셨으니. 처음부터 여러분과 같은 지위에 계실 분은 아니지."

한신과 절친한 사람이 찾아가 소하가 한 말을 전했다.

한신은 너무나 좋아서 허공에 대고 소리라도 치고 싶었다.

"그러면 그렇지. 내가 어떤 사람인가."

그러면서 한신은 진희가 크게 패망했다는 소식을 듣고 낙담하고 있었었다가 특유의 가는 눈을 치켜뜨며 화색이 만면했다.

'나는 소하의 천거에 의해 한의 대장군에 오르지 않았던가. 이번에도 소하의 덕을 톡톡히 보게 되다니. 난 친구의 덕도 많지 많아.'

입궐을 서두는 것을 보자 부인이 한신에게 애원했다.

"당신은 천자의 출전에 배웅도, 그렇다고 여후에게 인사도 간 적이 없는데 어떻게 말 한 마디에 그렇게 기뻐하셔요. 내일은 가지 않는 것이 좋을 것 같아요. 제발 부탁이니 가지 마셔요."

"한낱 아녀자가 할 소리가 따로 있지."

이튿날 한신은 집을 나서 신하들과 함께 궁중으로 들어갔다.

층계를 오르는데 소하가 소매를 잡지 않는가.

"한 장군, 태후를 만나기 전에 따로 좀 만나세."

그러면서 소하는 따라오라는 눈짓을 보냈다.

다른 사람도 아닌 소하기 따로 만나자는 데야 한신은 아무런 의심도 없이 뒤를 따라갔다. 스무 걸음이나 떼었을까. 사방에서 무사들이 뛰쳐나와서 비무장인 한신을 체포해서 밧줄로 꽁꽁 묶는 것이 아닌가.

한신은 뒤늦게 사태를 파악하고 소리쳤다.

"이놈들, 내가 누군 줄 아느냐? 나는 개국 1등 공신 한신이니라."

발악을 해댈 즈음, 한껏 성장한 여후가 모습을 드러냈다.

여후를 보자 한신은 더 큰소리로 외쳤다.

"여후께서는 내게 무슨 죄가 있다고 이렇게까지 누명을 덮어 씌어 중인환시에 치욕을 안겨주는 것이오?"

여후는 여장부답게 한신을 매섭게 노려보면서 일갈했다.

"반역자, 모반자, 내 뒤를 보라, 누가 서 있는지."

여후 뒤에 서 있는 사람은 바로 최측근 사공저였다. 한신은 사공저를 보고도 오기가 죽지 않았다.

"난 고조와 평생을 전쟁터에서 함께 한 공신이오. 그런데도 여후께서는 이름도 없는 저런 놈의 말을 믿으시오. 당치도 않소이다."

"갈 데까지 간 저 더러운 입을 당장 찢어놓아도 시원찮을 놈!"

"그래, 이 한신이 어디 못할 말이라도 했단 말이오?"

"그래도 큰소리를 쳐. 저것도 주둥이라고 있는 대로 놀리다니…"

여후는 여인답지 않게 한신을 준엄하게 꾸짖었다.

"고조께선 진희를 토벌하고 유막에서 너의 밀서를 발견했다는 파발마가 어제 밤늦게 도착했다. 이것이 네가 진희에게 보낸 바로 그 밀서다. 이걸 두 눈으로 보고도 할 말이 있다는 게냐?"

밀서에 의해서 한신의 모반죄가 백일하에 밝혀졌는데도 한신은 참수 당하기 전까지 이를 갈며 발악을 해댔다.

"내가 계책을 쓰지 않은 탓으로 저 보잘 것 없는 아녀자에게 속아 죽임을 당하다니, 참으로 안타깝도다. 그렇다 한들 이것도 내 운명이니 달게 받을 수밖에 도리가 없지 않은가."

이것이 한신이 세상에 남긴 마지막 말이 되었다.

미양궁 뜰에서 한신의 목을 베어 효시했다.

후한을 없애기 위해서 한신의 목을 베어 효시한 뒤, 그의 가족과 일족을 모두 잡아들여 목을 베어 버렸다.

그날은 한 개국 11년 3월 11일이다.

하루 종일 짙은 잿빛 안개가 장안의 거리를 덮었고 태양은 끝내 모습을 드러내지 않았다고 한다.

한 고조가 언급한 범증范增에 대해 살펴보기로 한다.

범증은 안휘성 출신, 초나라 항우의 책사로 알려진 인물이다.

진나라는 이미 국운이 기울기 시작했다.

그에 편승해서 진승陳勝과 오광吳廣이 반란을 일으켰다. 이를 계기로 각지에서 군웅이 들고 일어나 할거하던 시기에 때맞춰 등장한 인물이 바로 범증이다. 초나라 패현에서도 항량項梁이 조카인 항우項羽와 함께 군수였던 은통殷通을 죽이고 진에 대항해 봉기했다. 그로부터 범증은 항우의 휘하에서 책사노릇을 하며 전략을 짜냈다.

당시 범증은 칠순의 나이 탓인지 모르겠으나 군사적인 면에서는 비법함과 정치적 안목이며 경험이 축적된 지식까지 두루 갖추었다.

진승과 오광이 점차 세력을 키워서 함곡관을 공격했으나 진나라 장수 장한의 역습을 받아 패한 데다 전사까지 한다.

항량은 범증이 초나라 사람들의 지지를 받기 위해서는 초나라 회왕懷王의 후손을 찾아 그를 왕으로 옹립해야 민심이 따를 것이라는 진언을 존중해서 그는 회왕의 손자인 웅심熊心을 초나라 왕으로 옹립했으며 그를 국군國君으로 내세워 민심을 얻으려고 했다.

그러나 훗날 웅심이 함양으로 먼저 진격하면 왕으로 책봉한다고 하면서 항우를 험지로 보내어 어려움에 처하게 한 반면, 유방은 무혈로 입성해 항우와의 대결에서 우위를 선점하게 한다.

항량이 진나라 전투에서 방심하다가 그만 패하여 죽자 범증은 항우를 보필하는 유일한 책사로서 역할을 했다.

범증은 항우의 높은 신망을 얻었고 아버지 다음으로 여기는 사람이라는 의미인 아부亞父라는 존칭까지 하사받았다.

사기史記는 촉의 제갈량과 비교되는 인물로 기술하기도 했다.

회왕은 항우가 싸움에는 뛰어나지만 거친 성격과 항복하는 적을 모두 죽일 정도로 잔인했기 때문에 북쪽의 진나라로 보냈고 유순한 성격의 유방에게는 관중으로 가 함양을 정복토록 했는데 그 이유는 진나라의 민심을 한 몸에 얻고자 해서였다.

그런데 유방의 야심을 알아차린 범증은 유방이 항우와 초나라를 위험하게 할 인물임을 진작부터 예견했다. 범증는 홍문 연회에 유방을 죽이려고 했으나 항우의 삼촌인 항백의 배신으로 결국 실패하고 만다.

무엇보다 항우가 유방이 위험인물이라는 것을 알아보지 못했으며 오히려 미안한 마음까지 가지고 있었기 때문에 유방을 제거하려는 계획은 실패로 돌아갈 수밖에 없었다.

범증은 뛰어난 지략을 지닌 책사였으나 유방의 모사 진평의 함정에 빠진다. 유방의 막사로 항우의 사자가 찾아갔다. 진평은 이를 기회로 이용해 사자가 보는 앞에서 '범증이 온 줄 알고 큰상을 차렸는데 사자가 왔으니 만찬을 차릴 이유가 없다.'며 차려놓은 상을 치웠다.

이런 사실을 초나라 막사로 돌아간 사자는 항우에게 보고하자 항우는 그로부터 범증을 의심하기 시작한다.

범증은 항우의 의심을 받자 자리에 연연해하지 않고 손을 털고 일어나 고향으로 돌아갔다. 고향으로 돌아가 실의 속에 살다 죽었다.

그런데 항우는 유방과의 전쟁에서 대패한 후에야 비로소 간계에 빠진 것을 알고 범증을 내쫓은 것을 후회했다고 한다.

범증은 대단한 학식을 가지고 있었다.

항우의 삼촌인 항량과 함께 반란을 일으킨 그때부터 활약했던 사람이 바로 범증이다. 그리고 항우의 책사가 될 무렵에는 그의 나이 칠순에 이르렀을 때다. 범증은 많은 전투를 거치면서 전략에도 익숙해 있었다. 그래서 객관적으로 본다 해도 장량보다는 한 수 위였다고 할 수 있으나 주군 항우를 잘못 만난 것이 불운이었다.

범증의 말대로 홍문의 연회에서 유방을 죽였다고 한다면 항우가 그렇게 허망하게 죽지는 않았을 것이다.

항우의 집안은 초나라 때부터 대를 이어 장군을 배출한 명문이기 때문에 혈통을 이어받아선지 항우도 전략적으로 뛰어난 인물이다.

항우는 최강의 부대였던 진나라 대군과 싸워 승리를 거두고 장항에게 항복을 받아냈으며 20만 대군을 생매장시키는 등 역발산의 힘뿐 아니라 대단히 뛰어난 작전능력까지 갖춘 명장임을 천하에 과시했다.

매우 안타까운 것은 항우가 숙부인 항량에 비해 정치적인 수완을 갖추지 못했다는 점이라고 할까. 항우는 명예와 품위를 중시하는 귀족적인 성향이 강한 인물이었기 때문에 농민 출신이자 비정한 계략가인 유방과는 다른 품격의 인물이다.

그것이 항우의 한계라면 한계라고 할 수 있다. 분명한 사실 하나는 유방이 항우와의 전투에서 거의 이긴 적이 없다는 점이다.

항우의 패배는 지모가 모자라거나 범증을 제대로 활용하지 못했다는 개인적인 문제뿐만 아니라 당시만 해도 야만족이라고 취급받는 초나라 출신으로 세력의 중심이 강남을 떠날 수 없다는 지리적 위치도 걸림돌이 되었다. 대소 제후들의 의해 조각난 천하를 두고, 특히 초나라 사람들은 진나라에 당한 적개심이 너무나 많이 쌓였기 때문에 진나라 체제를 완전히 무시해 버리고 진의 황족마저 주멸시킨 것도 항우의 멸망을 부추긴 주요 요인의 하나로 꼽을 수 있다.

역사는 어디까지나 승자의 기록이다.

사마천이 『사기』에서 항우를 객관적 시점에서 기록한다고 했으나 그를 두둔한 듯한 기록인 것은 부인할 수 없겠다.

지록위마

아첨阿諂이라고 하는 것도 정도가 지나치면 결과는 어떻게 될까? 결과야 뻔하지 않은가. 방자가 되며 나아가 자멸이 있을 뿐.

아첨 9단이라고 해서 좋은 것도 아니다. 아첨도 정도껏 해야지 정도가 지나치면 방자 아니, 죽음과 직결된다.

아첨의 적은 비난이 되지만 때로는 방자가 되기도 한다. 곧 아첨의 극치는 방자로 비난보다 심각해서 자멸하거나 죽음을 자초한다.

그 예를 진나라 승상 조고에게서 찾을 수 있다.

조고趙高는 진시황에게 갖은 아첨을 다해 출세했으며 스스로 승상 이사를 제거하고 제 발로 승상의 지위에 올랐는데도 욕심은 한이 없고 방자함은 끝이 보이지 않았다.

조고의 이런 방자함은 지록위마指鹿爲馬란 고사에서도 극명하게 드러나 있지 않은가. 그런 탓인지 『초한지』의 평역자나 작가는 특유의 필체로 그의 방자를 적나라하게 묘사하고 있다.

정이 황제로 즉위한 지 33년째, 시황제는 세상에서 가장 위대한 존재
며 위대한 존재는 하는 일마다 위대하다고 믿는 맹신의 노예.

늦은 봄날, 함양궁은 바야흐로 모란꽃이 활짝 피었다.

황제는 모란꽃이 활짝 핀 넓은 궁정에 자리를 마련하고 내 노라 하는
박사 100여 명을 초대해 주연을 베풀었다.

초호화판 연회는 시황제의 성덕을 찬양하는 노래가 울려 퍼지면서
바야흐로 절정을 향해 치닫고 있었다.

풍악이 멎자 시황제는 주위를 둘러보며 말했다.

"짐이 나라를 통일한 지 6년이 되었소. 이제 변방도 평정되었으니 경
들은 술을 마시며 마음껏 즐기시오."

이런 분위기를 타고 주청신이 송축의 말을 아뢰었다.

"예로부터 오늘날에 이르기까지 폐하의 위덕에 미친 그 어떤 제왕이
나 황제는 없었습니다. 이는 오로지 폐하의 성덕인 줄 아뢰오. 폐하, 만
세에 이르기까지 만수무강하옵소서."

뒤를 이어 순우월淳于越이 앞으로 나서서 황제에게 직언했다. 그의 직
언은 연회장의 분위기를 험악하게 만들기에 부족함이 없었다.

"황제의 곁에는 아첨만 일삼는 무리가 많습니다. 그들은 충신이라
할 수 없습니다. 그들을 물리치셔야 합니다."

황제의 비위를 잘 맞춰 아첨으로 승상이 된 이사李斯가 아뢰었다.

"폐하께서는 대업을 완성하시어 만세에 전할 공을 이루셨습니다. 이
런 위덕을 하찮은 선비 따위가 어찌 알겠습니까. 이런 자들은 법률이나
문교의 제도를 비난하고 법령이 바뀔 때마다 옳고 그름을 떠나 비판만
일삼습니다. 그들을 그냥 둬서는 아니 됩니다. 당장 잡아들여 능지처사
시켜야 나라가 조용해 질 것입니다."

그 말에 모두가 사색이 되어 숨소리마저 죽이고 있는데 총중에 유독

조고趙高가 앞으로 나서더니 학자들을 서슴없이 비난했다.

"이들을 처단하지 않으면 폐하의 권위는 땅에 떨어지고 파쟁으로 나라가 위태로울 것입니다. 처단하셔야 합니다."

이런 말의 이면에는 아첨의 대가 조고의 속셈이 숨어 있다. 선비들을 혹독하게 배척해야 우민정책으로 밀고 갈 수 있으며 자기의 권력을 보다 확고히 다져서 즐길 수가 있기 때문이다.

시황제는 이사의 말에 매우 만족해했다.

"승상의 말이 참으로 지당하고 지당하도다. 승상은 이를 법령으로 제정해서 내일이라도 시행토록 하라."

여러 박사들은 이구동성으로 이를 저지하려고 대궐 앞에 자리를 깔고 앉아 농성하면서 부당함을 외쳐댔다.

화가 난 시황제는 어명을 내렸다.

"저들에게 입술을 꿰매어 말을 못하게 하라."

비단 연회에 참석한 박사들만이 아니었다. 그들의 일가친척들은 물론이고 비호하거나 숨겨주는 사람도 동조자로 취급해 극형에 처했다.

바야흐로 함양 도성은 공포의 도가니로 돌변했다.

시황제는 어사를 불러 물었다.

"중죄를 법한 자가 도대체 몇 명이나 되느냐?"

어사는 보고서를 작성해 시황제에게 올렸다. 보고서에는 중죄를 법한 자가 무려 500여 명에 이르렀다.

보고서를 읽은 시황제는 엄하게 지시했다.

"이런 놈들은 목에 칼을 대는 것조차 번거로울 터이니 아예 구덩이를 파서 산 채로 처넣고 흙으로 덮어라."

시황제는 산 사람을 생매장하는 갱유坑儒로도 분을 풀지 못하자 유서儒書를 모두 거둬들여 몽땅 태우게 했다.

이것이 널리 알려진 분서갱유焚書坑儒라는 고사성어다.

시황제의 장자인 부소扶蘇가 부왕의 하는 일이 염려되어 죽음을 불사하고 어전 앞으로 나가더니 직언直言을 서슴지 않았다.

"부소 아뢰오. 천하가 다시 불안해질까 염려됩니다."

"저런 불측한 놈이 있느냐. 아비의 뜻도 헤아리지 못하고 코앞에 대고 직간을 하다니. 괴이한 놈 같으니…"

이튿날 시황제는 부소를 불러 어명을 내렸다.

"너는 나라를 위하는 마음이 지극하다. 내 군감의 직책을 맡길 것이니 몽염 장군한테 가서 장성 축성의 진척 상황과 길 내는 일은 어느 정도 진척되었는지 수시로 보고하고 감독하라."

그러자 신하들은 겁을 집어먹고 모두들 벙어리가 되었다.

시황제도 어느 덧 50 고개를 넘어섰다. 늙는 것이 아쉬워 세월이 원망스러웠기만 했으며 그럴수록 생의 애착은 더욱 강해지고 욕망은 끝간 데 없이 샘물처럼 솟아올랐다.

하루는 후궁들을 데리고 봉황루에 올랐다.

"전조(典瑂)야, 가까이 와 잔이 넘치도록 술을 따르라. 그리고 춤도 추거라. 머잖아 새 궁전이 완성되면 너와 함께 즐기리."

전조는 3000 궁녀 중에서 누구보다 춤을 잘 췄다. 날씬한 몸매가 풍류의 가락을 타면 허리와 엉덩이는 물속을 유영하는 잉어처럼 유연하기 이를 데 없었기 때문에 진시황의 눈에 들어 총애를 독점했다.

시황제는 전조의 춤마저 시들해지자 어느 궁녀가 가장 요염한 지 직접 확인하려고 화첩을 올리라고 했다.

황제는 올린 화첩을 뒤적이다가 한 여인이 눈에 들어왔다.

초나라 여인으로 이름은 경요景姚였다.

진시황은 경요를 불러 가까이 오게 해서 이리저리 뜯어보았다.

경요는 화첩에서 본 미색, 살결은 눈처럼 흰 데다 눈썹은 윤이 날 정도로 검고 허리는 수양버들처럼 가늘었다.

게다가 목소리는 옥을 굴리는 듯 착 감겨들지 않는가.

"경요라고 했던가. 오, 참으로 아름답고 예쁘구나."

"폐하의 칭찬에 소녀 몸 둘 바 모르겠나이다."

"어린 나인데도 몸매가 쏙 빠졌어. 벗어 보아라."

누구 영이라고 거절할 수 있을까.

그네는 얼굴이 복숭아처럼 붉어지며 옷을 벗기 시작했다. 옷 벗는 모습은 촛불에 반사되어 비단 휘장에 화려한 수까지 놓았다.

아방궁이 몇 년의 역사 끝에 완성되었다. 동서 600보, 남북은 70장이나 된다. 단상은 3만 명을 수용할 만큼 넓었으며 전각을 둘러 회랑도 만들었다. 곳곳에 구름다리까지 놓아 운치를 더했다.

"그대를 위해 지은 별궁, 마음에 드느냐?"

"마음에 들다마다가 있겠습니까, 폐하! 소첩에게는 감격 자체입니다."

시황제는 경요에게 빠져 정사마저 까맣게 잊었다.

오랜만에 시황제는 전조의 침실에 들었다.

전조가 거처하는 왕후궁은 경요가 생활하는 궁으로부터 그리 멀지 않은 곳에 있었다. 그런 탓으로 시황제가 전조의 처소에 든 것을 안 경요는 황후궁으로 가서 침실을 엿볼 수 있었다.

바로 눈앞에는 경요로서는 결코 경험해 보지 못한 색다른 색의 세계가 펼쳐지고 있지 않은가. 순간, 경요는 질투심이 불길처럼 솟았으나 어쩌겠는가. 발길을 돌릴 수밖에.

바로 그때 누군가가 그네 옆을 스쳐갔다. 그는 중거부령 조고였다.

경요는 저만큼 가는 중거부령을 급히 불러 세웠다.

"중거부령님, 저 좀 잠깐 볼 수 있을까?"

"마마, 밤이 깊사온데 어인 일로 저를 다 부르시는지요?"

그 무렵, 조고는 천하에 둘도 없는 아첨꾼, 탐욕은 하늘을 찌르고도 남았고 방자로는 하늘을 가리고도 남았다.

"이 몸은 찬 땅에 오래 서 있은 탓인지 발이 몹시 저립니다. 중거부령님, 나를 침전까지 부축해 줄 수 있겠는지요?"

"궁녀를 깨워 모시도록 하겠습니다."

"궁녀를 부르려고 했으면 왜 증거부령님을 불렀겠어요. 경이 손수 저를 부축해서 침전으로 데려다 주셔요."

경요는 그를 침전으로 끌어 들이고는 침상에 스스로 몸을 던졌다. 그리고 윤기가 함초롬히 흐르는 다리를 조고 앞으로 내밀었다.

"발이 저리고 찹니다. 경이 좀 주물러 주셔요."

이렇게 하는 그네는 다 생각이 있었다.

그네는 수족 같은 심복이 필요했다. 시황제의 신임을 받는 조고를 자기편으로 끌어들인다면 언젠가는 크게 힘이 될 것이다.

그네는 유혹의 말을 서슴지 않았다.

"경은 조금도 주저하지 마시기를. 지금부터 나는 경과 더불어 앞을 내다보는 백년 설계도를 구상해서 옮기려고 불렀으니…"

"마마, 신을 죽이고자 하시면 그냥 죽이소서."

"내 뜻을 그렇게도 모른단 말이오? 이 자리를 지키자니 믿을 만한 사람이 필요해요. 그러니 경이 내 방패가 되어 주오."

약아빠진 조고가 경요의 속마음을 모를 리 없었다.

"폐하가 아신다면 제 목이 달아납니다."

"어디 경의 목만 달아날까. 내 목도 당연히 달아나겠지. 이 순간부터 경과 나는 백년 영화를 얻기 위해 함께 살고 죽기로 언약하셔요, 네. 이렇게 경요가 간절히 부탁드립니다."

경요는 조고와 밤을 새운 다음날 아침, 어전으로 시황제를 찾아갔다.

"폐하, 신첩에게 간청이 하나 있나이다."

"그래. 경요가 좀체 하지 않던 간청을 다 하다니, 어서 말해 보오."

"조고에게 부새령符璽令을 내려주소서."

"부새령이란 직책은 황제의 권위가 달려 있는 아주 주요한 직책의 하나란 말이오. 그러니 아무에게나 맡길 수 없소. 아시겠소, 경요."

황제가 난처해하는 데도 경요는 계속 간청했다.

"폐하, 조고는 믿을 만한 신하이오니 그에게 부새를 맡기시면 폐하께 많은 이로움이 있을 것입니다. 그리하옵소서."

조고로서는 생각지도 않은 부새령에 제수되었다.

조고는 부새령에 제수되자 밤낮을 가리지 않고 황후궁을 드나들면서 경요와의 밀애를 만끽할 수 있었다.

"부새령님, 아기만 가진다면 천하는 우리 것이 되겠지요?"

"그대는 아기를 가질 수 없다는 것, 내 알고 있네."

"벌써 그런 것까지. 그렇다면 차선을 택해야겠지요. 여러 왕자들 중에서 누가 좋을까? 부소는 너무 영리해서 싫고…"

실은 조고도 똑똑한 부소가 제위에 오르는 것이 싫었다.

"똑똑한 부소는 위험하니, 속히 제거해야 합니다."

"맹염은 물론이고 권신들도 처리해야 할 겁니다."

경요는 뜸을 드리다 누가 듣기라도 할까 숨소리마저 죽이고 말했다.

"가시 같은 인물은 승상 이사일 테지요?"

"이사쯤이야 철퇴 한 방으로 결단을 내릴 수도 있소. 그러나 지금은 때가 아닙니다. 잘 이용해서 우리에게 도움이 되게 해야지요."

시황제가 지방을 순행하던 어느 날이었다.

언덕 밑을 지나는데 산에서 큰 바위 하나가 굴러 떨어졌다. 꽤 큰 바위였다. 바위에는 전서篆書로 내려썼는데 '시황제사이지야(始皇帝死而地也)'이라는 일곱 자가 선명하게 새겨져 있지 않은가.

시황제는 바위에 새겨져 있는 글자를 보고 시종하던 어사에게 글씨를 새긴 자를 당장 찾아내라고 불호령을 내렸다.

그러나 범인을 찾을 수 없었다.

그러자 시황제는 바위가 굴러 떨어진 부근 마을 사람들을 모두 살해하라고 추상같은 어명을 내렸던 것이다.

시황제는 이런 조치를 내린 뒤, 서쪽으로 순행했다.

그는 순행을 하다 무리를 했는지 몸에 이상이 생겼다. 허약한 몸으로 계속 순행하는 것이 무리였나 보다.

'이렇게 죽을 수는 없지 않은가, 어떻게 통일한 나라인데. 천하가 굳어졌다면 막내 호해에게 나라를 맡길 수 있겠으나 지금 천하는 매우 유동적이다. 그렇다면 똑똑한 맏아들 부소에게 맡길 수밖에 없겠지. 죽기 전에 새서를 쓰리라. 그리고 상을 함양 땅에 묻으리라.'

시황제는 2세 황제로 장남인 부소를 지명했다.

그리고 새서璽書를 직접 써서 조고에게 맡겼다. 그래서 새서에 대해 아는 신하는 승상 이사와 조고 이외는 누구도 알 수 없었다.

부소는 몽염 장군이 있는 도성에서 먼 북지에 있어 궁정에서 무슨 일이 일어나고 있는지 감조차 잡을 수 없었다.

7월 초순, 시황제는 마침내 파란만장한 생을 마감했다.

조고는 일찍이 왕사가 되어 둘째인 호해를 가르친 적이 있었다. 그런 사부였기 때문에 포악한 호해이지만 애정이 남달랐던 것이다.

조고는 사태 수습에 대해 매우 민첩했다.

"새서를 읽어보니, 똑똑한 자식, 장자인 부소를 택했더군요."

그 말에 이사는 기다렸다는 듯 맞장구를 쳤다.

"옥새는 내가 가졌고 부새령께서는 새서를 가지고 있으니…"

이럴 때일수록 조고는 번개처럼 빛을 발휘하는 능력이 탁월했다.

'똑똑한 장자 부소냐, 아니면 귀엽기야 하지만 포악한 호해냐.'

"승상, 생각하고 자시고 할 것도 없습니다."

"그렇지요, 부새령. 지금으로선 그것이 최선이겠지요."

두 사람의 음모는 '포악한 호해를 황제로 세우자. 똑똑한 장자 부소를 죽이고 몽염 장군도 제거하자.'로 이내 결정을 했다.

이제 두 사람은 하루 한 시가 급했다.

먼저 새서부터 조작했다. 혹 새서가 거짓이라고 탄로가 난다면 모든 것은 수포로 돌아간다. 그렇게 하자면 황제는 살아있는 것으로 하는 것이 죽었다고 반포하는 것보다 유리할 것이었다.

조고는 부소와 몽염을 죽이기 위해 가짜 칙서를 써 수족으로 하여금 밀사를 삼아 부소가 있는 북지로 급파했다.

부소는 똑똑하기는 했지만 천성이 어리석을 정도로 착한 공자였다. 가짜 칙서에 그는 앞뒤 생각할 겨를도 없이 자결하려고 했다.

몽염이 당황해서 부소를 제지시켰다.

"내막도 모르고 이렇게 허무하게 죽을 수야 없지 않습니까? 신이 보기에는 아무래도 수상쩍은 데가 한둘이 아닙니다. 함양성에서 왜 이렇게 급히 서두르는지 신은 납득이 가지 않습니다."

"서두는 것도 다 이유가 있을 터."

"신은 40만 군을 지휘하고 있습니다. 황제께서는 40만 대군뿐 아니라 신에게 장자까지 맡기셨습니다. 이는 황제께서 저를 믿지 못하면 있을 수 없는 일입니다. 신중히 생각하고 행동으로 옮기셔야 합니다. 무슨 변고가 생겼다면 제가 40만 대군을 이끌고 함양으로 가겠습니다. 사태를 지켜보고 난 다음에 자문해도 늦지 않습니다."

그런데도 부소는 몽염의 말을 들으려고 하지 않았다.

그러자 그는 야전 장군답지 않게 애소를 거듭했다.

"공자님, 자결은 언제라도 할 수 있습니다. 폐하의 뜻을 확인한 뒤에 자결해도 결코 늦지 않습니다. 어서 생각을 거두십시오."

부소는 고개를 흔들다가 끝내 자결하고 말았다.

부소가 자결했다는 소식에 접하자 조고는 몽염 장군을 양주 옥에 잠시 구금시켰다가 이내 끌어내어 목을 쳤다.

몽염을 죽이고 나서야 이사와 조고는 함양에 도착해 시황제의 죽음을 반포하고 호해胡亥를 2세 황제로 등극시켰다.

2세 황제는 조고의 공을 치하해 남중령으로 중용했다.

이때부터 조고의 아부 근성은 어디로 갔는지 자만으로 그득했으며 방자함은 하늘을 가리고도 남았다.

이런 조고의 태도는 경요를 대할 때도 마찬가지였다.

그는 시황제가 죽어 미망인 처지, 그런데도 언제 내가 너 같은 계집에게 아첨을 했느냐는 듯 기고만장하게 대했다.

"그대는 바쁜 사람을 어찌 이리 오라, 가라 하시오."

"남중령님이 보고 싶어 견딜 수 있어야지요, 호호."

그네는 조고와 육욕의 즐거움을 만끽했다.

"남중령님, 지금 호해가 황제의 지위에 올랐으니, 처음 우리가 의도했던 계획과는 다르지 않습니까?"

조고는 그네의 귓밥을 잘근잘근 씹으며 속삭였다.

"호해는 성질이 포악해서 머잖아 민심을 잃을 거요. 그때를 타 황제를 폐하고 자리를 차지하면 되지. 우리가 처음 의도했던 계획과 다름이 없을 터. 그대는 조금만 참고 기다리게."

조고가 돌아가자 경요는 그의 계획을 되새겨 보았다. 아녀자의 좁은 소견에도 그의 계획은 실현시키기가 쉽지 않을 것 같았다.

'비록 성사되더라도 조고가 나만을 사랑해 줄 리도 없을 터. 헌신짝처럼 버리기라도 한다면 나만 낙동강 오리알 신세. 어떻게든 무슨 대책이라도 강구해야지 살아남을 수 있을 터.'

그네는 단시일 안에 결판을 낼 일을 생각하다 보니 가까이 지내던 양호가 떠오르는 것이 아닌가. 조고가 시황제를 따라 순행을 떠난 뒤, 그와 정을 여러 번 통했으며 미래를 이야기한 적도 있었다.

꾀로 똘똘 뭉친 조고는 경요를 믿지 못해 궁녀를 매수해서 그네의 침실을 엿보게 했을 뿐 아니라 낱낱이 보고하라고 했다.

그런 줄도 모르고 경요는 양호를 침실로 불러들여 이사와 조고를 제거할 밀담을 나누는 데만 정신이 팔렸다.

밀담이 끝나고 음락이 절정에 치달을 즈음이었다.

그림자 하나가 침대 밑에서 몰래 빠져나갔다.

어사 양호는 계획한 대로 군사 3000명을 궐문 밖에 매복시켜 놓고 조고와 이사의 수레가 다가오기만을 기다렸다.

그는 시간이 흐를수록 수레가 나타나지 않자 초조하다 못해 조바심마저 일었다. 바로 그럴 무렵이었다. 조고가 탄 사마두가 궐문 앞에 이르자 두 동강이가 났다. 이어 승상의 수레마저 박살이 났다.

"이렇게 해 치우다니. 너무너무 통쾌하도다."

양호는 그렇게 큰소리치며 수레 안을 뒤지는 것을 지켜보았다.

그런데 수레 안에는 사람이라곤 없었다.

'앗불싸! 속았구나.'했을 때는 이미 늦었다.

망루 위에서 조고와 이사가 큰소리로 "양호를 잡아라."하는 명령이 떨어지기가 무섭게 궐문 안에서 수많은 군사들이 쏟아져 나와 양호뿐 아니라 3000 군사까지 모조리 도륙해 버렸던 것이다.

조고는 일을 수습한 다음, 혀를 내둘렀다.

그야말로 기가 차고도 남을 노릇이 아닐 수 없었다. 조고 같은 간신마저도 여인이 그렇게 사악하고 간특할 줄은 몰랐으니.

황제를 측근에서 모시는 시종이 경요에게 다그쳤다.

"순사하라는 황제의 명이오. 어서 순사하시오."

"나는 태후, 바로 선제의 정실이다. 누가 내게 이래라 저래라 할 수 있으며 죽음을 내릴 수 있단 말인가."

경요는 젖 먹던 힘까지 쏟아내며 발악을 해댔다.

이를 지켜보던 2세 황제는 진노했다.

"내 선왕의 후궁들은 모두 순사시켰는데도 그대만은 살려줬어. 이제와 그 은공을 잊고 악독한 짓을 했으니 어찌 살아남기를 바라느냐. 스스로 순사하지 않는다면 할 수 없다. 환관들은 당장 저 후궁을 끌고 가 파놓은 무덤에 처넣고 생매장시켜라."

조고는 황제의 뒤에 숨어 경요가 군사들에 의해 묘 안으로 끌려가는 것을 보고서야 비로소 낯짝을 내밀었다.

"이것이 네놈의 계교임을 내 모를 줄 아느냐. 할 말이 많으나 세상이 비웃을까 말은 하지 않겠으나…."

경요는 스스로 파놓은 무덤 속으로 들어갔다.

화무십일홍花無十日紅은 통일을 한 진나라를 두고 한 말인지 진승이 반란을 일으켰을 때만 해도 지방 관현이 처리할 치안에 지나지 않았으나 진의 도성을 점령한 뒤에 장초의 왕이 되어 진군과 싸우면서 전국이 전쟁터로 돌변했으며 사태는 매우 심각했다.

또한 유민들마저 들고 일어나 지방 관리를 죽이고 두목을 추대해 반기를 일삼으니 전쟁터가 따로 없었다.

이처럼 급박하게 돌아가고 있는데도 이사를 몰아내고 승상이 된 조고는 사태를 수습하려는 대책은 생각조차 하지 않았다.

승상부에는 황제를 능가하는, 조고 한 사람만의 시중을 들기 위해 수백 명의 미인들과 그보다 많은 하인들로 북적거렸다.

하루는 수족 같은 하인이 찾아와 계하에 엎드려 아뢰었다.

"승상 나리께 긴히 아뢸 일이 있습니다."

조고는 색에 빠져 밤을 지새웠기 때문에 성가신 듯 허한 눈으로 "도대체 무엇을 아뢰겠다는 게냐?"하고 반문했다.

"어제 북지의 태수께서 사슴 한 쌍을 보내왔습니다."

"내 뇌물을 많이 받아 보았다마는 말을 바치는 자는 있었으나 사슴을 바치는 자는 없었다. 어떤 놈인지 보게 들라 하라."

사슴을 가져왔다는 자가 부복해 아뢰었다.

"사슴은 말보다 몇 배나 귀한 짐승입니다. 수컷은 봄철이면 뿔을 가는데 그런 뿔을 두고 녹용이라 합니다. 이 세상에 정력제로는 녹용보다 더 좋은 것이 없기 때문에 산 사슴을 가져왔습니다, 승상 나으리."

"북지의 사슴이라면 그럴 수도 있을 터. 알았다."

조고는 사슴을 요긴하게 써 먹을 방안을 생각했다.

이 사슴을 두고 아첨으로 점철된 그의 방자함은 절정의 연기를 하는 명배우로서 조금도 손색이 없다.

2세 황제의 탄신일이다. 아방궁에는 만조 백관이 둘러앉은 가운데 축하연이 벌어지기 전이었다.

벌써부터 황제가 납시어 기다리는데도 조고는 좀체 모습을 드러내지 않았다. 기세등등한 승상이 나타나지 않으니 그의 눈치를 보느라고 연회를 시작하지도 못하고 모두 안절부절, 쩔쩔 매고 있었다.

뒤늦게 조고는 관원에게 북지의 사슴 한 마리를 몰게 하고는 연회장으로 들어서는 것이 아닌가.

이 장면에 이르러 조고는 아첨의 극치가 지나쳐 방자放恣함으로 똘똘 뭉친 거드름과 기고만장함은 하늘의 무지개마저 무색케 했다.

"승상 조고가 폐하의 만수무강을 기원하는 뜻으로 말 한 마리를 진상하고자 합니다. 폐하, 말을 받으소서."

"승상이 가져온 짐승은 말이 아닌 사슴이 아니오?"

"아닙니다. 폐하, 이 짐승은 분명히 말입니다. 제가 말이라고 하면 말인 것입니다. 이제 아시겠습니까?"

조고는 무엄하게도 황제에게 사슴을 말이라고 끝까지 우겼다.

황제를 우롱해도 이렇게까지 우롱할 수 또 있을까.

황제는 몹시 얼굴을 찌푸리며 신하들에게 물었다.

"경들은 어서 판단하라. 저 짐승이 사슴인지, 말인지를."

황제의 물음에 신하들은 어찌 할 바를 몰랐다. 조고가 보는 앞에서 말을 잘못했다가는 미움을 사 화를 입을 것이 두려웠기 때문이다.

일부 신하들은 허리 굽혀 말이라고 하는가 하면, 한편에서는 승상이 사슴을 말이라고 우기는 것은 폐하를 우롱하기 위해서라며 조고를 힐난하는 신하들도 더러 있었다. 갑론을박하는 사이, 조고의 패거리들은 사슴이라고 바른 말을 아뢰는 신하들을 일일이 체크했다.

뒤늦게 주연이 시작되었으나 황제는 웃음기가 사라졌다.

황제는 '말이냐 사슴이냐. 사슴이냐 말이냐.'로 골몰하느라고 연회마저 식상해 하다가 자리에서 일어나더니 참전으로 들어갔다.

황제는 침대에 누워서도 '사슴이냐, 말이냐.'로 잠을 설쳤다.

날이 밝기도 전에 황제는 환관을 불렀다.

"승상이 어제 바친 짐승을 끌고 오너라. 다시 확인해 봐야겠다."

환관이 황제를 생각해서인지 이번에는 진짜 말을 끌고 왔다.

'어제는 말이 어째서 사슴으로 보였을까. 치매기가 있는 건가.'

이렇게 해서 지록위마指鹿爲馬란 성어가 또 하나 생겼다.

항우가 황하를 건너 신안에 도착한 것은 9월부터 10월이다. 게다가 유방마저도 관중 가까이 접근하고 있었다.

이런 사태를 모르고 있는 것은 오직 조고뿐이었다.

궁에는 비妃, 빈嬪, 잉媵, 장嬙 등 후궁들이 즐비했다.

이들은 오직 황제만을 위한, 황제만이 가까이 할 수 있을 뿐 그 누구도 접근을 허락하지 않았다. 그런데도 조고는 수많은 후궁과 만인이 지켜보는데도 드러내놓고 수작했으며 정을 통했다.

조고는 쌍황루에 주연을 마련하고 해비를 불렀다. 풍악소리가 울리면서 화려하게 성장한 해비孩妃가 모습을 드러냈다.

"해비는 언제 보아도 절세미인입니다그려."

조고는 승상의 위엄을 갖춰 대했으나 술이 한 잔 되자 거리낌 없이 터놓고 해비에게 음탕한 수작을 도맡아 했다.

"해비만 알고 있으시오. 2세는 오래지 않다는 것을…"

"방금 하신 말씀은 무슨 뜻인지?"

"내 말하지 않았소. 세상이 바뀌는 것이오. 하늘과 백성들에게 미움을 받는 황제는 더 이상 지위를 지탱하지 못할 것이오."

그러자 그녀의 입가에 미소가 빙그르 피어올랐다. 그런 미소를 보고 한껏 고무된 조고가 있는 폼 없는 폼을 내며 말했다.

"내 어제 밤 꿈에 용상에 올라 보았소. 내가 황제가 된다면, 당연히 해비 같은 사람을 황후로 맞이할 것이오."

"그런 소리는 황제가 된 뒤에 해도 늦지 않으셔요, 승상."

"천운만 있다면 황제쯤이야."

조고는 유방군이 무관과 오관을 돌파했다는 보고에 2세를 폐하고 황제가 되고 싶은 야망이 더욱 꿈틀거렸다.

해비는 이런 조고의 속마음을 알자 황제를 배알하고 그가 품은 야망을 아뢰어 방책을 세우게 하는 것이 스스로 살아남는 길이 아닐까 하는 생각으로 며칠을 고민했다. 고민 끝에 그네는 단안을 내렸다.

그 무렵, 2세 황제는 별궁으로 옮긴 뒤, 계속해서 원인 모를 미열에 시달렸기 때문에 좋아하던 색탐마저 상실했다.

2세가 미열에 시달리고 있는데 환관이 와서 아뢰었다.

"해비 마마께서 급히 상의할 일이 있다면서 납시었습니다."

"해비가 이곳까지 웬 일로? 어서 들게 하라."

해비는 2세가 총애하는 후궁이었다. 그는 해비라는 말만 듣고도 정신이 번쩍 들고 얼굴에는 희색이 만연했다.

"뭘 그리 꾸물거리느냐. 어서 들지 않고."

방으로 들어간 그네는 2세에게 조고의 계획을 낱낱이 아뢰었다.

조고는 유방에게 사자를 보내놓고 이제나 저제나 하고 무슨 소식이라도 오지 않을까 해서 매우 초조히 기다리고 있었다.

그럴 즈음 시종이 와서 황제의 명을 전하는 것이 아닌가.

"폐하께서 급히 들라는 어명이 있었습니다."

"어인 일로 폐하께서 나를 다 찾으실까?"

"은밀히 상의할 것이 있다면서 속히 별궁으로 들라 하십니다."

권력이 비대해질 대로 비대해진 조고는 황제의 어떤 소명도 두렵지 않았으니, 해서 별 생각 없이 예복을 입고 수레에 올랐다.

행차가 바야흐로 북문으로 향해 달릴 즈음이었다. 믿었던 충복 하나가 급히 달려와 승상이 탄 수레를 가로막으며 아뢰었다.

"승상 나리, 화급을 다투는 일이 있어 승상을 뵙고자 합니다."

"화급을 다투는 일이라니? 어서 아뢰렷다."

"후궁 해비가 궁을 나와 어디론지 사라졌다고 합니다."

조고는 머리를 스치는, 며칠 전에 한 말이 떠올랐다.

"당장 수레를 돌려라. 어서 어서. 되돌아가자구나."

황제는 조고가 어전으로 들어서면 숨겨둔 무사들로 하여금 목을 치려고 단단히 벼르고 있었으나 끝내 그는 나타나지 않았다.

승상부로 돌아온 조고는 황급히 영을 내렸다.

"낭중령을 불러라. 함양령도 불러오고."

그들이 도착하기가 무섭게 조고는 급히 계책을 논의하고 조성과 염락에게 군사를 딸려 먼저 별궁으로 출동시켰다. 자신도 200명의 하인을 무장시켜 저택 안팎을 빈틈없이 수비케 했다. 그리고 300여 명의 정예병을 무장시켜 따르게 하면서 수레를 몰아 별궁으로 달려갔다.

염락이 별궁의 대궐 문을 깨뜨리고 궐내로 돌입하자 수직하던 병사들이 결사적으로 항전했으나 중과부족이었다.

"폐하, 난군이 대궐로 들어왔습니다. 어서 피하십시오."

황제는 얼굴이 새파랗게 질린 채 벌벌 떨었다.

"지금 승상은 어디 있는가? 어서 데려오라."

그때 염락이 들이닥치며 방안이 쩡쩡 울리도록 냅다 소리쳤다.

"당장 죽을 패륜아悖倫兒가 승상을 찾아 뭣해!"

2세 황제가 애걸복걸하며 목숨을 구걸했다. 이를 보자 해비는 그만 속이 매스꺼워 더는 보고 있을 수 없었다.

그네는 품에 지니고 있던 금장도를 꺼내어 2세 황제가 보는 앞에서 목을 찌르고 쓰러졌다. 2세 황제도 해비의 목에서 선혈이 낭자하게 쏟아지는 것을 보고 용포에 숨겼던 환도를 꺼내어 스스로 자결했다.

사태를 너무 쉽게 수습한 조고는 백관들을 소집했다.

그는 위풍도 당당히 백관들을 둘러보며 위압적으로 말했다.

"2세는 천하를 어지럽혔소. 제후마저 진에 반기를 들었소. 이 모두가

2세의 실정 탓이오. 그래서 내가 2세에게 책임지라고 윽박질렀더니 2세는 용포에 숨긴 비수를 꺼내어 자결했소."

조고는 말을 끊고 분위기를 살핀 뒤, 이어 말했다.

"부소의 자제들 중에서 자영이 가장 인자하기 때문에 내가 황제로 추대하려 하오. 모두들 내 뜻에 이의가 없을 터."

세상은 돌고 도는 것이 세상의 이치인지도 모른다. 이는 조고를 보면 알 수 있다. 장자 부소를 자결케 한 장본인이 조고였다. 그런 조고가 지금 부소의 장자를 황제로 추대하려 하다니.

뜻밖에도 봉영사가 자영의 문전에 와 허리를 굽히고 아뢰었다.

이런 일이 있으리라곤 누구도 상상하지 못했다.

"승상께서 공자님을 황제로 추대하셨습니다. 소인들은 승상의 명을 받들어 공자님을 정궁으로 모셔 가기 위해 급히 왔습니다."

자영은 잠시 생각 끝에 봉영사에게 물었다.

"황제는 어찌 되었기에 나를 임금으로 추대한다는 게요? 나로서는 이해가 되지 않소. 갑작스런 변고라도 생겼단 게요?"

"2세 황제는 별궁에서 자결했다고 합니다."

"그래? 그런 변고로 나를 황제로 추대한다? 알았소."

사태가 심상치 않음을 직감했다.

자영은 신변의 안전을 도모하기 위해 급히 수레를 몰아 재궁으로 들어갔다. 재궁으로 들어가 지내면서 비밀리에 동지를 규합해서 경호를 부탁했다. 뿐만이 아니었다. 환담으로 하여금 조고의 일거수일투족을 놓치지 말고 감시케 했다.

기다리다 못한 조고는 조정 대신을 재궁으로 보내어 자영에게 종묘로 나와 옥새 받기를 청했다. 그러나 자영은 병을 빙자해 응하지 않았다. 오히려 환담을 불러 대책을 숙의하고 조고의 다음 행동이 어떻게 나올까에 대해 철저히 분석하고 대비책을 세워두기까지 했다.

조고는 자영이 오지 않자 직접 재궁으로 영접하러 왔다.

자영은 교의에 앉은 채 승상 조고를 대했다.

조고는 여전히 방자가 하늘 높은 줄 모르고 치솟았다. 그런 조고의 방자를 보다 못해 환담이 눈을 부릅뜨고 된통 호통 쳤다.

"승상은 군신의 예도 모르오. 부복해 아뢰시오."

그 소리가 얼마나 우렁찼던지 조고가 얼떨결에 무릎을 꿇기까지 했다. 환담은 무릎을 꿇는 순간을 타 품에 숨겼던 칼을 꺼내어 조고의 옆구리를 찔렀다. 그런데 조고는 이를 눈치 채고 잽싸게 피했다.

"환담 네 이놈, 내가 누군 줄 알고 이러느냐!"

갑자기 휘장 뒤에서 칼 든 건장한 장정 7, 8 명이 뛰쳐나오더니 조고의 멱살을 거머쥐고 질질 끌어 밖에 내동댕이쳤다.

그들은 여러 신하들이 지켜보는 앞에서 조고의 목을 댕강 잘라서는 번잡한 거리에 효시하고 방을 써 붙였다.

'대역적 죄인 조고의 머리니라!'

지록위마란 성어의 주연은 조고다. 조고는 아첨의 달인으로 승상이 되고 황제마저 우롱한 방자함의 극치를 연출하면서 주연까지 도맡았다. 그런 조고의 방자함은 끝 간 데가 없었다.

천하에 둘도 없는 아첨꾼 조고마저도 방자로 죽음을 자초하고 말았으니, 남을 배려하지 못한 인생의 말로는 처참한 죽음뿐.

글을 쓰는 데도

작가 자신이 소신을 가지고 글은 쓴다면 생명이 길까?

반드시 그렇지는 않을 것이다. 그렇다고 해서 독자를 의식해 쓴 글이 생명이 길다고 단정하기도 쉽지 않다.

독자를 배려한 글이라고 해서 나쁘게 볼 것도 아니다. 글도 독자를 배려해서 의식하고 쓰면 아첨의 글이 되긴 하지만 그렇게 써 좋은 글, 독자에게 사랑받는 글이 된다면 그 이상 바랄 것이 없겠다.

한때 일간지마다 연재소설을 게재한 적이 있다.

이유는 신문마다 사건이나 기사가 대동소이하기 때문에 신문의 특성을 발견하기가 쉽지 않아서였다.

그래서 독자를 확보하기 위해 인기작가에게 부탁해 연재소설을 게재한 적이 있었으며 연재소설의 인기 여하에 따라 신문 부수가 늘고 줄고 하는 희비극의 시기도 있었다.

신문연재가 독자에 영합하지 못하면 연재 도중에 신문사의 강요로 중단되는 경우가 더러 있었으며, 때로는 예정보다 일찍 연재를 끝내는 경우도 있었다. 그런 경우, 작품성은 제외되고 연재 내용이 독자의 요구나 바람에 부합하지 못한 경우가 된다.

경우에 따라서는 위정자들의 눈에 거슬려 중단된 적도 있었다.

이런 사례에서 보면 글 쓰는 데도 배려가 필요하다.

우리는 1970~80년대의 소설에서 그런 경험을 한 적이 있다. 1970년대를 대표하는 호스티스 유의 소설이 한때 인기를 끈 적도 있었다. 인기를 끈 소설로 『별들의 고향』 등 세태를 반영한 점도 있으나 독자의 심리에 영합했거나 부합했기 때문이리라.

작가가 의식했든, 하지 않았든 결과적으로 보면 독자의 구미나 요구에 응한 소설이라면 독자를 배려한 소설이 아니겠는가.

이런 소설도 나름대로 문학에 이바지한 공이 있다. 바로 문학에서 멀어진 사람들을 소설로 끌어들인 점은 높이 살만하다.

1980년대도 거의 마찬가지였다고 할 수 있다.

군사독재시대의 암울한 현실을 반영해서 히트를 친 소설은 대중 영합이라는 비난을 벗어나기란 쉽지 않을 것이다.

예를 들어 『인간시장』은 암울한 군사독재시기에 있어 독자들에게 카타르시스해준 소설이 되겠고 『태백산맥』이나 『남부군』 등은 운동권과 386세대가 찾는 소설이 되었다.

그렇게 인기를 끌었거나 인기소설로서 베스트셀러가 된 소설 중에서 스테디셀러가 되거나 문제작이니, 명작이니 하는 평가를 받는 소설이 없다는 것은 무엇을 의미하는가?

이와 반대로 독자를 의식하지 않고 작가가 쓰고 싶어 쓴 소설은 얼마나 될까? 아마도 거의 없을 것이다.

『해리 포터』의 작가 조앤 K 롤링은 독자를 의식하고 동화를 쓰지는 않았을 것으로 추측된다.

그네는 1965년 영국 웨일스 지방에서 태어나 불문과를 졸업했다. 영어 강사로 일하다 결혼했으나 곧 이혼하고 생후 4개월 된 딸과 에든버러에 정착했는데 일자리가 없어 생활보조금으로 연명했다.

그네는 동화를 쓰기로 결심하고 집 근처의 카페에서 『해리 포터와 마법사의 돌』를 썼다. 써서 출판하려 했으나 출판해 주려는 회사가 없어 여러 곳을 전전한 끝에 뒤늦게 빛을 보게 되었다.

그의 소설은 출판되자마자 베스트셀러가 되었음은 물론이고 세계 최우수 아동도서로 선정되는 행운도 따랐다. 스미티스상 등 각종 상을 휩쓸었으며 영국 최고상인 올해의 작가상도 수상했다. 그네는 영국 왕실이 수여하는 작위까지 수여받았던 것이다.

현재 『해리 포터』 시리즈는 67개 국어로 번역되었다고 하며 4억 부 이상이나 팔리는 출판사상 유례없는 대성공을 거두었다.

한 해 인세만 해도 400억이 넘었다는 기사도 있다.

롤링이라는 작가는 독자를 의식해서 쓴 동화라기보다는 나름대로의 소신을 가지고 이 동화를 썼을 것이다.

이유는 소설을 쓴 원고지를 가지고 출판사를 찾아 다녔으나 퇴짜를 맞은 것으로 보면 짐작이 간다.

드라마도 예외가 아니라고 생각된다.

드라마는 소설보다 더하면 더했지 못하지는 않을 것이다. 그러니까 종종 시청률이 떨어지면 조기 종영을 강요당하는 일이 흔하며 어느 날 갑자기 중단되기도 한다.

그리고 인기가 있다고 하면, 『주몽』처럼 예정된 회수를 초과해 엿가락처럼 질질 늘리고 횟수를 거듭해 방영함으로써 흥미를 반감하거나 독자들의 갖은 비난을 사기도 한다.

독자에게 가장 인기 있다는 드라마 작가라면 계약 때부터 벌써 몇 억, 그리고 매회 200자 원고지로 40매 정도 분량인데도 원고료 명분으로 수천만 원씩이나 지불되기도 한다니, 꿈만 같은 세상이다.

독자에게 다가간다는 말은 독자에게 영합한다는 것이 되며, 영합한다는 것은 독자의 취향에 부합하기 때문에 독자에게 아첨했다는 것으로 볼 수 있지 않을까. 영합한다는 것은 결과적으로 작가가 독자에게 아첨했다는 의미로 해석할 수 있으니까.

최소한 인기 작가나 베스트셀러 작가가 되려면 독자에게 다가가는 비법 한두 가지는 터득하는 것이 좋다.

그러려면 독자에게 아첨하는 것부터 배워야 할 것이다.

일본의 베스트 작가 무라카미 하루키는 대학생과의 대담에서 "글을 쓴다는 것은 여자를 꼬시는 것과 같아 기본적으로 재능을 타고 나야 한다."고 TV 인터뷰에서 고백하기도 했다.

이로 보면 글을 쓰는데도 배려 아닌 아첨이 필요하다.

작가 연구는 독자에게 작품을 이해시키는 데 도움을 줄 수도 있기 때문에 독자에게 보다 다가갈 수 있는 유일한 길이기도 하다.

독자에게 다가간다는 것은 독자를 배려하고 생각하며 고려하는 것이기도 해서 아첨과 관련이 있다.

글은 어떻게 써야 독자에게 아첨은 아첨이되 아첨이 아닌, 독자가 전혀 의식하지 못하게 하는 글을 쓸 수 있을까.

아첨의 글을 쓰려면 아첨에 대한 기교나 숙련이 필요하다. 독자가 원하는 것을 충족시키거나 독자의 가려운 데를 적당히 긁어주는 기교, 그런 기교야말로 독자에게 영합하는 길이며 선의의 아첨이기 때문에 글을 쓰는 사람에게 필요하다. 그래야 사랑받는 작가가 될 수도 있다.

이밖에도 아첨의 글은 종류가 다양하다. 어떤 작가가 이름 있는 사람인으로부터 자서전이나 회고록을 부탁받아 글을 쓴다면 그것은 아첨의 글이 되고도 남는다. 이유는 나쁜 점보다는 좋은 점, 부정적인 면보다는 긍정적인 면을 주로 부각시켜 쓰기 때문이다.

또 책의 서문이나 발문, 시집이나 창작집의 서평 등도 아첨의 글이 될 수밖에 없다. 이런 글은 지인이나 평소 잘 아는 사람에게 부탁해서 쓰기 때문에 혹평보다는 칭찬하는 내용이 대부분이다.

제문이나 조문, 취임사, 외교문서, 세덕가 등 어쩔 수 없이 아첨의 글이 될 수밖에 없는 글의 종류도 있다.

물론 아첨과는 거리가 먼 글도 있다. 필화筆禍와 관련된 글이다. 글 한 번 소신을 가지고 썼다가 곤욕을 치른 예도 흔하다.

사상계 사장 장준하 선생의 의문의 죽음, 「오적」의 시인이 당한 혹독한 고문은 말할 필요도 없겠다. 「갯마을」의 작가가 『사상계』에 ○○ 지방의 인간성에 관한 콩트 비슷한 글을 실었다가 그 지방으로부터 스토킹을 당해 잡지는 임시 휴간해야 했으며 작가는 스토커에 시달리다 못해 1년 뒤 작고한 사건은 알 만한 사람은 다 알고 있다.

글을 써 발표했거나 책으로 출판한 탓으로 명예훼손이나 손해배상 청구소송으로 고소를 당한 사례는 또 얼마나 많은가.

필자도 장편소설 『대학괴담』을 써 출판했다. 전단지에 폭로된 성추행 비행을 괴담에 맞아 가명으로 등장시켰다. 그랬는데 남들은 누워 침 뱉기라고 비웃는데도 현직 대학 교수인 그는 명예훼손으로 형사소송은 물론 돈에 탐을 내어 손해배상으로 7천만원의 위자료 청구소송을 해서 대법원까지 간 적이 있다. 또 같은 소설을 두고 또 다른 가명으로 등장시킨 인물로부터는 7백만원의 위자료 청구소송을 제소당하는 필화를 입기도 했었다. 이런 필화를 당하지 않으려면 소신을 죽이고 아첨의 글, 독자를 배려하는 글도 필요하지 않을까 싶다.

아첨을 하려면
9단 정도는 돼야

이 글은 그야말로 만필漫筆이다. 곧 횡설수설하면서 글을 쓴다고 스스로 위안 삼아 쓴 글이라고 고백부터 해야겠다.

세상은 능력이 특출하다고, 일만 열심히 잘한다고 해서, 그리고 성과를 많이 냈다고 해서 반드시 출세하는 것은 아닐 것이다.

세상에는 능력 있고 일 잘하는 사람이 얼마나 많은가. 이런 사람들이 출세한다면 세상은 살 만할 것이다.

그렇다고 어떤 조직이든 능력이 있고 일 잘하는 사람이 인기가 있는 것도 아니다. 적당히 비빌 줄도 알아야 하고 때로는 적당히 아첨할 줄도 알아야 사람 좋다는 소릴 들을 수 있으며 인기도 끌고 출세한다.

이를 좋게 말하면 상대방을 배려하는 마음이 앞서야 한다.

상대방에게 관심을 가지고 생각해 주며 상대방을 배려하는 마음이야말로 세상을 살아가는 최고의 자산이며 처세의 보고다.

지금은 글로벌을 찾는 시대로 접어든 지 오래다.

그렇다면 역발상逆發想으로 글로벌 시대에 걸맞게 '칭찬은 고래도 춤추게 한다.'는 격언을 뒤집어 '아첨이야말로 고래로 하여금 글로벌을 주름잡는다.'로 바꾸어 놓고 생각할 수 없을까?

이런 역발상으로 팔자는 아첨을 협의 <좁은 의미>보다는 광의 <넓은 의미>로 해석하는 데 초점을 맞췄다.

먼저 협의부터 풀이해 보면, 남의 마음에 들려고 간사스럽게 행동하거나 마음이 바르지 못한 태도로 비위를 맞추기 위해 남 앞에서 알랑거리다, 상대방의 귀에 거슬리지 않게 하며 항상 듣기 좋은 말만 골라 한다는 등 사전적 풀이가 가능하다.

아첨阿諂과 유사한 단어를 예로 들어보겠다. 아부阿附, 아유阿諛, 아종阿從, 간교奸巧, 간사奸邪, 간언間言, 諫言, 교언巧言, 미첨媚諂, 애교愛嬌, 교태嬌態 등의 단어도 아첨과 같은 뜻으로 간주되고 있다.

이런 단어는 남의 비위를 맞추기 위해 수단과 방법을 가리지 않으며 상대방의 눈앞에서 알짱거리거나 알랑방귀를 뀌기도 한다. 또 마음에 들게 행동하며 좋다고 장단을 맞추려고 애쓴다는 공통의 뜻도 지녔다.

사자성어로는 교언영색巧言令色이 있다.

교언영색은 남에게 비위를 맞추기 위해 교묘한 말로 아첨을 떨고 시도 때도 없이 눈앞에서 알짱거리며 마음에 드는 말만 골라 하고 듣기 좋은 소리만 하는 의미의 단어다.

이렇게 풀이하면 누구나 아첨을 좋아할 리 없겠다.

그렇다고 아첨 없는 세상은 맛과 멋이 있을까.

국가는 충성을 바치는 국민, 군인이라면 충성스런 부하, 회사라면 충직한 직원을 원하기 마련이다.

겉으로는 아첨꾼이나 간신을 멀리 하려는 것이 지극히 당연시 여기면서도 자기에게 바른 소리를 하는 것도 한두 번이지 직언直言하거나 직간直諫을 서슴지 않고 시도 때도 없이 해대는 사람을 은근히 멀리 하려고 하는 것은 인지상정이 아닐까.

아첨을 광의로 풀이하면, 뜻은 다양하고 영역 또한 넓다. 아부, 아유, 아종, 간교, 간사, 간언, 미첨, 애교, 교태는 물론이고 참소讒訴나 참언讒言까지 포함할 수 있기 때문이다.

또한 아첨과 관련 있는 단어로는 관심關心, 배려配慮, 충성忠誠, 칭찬稱讚, 과찬過讚, 극찬極讚, 상찬賞讚 등도 있다.

물론 선물膳物도 광의의 아첨에 해당되며 뇌물賂物마저도 선물의 일종이니까 아첨이라 할 수 있지 않겠는가.

그런데 선물이 지나쳐 뇌물이 된 예만 보더라도 인간이 살아가는데 아첨의 변형 아닌 것이 없을 정도다.

이해를 위해 샐러리맨의 처세의 예를 하나 들겠다.

회의 때마다 상사 앞에서 바른 소리만 해 미움을 받아도 명절 때 인사를 가면서 갈비 한 짝만 들고 가면 그 동안 쌓인 적개심이나 미움이 모두 해소되는 것이 뇌물의 생리다.

그런데 사람들은 아첨을 속으로는 은근히 좋아하거나 기대하면서도 겉으로 싫어하는 체, 경원하는 체 하는 가식假飾, 곧 인간의 이중 잣대 때문에 기피하는 것은 아닐까.

인간은 가식으로 포장된 탓인지 모르겠으나 아첨을 겉으로는 기피하거나 경원하는 것만은 분명하다. 그래서 아첨에 대해 쓴 글은 많지 않은 것 같다. 있다고 하더라도 매우 드물 것이다.

필자가 알기로『아첨론』이 있다.

아첨 하면 동양인의 전유물인 줄 필자는 알고 있었는데 그게 아니다.

『아첨론』의 저자는 의외에도 동양인이 아닌 서양인으로 윌리스 고스 리기어Willis Goth Regier로 네브래스카 대학, 존스 홉킨스 대학, 하버드 대학 등에서 주로 공부하고 연구했다.

그는 『아첨론』에서 키케로, 플루타르코스 등 고대 문헌으로부터 셰익스피어, 라 퐁텐, 라 로슈푸코, 새무얼 존슨 같은 작가들의 글까지도 아첨과 관련된 글을 찾아 간략하게 서술했다.

이어서 저자는 당신이 사랑하고 시기하며 미워하는 사람에게 써먹고 싶은 128가지를 아포리즘으로 요약했다.

이 『아첨론』은 필자가 의도하는 아첨의 내용과는 상당한 거리가 있으며 또한 강한 이질감마저 느끼게 한다.

리기어의 『아첨론』에 의지하지 않더라도 과연 '아첨의 역사는 언제부터 시작되었을까 하는 의문은 자연스런 현상이 아닐까.

그렇다고 해도 누구도 단정 지어 말할 수 없다.

이유는 아첨이나 아부에 대한 실증적인 증거나 증좌의 자료는 어떤 책에도 기록이 남아 있지 않기 때문이다.

이를 추론해 보면 인류가 지구상에 나타난 그것과 동시대일 것이라는 것만은 분명하지 않을까 싶다.

어디까지나 이런 추론도 추측으로만 가능하다. 인류가 지구상에 나타난 순간부터 생존경쟁이 치열했던 것만은 분명하니까.

어떤 면에서는 살아남기 위해 아첨하고 아부했을 것이라고 짐작할 수 있다. 그렇지 않으면 약자는 살아남을 수 없었을 테니까.

약자가 강자에게 흡수되는 과정에서 자연발생적으로 아첨하는 습성이 생겼다고 한다면 지나친 억설일까.

이런 자연발생적인 아첨을 두고 세상 사람들은 아첨, 아부, 교언영색이라는 단어만 들먹거려도 질색을 하며 아첨꾼, 아부꾼 하면서 경원하거나 원색적으로 비난하기 일쑤다. 더욱이 가까이 하려고 하지 않으려하거나 아예 거리를 두려고 하는 것은 아닐까.

문제는 자기 스스로는 아첨을 하면서도 남의 아첨은 도저히 봐 줄 수 없다는 그 점이다. 따지고 보면 아첨과 충성은 오십 보 백 보 차이인데도 충성은 동서양을 막론, 때와 장소를 가리지 않고 환영받았을 뿐 아니라 3천여 년이나 지속된 제왕의 시대에는 최대로 권장되고 찬사를 받은 단어임에는 분명하다. 뿐만 아니라 고도로 발달된 오늘날 민주주의 사회에서도 당연시 여기며 장려하거나 권장되고 있다.

단지 옛날에는 제왕이나 군주국, 근세에는 제국주의라는 대상에서 국가를 상대로 한다는 것이 다를 뿐이지만.

이상으로 아첨에 대한 정의를 내린다면, 상대방의 마음에 들기 위해 간사스런 말로 비위를 맞추거나 상대방을 배려해 주면서 눈 밖에 나지 않으려고 몸부림치는 짓거리라고 할 수 있지 않을까?

웬만큼 분별력이 있는 사람에겐 통하지 않을 수 있겠지만.

칭찬에 비해 아첨은 얄팍하고 이기적이다. 비록 진심이 담겨 있지 않다고 하더라도 칭찬에 굶주리고 목마른 나머지 진심인지 아닌지 분별도 못한 채 무조건 좋아하는 사람에게는 아첨이 잘도 통할 수 있다.

빅토리아 여왕마저도 아첨에는 매우 약했다고 하니까.

상대방의 마음에 들게 하려면 아첨의 기교가 필요하다.

아첨을 타고 난 사람이라면 모르겠으나 그렇지 않으면 부단히 노력해야 아첨의 미덕을 터득할 수 있다.

남의 태도를 주의 깊게 관찰해서 습득할 수도 있고, 아니면 책을 통해서 간접적으로 숙지할 수도 있다.

어떤 방법을 택하든 부단한 노력 없이는 아첨의 미덕은 터득되지 않는다. 비록 터득했다 하더라도 그것이 몸에 배어 자연스럽게 우러나와야 상대방이 아첨인 줄 모른 채 받아들여져야 효과가 나타난다.

효과 없는 아첨을 열 번 시도한다고 해서 무슨 이득이 되겠는가. 유머가 넘쳐나도 아첨의 효과는 반감되지 않는다.

또한 칭찬에 비해 아첨은 득보다 실이 많다고 한다. 요지경 세상인 이 시대에 있어 그런 말이 사람들에게 이해가 될는지.

아첨과 칭찬에는 어떤 차이가 있을까.

흔히 아첨에는 진실이 담겨 있지 않으나 칭찬에는 진실이 담겨 있다고 한다. 아첨은 입술로부터 나오고 칭찬은 가슴으로부터 나온다고 말하기도 한다. 또 아첨은 이기적이고 칭찬은 그렇지 않다고 한다. 아첨은 사람들이 비난하지만 칭찬은 사람들로부터 환영 받는다.

한데 칭찬이 지나치면 아첨이 된다.

곧 과찬이나 극찬이 된다면 이는 아첨과 무엇이 다른가. 극찬이나 과찬은 아첨이나 아부, 아니 교언영색과 다름없다. 다르다고 한다면 칭찬과 아첨과는 백지 한 장의 차다.

그렇게 생각하면 아첨이라고 해서 값싼 칭찬 이상의 것, 아니 단순히 칭찬만을 의미하는 것은 분명 아닐 것이다.

아첨에는 칭찬에 없는 절박감이 있다. 아첨해야 살아남을 수 있는 생의 절박감 때문에 아첨은 상대방의 자기평가와 일치한다.

칭찬은 좋은 점이나 착하고 훌륭한 일, 그리고 잘한 일을 보다 높이 평가하거나 말해 주는 것을 일컫는다. 이런 칭찬은 예의상 하는 것일 수 있다. 사회생활을 하다 보면 때와 장소에 따라 원하든, 원하지 아니하든 칭찬을 하기 마련이다.

칭찬은 예의적이거나 도덕적인 세련된 매너기 때문에 상대방에게 비위나 기분을 맞추기 위해 형식적으로든, 가식이든 칭찬할 수 있다. 형식적이며 가식적 칭찬이라면 아첨과 무슨 차이가 있는가.

또한 칭찬을 잘한다고 해서 모든 것이 해결된다면 이 세상은 정말 살 만한 세상이 되고도 남을 것이 아니겠는가.

이와 반대로 아첨으로 모든 것이 해결된다면 누구나 아첨꾼이 될 것이고 대인관계에 달인이 될 것이다.

배려配慮란 단어도 그렇다. 배려는 상대방을 도와주거나 보살펴 주려는 착한 마음의 씀씀이기 때문에 아첨과도 관련이 있다.

물론 여기에는 관심關心이란 단어와도 관련이 있다.

거부감을 느끼지 않는 선물을 예로 들어보겠다.

선물이라면 남에게 어떤 물건을 주는 것을 전제로 한다. 여기에는 이해관계가 거의 없다.

단지 그냥 있기에는 서운해서 작은 정성을 담아 건네준다.

그렇다면 선물과 뇌물과의 차이는 무엇인가?

뇌물은 어떤 직위에 있는 사람을 매수하거나 사사로운 일에 이용하기 위해 건네준 돈이나 물건을 일컫는다.

사사로운 일이 아닌 공공을 위해 접대하거나 선물을 준다면 그것은 접대비나 로비자금이라고 법에서도 인정해 주고 있다.

이런 사례로 보면, 선물과 뇌물의 뿌리는 아첨으로부터 비롯되는 것은 아닐까 싶다. 선물이나 뇌물은 상대방에게 보다 잘 보이기 위해서라고 한다면 아첨과 다른 점이 없다.

해군참모총장이 방산비리인 7억 원의 뇌물수수로 법정에 서게 됐다고 한다. 그는 연금만 월 452만원이나 된다.

그것이 푼돈이었던지 뇌물을 받는 바람에 명예도 지위도 체면도 시궁창에 빠뜨렸으며 모든 것을 날려버린 셈이다.

아첨의 절정인 뇌물이 필패必敗하는 것도 바로 이런 것을 두고 하는 말이 아닐까 싶다. 이런 아첨이야말로 자신은 물론이고 가문을 망치고 나라를 통째로 말아먹는 망국의 지름길이 아닐 수 없다.

그러므로 뇌물의 뒤에는 항상 아첨이 도사리고 있다

충성마저도 그렇다고 할 수 있다. 충성은 진정한 마음에서 우러나는 정성을 다 바치는 것이라고 할 수 있다. 충성은 개인적인 것이라기보다는 군주에 대한 신하의 도리로 몸과 마음을 바쳐 희생하거나, 국가에 대해 국민의 진정한 희생을 강요하는 의미로 이해된다.

이런 충성은 위정들에 의해 다분히 의도적으로 미화되고 조장된 것이며 권장된 것이라고 할 수 있다.

전제주의 군주나 제왕이라면 이유 여하를 막론하고 지극히 당연하게도 모든 국민이 충성하기를 바랄 것이다.

국가를 경영하는 입장에 있는 사람은 국민이 국가에 희생하고 충성을 바치는 것이 국민의 도리며 의무라고 법으로 정해 놓기까지 했다.

우리나라도 충성과 관련된 국민의 4대 의무 중 하나가 바로 충성과 밀접한 국토방위 곧 국방 의무라는 것이 있다.

이런 충성이라 해도 아첨과 무엇이 다른가. 다름이 있다고 한다면, 그것은 명분이 있으며 가치관이 다른 차이일 것이다.

충성과 관련된 단어는 직간이나 간언이리라는 것이 있는데 임금에게나 윗사람들에게 옳지 못한 점을 지적하거나 잘못된 점을 바르게 고치도록 하기 위한 말이나 행동이다.

그런 사람들을 충신, 그렇지 못한 사람을 간신이라고 한다. 곧 아첨하는 무리를 우리는 간신이라고 한다. 간신이 지나치면 역적이 되고 반기를 들면 반란이 된다. 그러면서 배신자, 역적, 매국노, 민족반역자, 국가반역자 등의 용어가 동원되기 마련이다.

아첨은 그런 험한 지경까지는 가지 않는다.

참소나 참언은 왕이나 윗사람에게 남을 헐어 말하거나 없는 사실을 일부러 지어내서는 있는 것처럼 꾸며서 거짓으로 아뢰어 상대방에게 피해를 주는 것을 일컫는다.

간신奸臣은 간사스런 말이나 요사스런 말로 제왕이나 윗사람을 현혹시키는 자를 말한다.

아첨이 지나치면 바로 간언諫言, 奸言, 間言, 간사奸邪, 간교奸巧가 되고 이런 것이 보다 지나치면 간신이 된다.

간신은 역적으로, 오늘날은 사기꾼으로 취급받는다.

유사한 용어로는 사기詐欺가 있다. 사기는 나쁜 꾀로 남을 요리조리 속여서 부당한 이익을 취하거나 남에게 피해를 주는 것을 일컫는다.

그것이 지나칠 경우에는 사기죄로 법정에 서기도 한다.

야합野合이란 단어도 있다.

야합은 옳지 못한 목적으로 서로가 어울리거나, 어울려 이권이라든가 권익을 공동으로 추구하는 것을 일컫는데 영합迎合과는 다르다.

이런 것은 아첨과는 거리가 멀다.

이상을 정리하면 아첨과도 연관이 있는 것으로는 아첨과 관심, 아첨과 배려, 아첨과 직간, 아첨과 충성, 아첨과 선물 등은 아첨의 상대어라고 할 수 없으나 어감이나 정도의 차이로는 게나 가재다.

인간의 본성은 영웅호걸을 좋아하는 생리를 지녔다고 할까.

아니다. 인간은 스스로 영웅을 만들어서 추종하며 자기가 만든 영웅으로부터 박해받는 것을 좋아하는 생리를 지녔는지 모른다.

역사적인 사례로는 시저나 알렉산더, 칭기즈칸이나 나폴레옹, 가까이는 히틀러 등의 부류가 있지 않는가.

한때 독일 국민들은 1차 대전의 치욕적인 패전에서 벗어나기 위해 영웅을 갈망했다. 바로 그럴 즈음에 히틀러가 등장하자 국민들은 광적으로 그를 국가 지도자의 반열에 올려놓고 떠 받들었다.

그렇게 절대적이며 열광적으로 떠받들었던 히틀러에게 추종자들은 어떤 보상을 받았을까. 그들은 히틀러의 야망, 제3제국의 건설에 동원되는 전쟁의 앞잡이, 총알받이로 희생만 강요당하지 않았던가.

예로부터 인간은 조직적인 사회를 원한 것이 분명하다. 그렇지 않으면 살아남을 수 없었기 때문이다. 따라서 자기 아니면 남을 추종하는 것이 인간의 본성인 양 당연히 여긴 적도 있다.

그런 조직 사회에서는 자연스럽게 인간은 나이가 들수록 직언이나 직간보다는 아첨을 좋아하게 된 것은 아닐까.

또한 능력이 부족하거나 출세를 못하게 되면 남을 이용해서 뜻을 펴려고 하거나 출세하려고 했다. 그렇게 끝까지 추종하다 보면, 1인자는 되지 못한다 할지라도 언젠가는 2인자는 될 수 있다고 믿는다.

그렇게 해 자연발생적으로 생긴 단어가 주군이다.

역사적으로 보면, 유방을 주군으로 모신 한신이나 유비를 주군으로 모신 제갈 공명과 관우가 대표적이라 하겠다.

조선조 개국공신 정도전은 이성계를 주군으로 모셨기 때문에 1인자가 되지는 못했으나 2인자는 될 수 있었다.

한국의 현대사에서 빼놓을 수 없는 것이 가신그룹이다. 1970~80년대는 D동계나 S동계가 가신그룹의 전형이 되기도 했다.

지금도 횡행하고 있는 N 전 대통령을 따르는 추종세력인 친노파 또한 변형된 가신그룹이라 할 수 있지 않을까.

주군으로 모신 무리나 가신그룹은 충성으로만 포장된 것이라고 할 수 있을까? 그렇지 않을 수도 있다.

그룹에는 불순한 세력, 어떻게 해서라도 한 자리 얻을까, 한 자리 차지할까, 기웃거리며 출세에 눈이 먼 사람도 있겠기 때문이다.

요컨대, 기회주의적인 아첨꾼도 있을 수 있다.

정도전처럼 이성계를 추종하고 섬기다 주군으로 모신 사람이 제왕이 되면 한 자리 차지하는 것은 불을 보듯 빤하지 않은가.

출세해서 사람을 부릴 일이 있으면 자기 사람만 찍어서 믿고 맡기는 것은 지도자라면 당연지사라는 데야.

출세에 눈이 먼 사람들은 주군에게 충성만 바쳤을까. 반드시 그렇다고 단정을 지을 수도 없다. 무리 속에는 직언이나 직간을 대놓고 하다가는 주군에게 눈 밖에 날 것은 분명한 사실, 이를 피하고 듣기 좋은 말만 하는 아첨과 아부를 일삼았을 수 있겠기 때문이다.

대표적인 예를 들면, 하기우다 고이치(萩生田光一) 일본 자민당 총재 특보는 아베 신조(安倍晋三) 총리의 복심腹心을 대변해 주듯이 '일본에는 전범이 없다.'며 총리와 2인3각으로 노력하고 싶다는 기사가 보도되었다. 그는 한 술 더 떠 일본군의 위안부 강제동원을 인정하고 사죄한 고노담화의 폐기를 앞장서서 주도하고 있다고 한다.

진나라 조고가 희대의 아첨꾼이라면, 오늘날에는 하기우다 정도는 돼야 글로벌을 대표하는 아첨꾼이라 할 수 있다.

누가 보아도 하기우다야말로 아베 총리에게 빌붙어 자리를 보전하며 살아가는 기생정치꾼임을 부정하려고 해도 할 수 없을 것이다.

지금 원조 친박계니, 반친박계니 하며 설이 분분하다. 한때는 친박의 원조로 활동하다가 말을 잘못했거나 뜻이 다르다고 돌아서거나 누군가가 밀어낸 것 등, 작금의 정치현실을 보면 답이 훤히 들여다보인다.

아첨에도 유형이 있다면 그 유형은 다양하리라.

한 번 더 선물과 뇌물의 예를 든다.

선물은 좋은 의미에서 환영받을 수 있으나 그것이 지나치면 바로 뇌물이 된다. 뇌물의 본성은 따지고 보면 대가를 받으려는 아첨의 전형이라고 할 수 있다. 오늘날 부정부패 이면에는 자기만의 이득을 챙기기 위해 선물 공세를 퍼붓는 것이 불문율처럼 되지 않았는가.

이런 것이 바로 뇌물의 본성이다.

뇌물은 변형된 아첨으로, 사를 위하고 공을 망치는 인류 최대의 적이라고 단정해도 좋을 것이다.

부정부패 중 가장 악질적인 것은 두말할 나위도 없이 자기만을 위해 공공을 해치거나 망치는 작태다.

예를 들어보면, 원자력발전소에 불량 자재나 엉터리 부품을 납품하는 행태, 방산 무기에 부적격 부품이나 함량 미달의 부품을 납품하는 행태, 불량식품을 만들어 파는 행태 등 이루 헤일 수 없을 정도다.

신문을 펴보면, '…피아'의 세상이 된 듯하다.

무슨 '피아' 해서 나라를 송두리째 들어먹으려 든다.

그러니 시청자나 신문을 읽는 독자라면 나라 속속들이 아니, 구석구석 안 썩은 데가 없다고 인식될 수밖에 없다.

원전 비리는 잘못되면 어떤 사태가 발생할까.

체르노빌이나 후쿠시마 사태처럼 방사능 피폭으로 말미암아 자연파괴는 물론이고 죽음의 땅으로 전략, 게다가 원자병까지 유발케 한다.

이는 인류 최대, 악질 중의 최고 악질 범죄행위다. 그런 비리 이면에는 뇌물이 있기 마련이다. 그리고 뇌물의 그늘 뒤에는 전형적인 아첨이 똬리처럼 도사리고 있는 것은 아닐까.

말과 행동만으로 하는 아첨으로는 상대방을 내 뜻대로 할 수 없으니까, 내키지 않아도 뇌물 공세를 편 결과다.

방산 비리도 더 말할 필요도 없다.

불량 부품을 납품해서 사용 불가능하거나 발사되지 않아 무용지물이 되었을 때, 만에 하나 유사시 그 피해는 고스란히 국민에게 돌아온다.

이런 뇌물의 제공자야말로 민족반역죄, 국가반역죄로, 옛날이 아니더라도 능지처사해야 마땅할 텐데 처벌은 솜방망이보다 가볍다.

국민을 상대로 한 불량식품 제조도 그렇다. 전 국민을 상대로 했으니 이 또한 민족 반역자이며 이단자로 극형을 처해야 마땅한데도 현실은 그렇지 않다. 너무나 관대한 데다 무관심마저 팽배해 있다.

이는 아첨을 용납하는 세태의 단적인 반영은 아닐까.

그렇다면 오늘날 최대의 아첨꾼은 누굴까.

이론이 분분할 수도 있겠으나 그리스의 예를 들지 않더라도 누구나 지적하는 것처럼 바로 정치인이 아닌가 싶다.

특히 선거에 나서서 공약을 발표하고 유세 중에 주민이나 지역을 위해 무엇을 해 주겠다는, 실현성이 전혀 없는 공약公約 아닌 공약空約의 남발은 아첨의 변질, 아첨의 극치, 국민이나 유권자를 봉으로 보고 갖은 감언이설로 설득하려는 사기꾼의 집단과 다를 것이 없다.

누가 더 아첨하고 누가 더 국민을 기만하고 누가 더 유권자의 마음에 쏙 들게 아첨했느냐, 심하게 말해 누가 사기를 그럴 듯하게 쳤느냐에 따라 당선이 확정되는 것은 아닌지 한 번쯤 생각해 볼 일이다.

그리고 당선되었을 때, 하는 짓을 보면 더욱 가관이다.

정치논리로 과포장해 공약公約 아닌 공약空約을 밀어붙인다.

K 전 대통령은 당선에 심취해서 초등학생까지 유학자유화정책으로 말미암아 미증유의 IMF를 초래케 해서 온 국민을 가정파괴며 자살자 하며 노숙자로 전락시키는 등 고통으로 몰아넣지 않았던가.

또 R 전 대통령의 공약인 양양국제공항도 그렇다. 자기 돈이라고 한다면 그런 짓은 결코 하지 않았을 것이다.

네 돈이냐 내 돈이냐, 그까짓 것 국민의 혈세니까 짓자. 그렇게 지어진 양양국제공항의 이용률이 기껏해야 2, 3%가 될까 말까.

그런 정도라니 세금을 낸 국민만이 봉, 봉이 되고 말았다.

또 최근의 비근한 예를 하나 들겠다.

곧 함안의 KTX 역사하며 공주 역사는 포퓰리즘이 낳은 국고 낭비의 귀감이 되고도 남는다.

이래저래 속고 속는 유권자인 국민만 불쌍한 것은 아닌지.

지금 우리의 현실은 어떤가.

세월호에 발이 묶인 정치현실은 세월호에만 아첨하고 아부하는 극치를 연출하고 있는 것은 아닌지.

정치 일선에서 뿐만 아니라 국민 한 사람 한 사람이 내일처럼 생각하고 자문자답하면서 두고두고 반성해 볼 일이다.

정치현실은 초단이라면 모든 면에서 서툴다고 하겠으나 정치 9단쯤 되면 능구렁이처럼 위기 때마다 피할 것은 피하고 알릴 것은 알리는 PR의 기재임에 틀림없으며, 감출 것은 속속들이 감추고 드러낼 것은 무섭도록 과장해서 드러내거나 팬티 속까지 뒤집어 까서 보여주는 음흉함의 극치를 연기하는 것은 아닌지.

그렇다면 어떻게 처신하는 것이 보다 현명한 아첨일까.

바둑에는 급이 있고 단이 있다. 자타가 인정하는 신의 경지인 9단쯤 되면 바둑판이 손 안에 있을 것이다.

신의 경지인 바둑 9단, 아첨에도 급과 단을 인정할 수만 있다면 어떻게 처신해야 아첨 9단이 될 수 있을까.

아첨 10급이라면 버럭 화부터 내는 사람일 테고 9단 정도라면 노련하게 대처하는 사람, 직언直言을 하되 상대방이 노하거나 불쾌감을 느끼지 않게 하는 테크닉을 습득했거나 상대방에게 아첨이라고 전혀 느끼지 못하게끔 하면서 마음을 흡족케 하는 테크닉의 달인이 아닐까.

아첨을 하는데도 테크닉이 필요하다.

아첨 9단 정도의 테크닉을 습득한 사람이라면 출세의 길을 달리고도 남을 것이다. 해서 적어도 아첨 9단 정도가 되려면 다음과 같은 요건은 갖춰야 한다.

첫째, 아첨은 상대방의 기분을 맞춰주거나 좋게 해줘야 한다.

둘째, 아첨은 상대방에게 듣기 좋은 소리를 하되, 상대방의 마음에 상처를 주거나 앙금을 남겨서는 아니 된다.

셋째, 아첨은 하되 진실한 마음, 진정성으로 해야 하며 상대방이나 타인이 아첨인 줄 전혀 알지 못하게 해야 한다.

로 일단 요약할 수 있지 않을까 싶다.

이런 아첨 9단 정도라면 오늘을 사는 슬기로운 삶이며 예지叡智로서도 부족함이 없을 것이다.

세상을 살다 보면 때로는 아첨할 줄도 알아야 하지 않을까 싶은 생각이 든 적도 한두 번이 아닐 것이다. 그래야 출세도 하고 이름도 남길 수 있는 것이 아닌지.

후기

　소설「삼국지」만큼 널리 애독되거나 스테디셀러도 없을 것이며 또한 소설가라면「삼국지」를 한 번쯤 번안하거나 평역하고 싶은 욕심을 내지 않은 작가도 없으리라 생각된다.

　필자도 한때 문학 지망생일 때는「삼국지」에 대해 관심을 가지고 두고두고 읽은 적이 여러 번이었다.

　어떤「삼국지」는 다섯 번을 정독한 적도 있다.

　그런「삼국지」중에서 정비석 선생의「소설 삼국지」, 허문순 선생의「동서 삼국지」, 이문열의「평역 삼국지」등이다.

　그 중 내가 애독했던 허문순 선생의「동서 삼국지」는 다섯 번이나 정독했다. 그런 탓으로「삼국지」와 관련된 부분은 선생의「동서 삼국지」를 많이 참고했다.

　또한 필자는「초한지」도 관심을 갖고 여러 번 읽었다.

　「삼국지」와 마찬가지로 정비석 선생의「소설 초한지」, 허문순 선생의「동서 초한지」, 이문열의「초한지」등이다.

그 중 허문순 선생의 「동서 초한지」를 관심을 갖고 읽었다.

해서 이 자리를 빌려 선생의 「동서 초한지」를 참고해 요약한 부분도 있음을 밝히고 그 고마움을 거듭 새긴다.

2016. 3월

분당 우거에서 지은이 적음

저자 약력

‖ 김장동 : 동국대학교 국문학과 졸업 및 동 대학원 수료, 한양대학교 대학원에서 문학박사 취득.

경력 : 국립대 교수, 대학원장, 전국 국공립대학교 대학원장 협의회 회장 등을 역임.

저서 : 『조선조역사소설연구』, 『조선조소설작품논고』, 『고전소설의 이론』, 『국문학개론』 등.

소설 : 월간문학 소설부분으로 문단에 등단, 소설집으로는 『조용한 눈물』, 『우리 시대의 神話』, 『기파랑』, 『천년 신비의 노래』, 『향가를 소설로 오페라로 뮤지컬로』 등. 장편소설로는 『첫사랑 동화』, 『후포의 등대』, 『450년만의 외출』, 『이 세상에서 가장 오랜 시간에 걸쳐 쓴 편지』, 『대학괴담』, 문집으로는 『시적 교감과 사랑의 미학』, 『생의 이삭, 생의 앙금』이 있으며 『김장동 문학선집』 9권 출간.

시집 : 『내 마음에 내리는 하얀 실비』, 『오늘 같은 먼 그날』, 『간이역에서』, 『하늘 밥상』, 『하늘 꽃밭』, 시 선집으로는 『한 잔 달빛을』, 『산행시 메들리』 등.

마음을 움직이는 배려

| 초판 1쇄 인쇄일 | 2016년 4월 10일 |
| 초판 1쇄 발행일 | 2016년 4월 11일 |

지은이	김장동
펴낸이	정진이
편집장	김효은
편집/디자인	김진솔 우정민 김정주 박재원
마케팅	정찬용 정구형
영업관리	한선희 이선건 최재영
책임편집	김정주
인쇄처	으뜸사
펴낸곳	국학자료원 새미 (주)

등록일 2005 03 15 제25100-2005-000008호
서울특별시 강동구 성안로 13 (성내동, 현영빌딩 2층)
Tel 442-4623 Fax 6499-3082
www.kookhak.co.kr
kookhak2001@hanmail.net

| ISBN | 979-11-86478-87-5 *03900 |
| 가격 | 16,000원 |